Radfahren – eine Soziologie aus dem Sattel

Christian Stegbauer

Radfahren – eine Soziologie aus dem Sattel

Das Fahrrad als Haustier, Gesetzesbrecher und Lebensstilikone

Mit einem Vorwort von Roland Girtler

Christian Stegbauer
Goethe-Universität Frankfurt
Frankfurt am Main, Deutschland

ISBN 978-3-658-48166-7   ISBN 978-3-658-48167-4 (eBook)
https://doi.org/10.1007/978-3-658-48167-4

Die Deutsche Nationalbibliothek verzeichnet diese Publikation in der Deutschen Nationalbibliografie; detaillierte bibliografische Daten sind im Internet über https://portal.dnb.de abrufbar.

© Der/die Herausgeber bzw. der/die Autor(en), exklusiv lizenziert an Springer Fachmedien Wiesbaden GmbH, ein Teil von Springer Nature 2025

Das Werk einschließlich aller seiner Teile ist urheberrechtlich geschützt. Jede Verwertung, die nicht ausdrücklich vom Urheberrechtsgesetz zugelassen ist, bedarf der vorherigen Zustimmung des Verlags. Das gilt insbesondere für Vervielfältigungen, Bearbeitungen, Übersetzungen, Mikroverfilmungen und die Einspeicherung und Verarbeitung in elektronischen Systemen.
Die Wiedergabe von allgemein beschreibenden Bezeichnungen, Marken, Unternehmensnamen etc. in diesem Werk bedeutet nicht, dass diese frei durch jede Person benutzt werden dürfen. Die Berechtigung zur Benutzung unterliegt, auch ohne gesonderten Hinweis hierzu, den Regeln des Markenrechts. Die Rechte des/der jeweiligen Zeicheninhaber*in sind zu beachten.
Der Verlag, die Autor*innen und die Herausgeber*innen gehen davon aus, dass die Angaben und Informationen in diesem Werk zum Zeitpunkt der Veröffentlichung vollständig und korrekt sind. Weder der Verlag noch die Autor*innen oder die Herausgeber*innen übernehmen, ausdrücklich oder implizit, Gewähr für den Inhalt des Werkes, etwaige Fehler oder Äußerungen. Der Verlag bleibt im Hinblick auf geografische Zuordnungen und Gebietsbezeichnungen in veröffentlichten Karten und Institutionsadressen neutral.

Planung/Lektorat: Cori Antonia Mackrodt
Springer ist ein Imprint der eingetragenen Gesellschaft Springer Fachmedien Wiesbaden GmbH und ist ein Teil von Springer Nature.
Die Anschrift der Gesellschaft ist: Abraham-Lincoln-Str. 46, 65189 Wiesbaden, Germany

Wenn Sie dieses Produkt entsorgen, geben Sie das Papier bitte zum Recycling.

Inhaltsverzeichnis

1 **Vorwort – Lob des Radfahrens und seine Wichtigkeit für die Feldforschung**   1

2 **Bevor wir losradeln**   5
   Literatur   12

3 **Wir schwingen uns in unsere Sättel … und schauen auf die Welt des Radelns**   13
   3.1   Wie kommt es, dass jemand Rad fährt?   19
   3.2   Ansteckend wie ein Virus   19
   3.3   Die Änderung von Verhalten oder was ist Kultur am Radfahren?   24
   3.4   Wie entstehen Radkulturen oder wie stellt man sich beim Fahren aufeinander ein?   25
   3.5   Eine soziale Bewegung erkämpft sich Raum   28
   3.6   Wofür Verkehrsübertretungen gut sind   33
   3.7   Wessen Bike ist das Schönste?   35
   3.8   Räder kaufen und reparieren   38
   3.9   Radfahren verbindet und dennoch ist der Weg das Ziel   40
   Literatur   44

4 Wie kommt man zum Radfahren? Auch Radfahren muss man lernen — 45
- 4.1 Das erste Mal auf dem Rad — 46
- 4.2 Der Fortschritt verdrängte das Rad — 47
- 4.3 Radlernen und die anderen — 48
- 4.4 Fahrradführerschein — 50
- 4.5 Radfahren ist sooo uncool, wenn es Mofas gibt — 51
- 4.6 Es gibt schönere Dinge als den motorisierten Untersatz! — 53
- 4.7 Das Fahrrad als Haustier — 60
- Literatur — 67

5 Warum Fahrradfahren ansteckend wirkt — 69
- 5.1 Stimmt es tatsächlich: Kein Fahrrad ohne den Vulkan in der Südsee? — 70
- 5.2 Wer ist dafür verantwortlich, dass wir heute Fahrrad fahren? — 72
- 5.3 Die Freunde bestimmen das Verkehrsmittel — 73
- 5.4 Es steckt mehr dahinter als eine einfache Mehrheit — 75
- 5.5 Es kommt darauf an, mit wem man zusammenkommt — 78
- 5.6 Wie eine Krankheit – nur lässt man sich gerne anstecken — 82
- 5.7 Nach welchen Regeln verbreitet sich das Radfahren? — 85
- Literatur — 90

6 Die Entstehung von allgemeinen Verhaltensweisen aufgrund von Verkehrsverstößen — 93
- 6.1 Solange gegen die Einbahnstraße, bis man es darf — 93
- 6.2 Wie die Langsamkeit von anderen Radlern zum Überfahren roter Ampeln führt oder wie die Verkehrsplanung die Einhaltung von Regeln torpediert — 101
- 6.3 Sprache und das Fahrrad — 110
- 6.4 Wie schlau sind die Planer in Deutschland? — 111
- Literatur — 113

7 Aufeinander einstellen – die Orientierung an anderen 115
- 7.1 Andere denken für uns mit 117
- 7.2 Schwimmnudel als Abstandhalter 118
- 7.3 Poleposition an der Ampel 120
- 7.4 Wissen vermeidet Stürze 123
- 7.5 Die Fachsprache 124
- 7.6 Orientierung an anderen über das Navi 126
- 7.7 Paradox? So ganz alleine sitzen wir gar nicht im Sattel 130
- 7.8 Hat Geschlecht etwas mit dem Zweirad zu tun? 133
- Literatur 139

8 Prestige und Wettbewerb ums beste Bike 141
- 8.1 Leider nur optisch hochwertig 142
- 8.2 Was tatsächlich als gut gilt 143
- 8.3 Wer konkurriert eigentlich mit wem? 144
- 8.4 Von Bikes, Sportwagen und Armbanduhren 145
- 8.5 Leben retten auf zwei Rädern und die Frage des Stils 147
- 8.6 Warum selbst der Dreck am Rad von Bedeutung ist 149
- 8.7 Zu gut für den Besitzer? 151
- 8.8 Vergleich und besser sein wollen 154
- 8.9 Es ruhig angehen und ausgepowert enden 156
- 8.10 Eine Radlergruppe und ihre Kultur 159
- 8.11 Lastenbikerennen 163
- 8.12 Das Frisieren von E-Bikes 165
- 8.13 Ähnlichkeiten treten immer wieder auf 167
- Literatur 174

9 Räder kaufen und reparieren 177
- 9.1 Dorfschmiedtaugliche Räder 179
- 9.2 Die Unterschiedlichkeit der Radgeschäfte 180
- 9.3 Neue Arten des Radfahrens 182
- 9.4 Lastenbikes für die Reichen? 184
- 9.5 Die Erklärung von Unterschieden 186
- Literatur 188

10 Radler unter sich: Warum manche Radfahrer die anderen nicht leiden können — 189
- 10.1 Muskelbike versus E-Bike — 190
- 10.2 Mountainbiker und diejenigen, die sich die Beine rasieren — 191
- 10.3 Radler mit Tattoos — 193
- 10.4 Radler aller Arten vereinigt euch! — 194
- 10.5 Eine unbefahrbare Fahrradautobahn — 195
- 10.6 Die Autoindustrie als unser Schicksal — 201
- Literatur — 203

11 Radler und Autos – der ewige Kampf der Radler mit dem heiligen Blechle — 205
- 11.1 Die Straße neu verteilen — 207
- 11.2 Minderheiten und Mehrheiten — 209
- 11.3 Radler kaufen nichts? Die Haltung des Einzelhandels — 211
- Literatur — 217

12 Radler und Fußgänger – Das ist mein Platz! — 219
- 12.1 Mal geboten, mal verboten — 221
- 12.2 Fußgängerzonen auch für Radler? — 222
- 12.3 Scherben auf dem Radweg — 222

13 Das Ende der Tour — 225

Nachwort — 231

1

Vorwort – Lob des Radfahrens und seine Wichtigkeit für die Feldforschung

Es ist eine große Ehre für mich, ein Vorwort zu dem nun erscheinenden Buch über die Bedeutung des Radfahrens für soziologische bzw. kulturanthropologische Feldforschungen zu verfassen. Ich habe größte Sympathie für den Autor dieses Buches, der meines Erachtens ein sehr mutiger und gescheiter Mann ist, der die Bedeutung des Fahrrades für Feldforschungen gut erfasst.

Ich selbst habe bei einigen meiner Forschungen gesehen, die mich zu Bergbauern, Wildschützen, städtischen Randkulturen, zu den Nachkommen von aus Österreich wegen ihres evangelischen Glaubens nach Siebenbürgen verbannten Bauern führten, wie wichtig das Fahrrad sein kann. Durch das Fahrrad war es mir möglich, eine intensive Beziehung zu der Umwelt der Menschen, deren Leben bzw. deren Kultur ich erforschen will, zu erhalten.

Abenteuer und Neugier bestimmen das Forschen radelnder Kulturwissenschaftler

Ähnliches meint auch der große Sozialanthropologe Bronislaw Malinowski (1884–1942), er ist in Krakau geboren, zu einer Zeit als Krakau zu Österreich-Ungarn gehörte. Malinowski meinte, der Anthropologe, genauso wie der Soziologe, müsse „seine bequeme Position im Sessel auf der Veranda der Missions- oder Regierungsstation oder einer Plantage aufgeben, er müsse … in die Dörfer gehen und den Menschen bei der Arbeit in den Gärten, am Strand und im Dschungel zusehen … Die Anthropologie (bzw. Soziologie) in freier Wildbahn … ist schwere Arbeit, aber sie macht auch Freude". Ich möchte ergänzen, überhaupt, wenn man mit dem Fahrrad kommt. An Malinowski imponiert mir, dass der mit seiner Frau als junger Professor in England, seine Ferien zum Teil in Südtirol verbrachte. Dies hat mich auch bewogen, im Sinne Malinowskis einige Male durch Südtirol und Vorarlberg über die dortigen Gebirgspässe zu radeln. Dabei lernte ich in meinen Quartieren Schmuggler und Wildschützten kennen, über die ich einiges geschrieben habe. Daher meine ich, es ist höchst sinnvoll, wenn Soziologen und Soziologinnen ihre Forschungsgebiete „erradeln".

Ich radelte nicht nur, um die Schönheiten unserer heimatlichen Landschaft kennen zu lernen, sondern auch um ein Gefühl für die Umwelt der Menschen, deren Leben ich erkunden will, zu erhalten. Ebenso rate ich Studentinnen und Studenten durch die Bezirke Wiens, in denen Vagabunden, Zuhälter, Dirnen, kleine Ganoven und andere „feinen" Leute, über die sie vielleicht forschen wollen, zunächst mit dem Fahrrad zu erkunden. Als Vorläufer der wandernden und radelnden Feldforscher ist wohl der Hauptvertreter der so genannten Chicagoer Schule der Soziologie Robert Ezra Park (1864–1944) zu sehen. Er verlangte von seinen Studenten, die Stadt Chicago zu erwandern, um die in ihr lebenden Kulturen näher kennen zu lernen. Er verstand noch mit bloßen Augen zu „sehen" und benötigte keine instrumentellen Krücken.

Wenn man allein als Fußgänger oder als Radfahrer forschend unterwegs ist und in einem Gasthaus absteigt, hat man die Chance, leichter in Gespräche einbezogen zu werden und auch zum Träger von interessanten Informationen zu werden, sowohl bei Ganoven als auch bei „braven" Bürgern und Vertretern des alten Adels. So hatte ich das Vergnügen, als Radfahrer von einem Nachkommen des österreichischen Kaisers Franz Josef in die Kaiservilla in Bad Ischl eingeladen zu werden. Die besten Gedanken findet man immer dort, wo man die unmittelbare Anschauung der Tatsachen gefunden hat. Wichtig ist für den forschenden Radfahrer, dass er sein Notizbuch stets zur Hand hat, um das Leben, das ihm be-

1 Vorwort – Lob des Radfahrens und seine Wichtigkeit für die ...

gegnet, festzuhalten. Dies tat ich auch als ich bei deutschen Bauern in Siebenbürgen mit Studenten – manche gingen zu Fuß und manche radelten mit mir, ganz im Sinne des Gebotes, wonach die Forschenden sich ein Bild von der Geografie der Plätze und Häuser machen sollen, auf und in denen sich das Leben abspielt, das man erforschen will.

In Übereinstimmung mit dem berühmten Fußgänger Seume, der nach Syrakus spazierte, meine ich, dass **das Fahrradfahren neben dem Fußmarsch zum „Ehrenvollsten und Selbständigsten" des Menschen gehört und, dass alles besser gehen würde, wenn man mehr dem Fahrrad fahre.** Schließlich glaube ich, dass der echte Fahrradfahrer, der auch Feldforscher ist, voll der Neugier ist, er möchte wissen, was hinter den Hügeln ist und sich auf Straßen und Plätzen abspielt. Übrigens wird in Bozen in Südtirol regelmäßig ein „Malinowski Forum" durchgeführt. In Bozen war ich mit dem Fahrrad, ich glaube, dass ich das Haus in Oberbozen, in dem Malinowski seinerzeit wohnte, gesehen habe, als ich zum Penserjoch hinauf radelte und dann weiter nach Sterzing fuhr, wo ich bei der Familie Girtler nächtigen durfte.

Ich wünsche dem Autor des vorliegenden Radler-Buches das Allerbeste. Ich gratuliere ihm und ich bin mir sicher, dass vor allem die radelnde Welt über dieses Buch erfreut sein wird.

Roland Girtler

Roland Girtler auf dem Jaufenpass um 2002

2
Bevor wir losradeln

Radfahren verhält sich ähnlich wie vieles andere, worüber wir in der Soziologie nachdenken. Hier findet sich eine Verwandtschaft zu einem anderen Thema, mit dem ich mich ebenfalls gerne beschäftige: mit dem Genießen. Auch wenn nur eine Person etwas schmeckt, so ist der Genuss doch etwas Soziales (Stegbauer 2006, 2024). So ähnlich ist das auch mit dem Fahrrad: Zunächst einmal sitzt fast immer nur eine Person auf dem Rad, wenn wir einmal von den wenig verbreiteten Tandems oder den sicherlich auch schon einmal wahrgenommenen Bier- bzw. Partybikes absehen. Das Gleichgewicht hält niemand anders für einen, man muss sich selbst ausbalancieren und sich so vor dem Umfallen bewahren. Ähnliches gilt für das Achten auf den Verkehr. Zwar beschützen einen die anderen auch vor Unfällen, indem sie mitdenken, aber dennoch ist jeder für die Einhaltung der Regularien verantwortlich. Auch gilt das für die Ziele, die man mit dem Rad anfährt. Jede Radlerin, jeder Radler überlegt sich, wohin er oder sie sich bewegt und über welche Wege sie oder er das tut.

Das Rad verleiht uns Menschen eine Autonomie. Diese ist ganz neu, besonders zu Beginn, wenn man das Radeln erst erlernt. Am häufigsten gilt das also für Knirpse, Kinder, die es gelernt haben und die nun ihren Erlebensradius vergrößern können. Sie erreichen jedes Ziel, wohin sie auch immer möchten; es sind viele, viele neue Orte erreichbar. Das ist etwas, worüber immer wieder Leute berichten, mit denen wir im Verlauf der Beschäftigung mit dem Radfahren gesprochen haben. Wir haben sie gefragt, wie das war, Radfahren zu lernen, und was es bedeutet hatte, es endlich zu können.[1]

Individuelle Freiheit, individuelles Fahrgefühl, die Schmerzen im Gesäß, das Brennen der Oberschenkelmuskeln jedes Einzelnen, wo ist da also das Soziologische? Diese Frage lässt sich anhand einiger Beispiele auch schon vor unserem Losradeln sehr leicht beantworten. Schauen wir doch einfach auf ein paar unterschiedliche Bereiche und beginnen einmal mit etwas, was die meisten von uns nur aus dem Fernsehen oder dem Internet kennen, dem Radrennen. Denken wir an das berühmteste Radrennen der Welt: die Tour de France. Die meisten von uns kennen, wenn überhaupt, nur die Sieger. Aber diejenigen, deren Name uns ein Begriff ist, hätten niemals alleine gewinnen können. In Wirklichkeit handelt es sich bei dieser Art von Radrennen um einen Mannschaftssport. Die Stars benötigen nicht nur gute Ärzte, die sie fit spritzen, sie benötigen auch im Rennen Helfer. Oft nennt man diese „Wasserträger". Eine Aufgabe von diesen ist es, sich bis zum Ende des Feldes zurückfallenzulassen und sich im Mannschaftswagen mit Getränken zu versorgen. Sie beladen sich dann über und über mit Wasserflaschen, die diese sich sogar unter das Trikot stecken. Wasserträger dürfen die in dieser Situation wertvolle Flüssigkeit während ihrer folgenden Aufholjagd durch das große Hauptfeld nicht verlieren. Die Getränke versorgen dann die anderen Mitstreiter und vor allem den uns namentlich bekannten Kapitän. Anfahrer sorgen für Speed und eine gute Ausgangsposition für die Schnellsten vor allem beim Sprint, manchmal aber auch am Berg, wo dadurch schon einige Konkurrenten abgeschüttelt werden können. Windschattenspender sparen den Kapitänen Kraft, um zum richtigen Zeitpunkt noch über genügend Power zu verfügen, damit diese noch etwas zulegen können. Andere helfen bei der Positionierung im Feld, damit die wichtigen Fahrer möglichst vor einer Verwicklung in Massenstürze bewahrt bleiben. Wenn man solche Aufgaben zugewiesen bekommt, kann man selbst nicht mehr gewinnen, denn das Ausfüllen dieser Tätigkeiten kostet viel zu viel Energie, die dann bei der Ankunft ganz vorne fehlen würde.

2 Bevor wir losradeln

Jetzt könnte man einwenden, okay, beim Straßenradsport handelt es sich um eine Mannschaftsdisziplin. Das ist richtig. Schauen wir einfach mal auf noch anderes, was es mit dem Radfahren so auf sich hat. Fängt man so ein Buch über Radfahren für weiter interessierte Leser an? Wahrscheinlich nicht! Denn Radrennen sind relativ spezialisierte Veranstaltungen, die mit dem Alltagsradeln wenig bis nichts zu tun haben. Na ja, so ganz stimmt das wiederum auch nicht, denn wenn man gemeinsam fährt – und sei es nur eine einzige Radtour –, kann man sich das Windschattenfahren von den Profis abschauen. Das funktioniert sogar dann, wenn man zu zweit in der Stadt unterwegs ist. Es spart wirklich sehr viel Kraft, besonders dann, wenn man relativ schnell fährt oder der Wind einmal stärker weht. Aber die Begründung, dass das Soziologische am Radfahren die Rennen der Profis seien, ist schon etwas gewagt, vor allem für den Anfang eines solchen Buches.

Also schwenken wir unseren Fokus auf etwas anderes: Gruppenaktivitäten. Diese findet man auch im Freizeitbereich, für jedermann/-frau sozusagen. Manchmal werden Ausfahrten organisiert, im Umfeld von Radläden oder durch den ADFC. Die Teilnahme daran ist ein Gruppenevent, sei es bei einer ausgedehnten Tour mit dem Rennrad oder einem gemächlichen Ausflug mit dem dann fast schon unvermeidlichen Getränk danach und dem zugehörigen Gebäck. Man unterhält sich nicht nur auf dem Rad, sondern auch beim – nennen wir es einmal – „Après-Bike". Dort lernt man sich kennen und kommt sich näher. Diese „Afterbiketreffen" sind für viele sogar das Wichtigste – sie sind vor allem ein Grund dafür, überhaupt beim Radfahren zu bleiben.

Das bis jetzt Genannte liegt vielleicht auch noch zu sehr auf der Hand. Wenn man sich auf sein Rad schwingt, dann fährt man meist irgendwo hin. Irgendwo ist dort, wo diejenigen sind, die man kennt. Es ist dort, wo wir verabredet sind. Damit hängt der Grund der Ausfahrt meist unmittelbar zusammen. Es handelt sich vielleicht um einen Besuch, ein Treffen in einer Kneipe oder eine ausgedehnte Mittagspause, sofern man einen Job hat, der das ermöglicht. Wenn ich mit meiner Frau ein Event besuche, beispielsweise ein Jazzkonzert, dann machen wir vorher aus, wie wir dorthin gelangen. Meist gewinnt das Fahrrad als bevorzugtes Transportmittel für uns. Dann müssen wir nicht auf den Bus oder die Bahn warten. Wir können später los und sind schneller wieder zurück. Räder verbinden

Menschen, aber auch solche Events miteinander[2]. Man kommt fast immer direkt dort an, wo man hinwill, und zwar ohne in eine Tiefgarage zu müssen oder mehrmals um den Block zu kreisen und zu hoffen, dass endlich jemand einen Parkplatz frei macht. Eigentlich beschreibe ich mich in Vorstellungsrunden auf Tagungen oder Kongressen meist als Soziologen und Netzwerkforscher. In der Netzwerkforschung redet man von Knoten (meist sind es Personen) und Kanten (also den Verbindungen zwischen den Knoten). Wenn man statt Personen nun eine verbreiterte Annahme trifft und sagt, es handelt sich möglicherweise auch um Orte, an die man oft gelangt, dann könnte man das Radfahren als eine Grundlage für das Betreiben von Netzwerkforschung nutzen. Bei den Orten handelt es sich zudem sehr oft um soziale Orte, also solche, an denen man mit anderen Menschen zusammentrifft. So gedacht, schafft die mit dem Rad bewältigte Strecke die Verbindungen zwischen den Knoten. Mir nichts, dir nichts hätte man das Bewegungsnetzwerk einer Person erfasst. Ein Vorgehen, welches Verkehrsforscher – meist für Wege mit dem Auto – auch schon öfters angewendet haben.

Heinz Stücke, so heißt der berühmte Mann, der während über 50 Jahren die Welt mehrfach umradelte. Dieser berichtet in einer Netflix-Dokumentation über ihn und seine Reisen, dass das Fahrrad als sehr langsames und notwendigerweise defensives Fahrzeug den Leuten ihre Angst vor dem Fremden nahm. Auf dem offenen Fahrrad, welches man nur mit seiner eigenen Muskelkraft antreibt, erscheint man als verletzlich und potenziell viel angreifbarer als in einer ge- und verschlossenen motorisierten Blechbüchse, welche in der letzten Zeit sogar explizit als Waffe eingesetzt wurde. Diese Reiseart ermögliche es also, dass man leicht mit den Menschen, denen man begegnet, in Kontakt kommt. Das Rad besitzt also ein katalysatorisches Moment zur Anbahnung von Beziehungen. Man könnte auch sagen, es wirkt wie eine Art Eisbrecher für die Entstehung von menschlichen Begegnungen. Das Rad deeskaliert sozusagen. Radfahrenden Touristen begegnet man tendenziell deswegen freundlich, weil man von ihnen nichts Böses erwarten kann. Das Fahrrad wird als ein Symbol der Friedfertigkeit wahrgenommen. Wer mit dem Rad unterwegs ist, erscheint nicht aggressiv und das wirkt eher vertrauensstiftend. So zumindest, wenn man mit dem Rad die Welt umrundet. Das, was Heinz Stücke beschreibt, ist das Gegenteil von streitbar oder gefährlich –

auch wenn einem selbst das teilweise aggressive Verhalten von Mitradlern in anderen Kontexten bekannt ist. Allerdings selbst bei einem offensiven Verhalten bleiben die Radler im Vergleich zu anderen Verkehrsteilnehmern immer noch sehr verletzlich.

Wir haben Interviews mit Menschen geführt, die in Radläden arbeiten, und fragten diese unter anderem danach, wie sie das Radfahren erlernt haben. Ich habe ganz ähnliche Fragen auch meinen Studierenden im Seminar gestellt. Das Ergebnis: Es geht nicht ohne die anderen Menschen. Selbst die wenigen, die uns sagten, sie hätten sich das Radfahren selbst beigebracht, haben dies in einem sozialen Kontext gelernt. In solchen Fällen natürlich nicht auf einem eigenen Rad, sondern auf einem, welches einer anderen Person gehörte, die dieses zum Zwecke des Erlernens in einer Situation mit anderen Anwesenden zur Verfügung stellte.

Das Verhalten der Menschen ist sehr stark abhängig von ihrer eigenen Beziehungskonstellation. Wenn Kinder in die Welt kommen, ändert sich auch der Bezug auf das Rad. Die Frage nach dem Transport der Kinder, etwa in eine Einrichtung, wird plötzlich virulent. Auch ändert sich dadurch das Zeitbudget. Solche Umstände beeinflussen die Haltung zum Rad und seiner Nutzung. Kann man einen Kindersitz auf dem Gepäckträger anbringen? Ist das die adäquate Methode für den notwendigen Transport? Was passiert, wenn Zwillinge kommen? Ist es dann notwendig, ein Lastenrad anzuschaffen? Inwiefern beeinflusst das Verhalten der anderen die jungen Eltern? Es kann schon sein, dass, wenn die anderen mit Lastenrädern ihre Kinder in der Krippe abliefern, diese Art des Kindertransports zu einer Art Rollenmodell wird. Das macht es wahrscheinlicher, dass man selbst auch darüber nachdenkt, ein solches spezielles Fahrrad anzuschaffen. Überhaupt entwickelt sich durch den Kontakt mit den anderen, deren Erfahrungsberichte, vielleicht auch nur durch die Beobachtung von diesen, die Kultur im eigenen Umfeld weiter. Auf eine solche Weise entstehen Städte mit einer Radkultur. Wenn es mehr Radler gibt und diese sich engagieren, dann wird in solchen Gemeinden auch mehr für diese Gruppe getan. Das Mehr fördert wieder, dass noch ein paar weitere auf die zweirädrige Mobilität umsteigen, was dann dazu führt, dass sich wiederum bisher noch nicht Beteiligte einreihen. Wo ein solcher Prozess in Gang kommt, ändert sich etwas am Verkehr. Auf diese Weise konnten manche Städte sich viel stärker als Fahrradstädte ins

Bewusstsein spielen. Natürlich lässt sich so eine Veränderung nicht von heute auf morgen bewirken; es braucht seine Zeit, bis die Umwälzung greift. Dahinter steht allerdings immer ein sozialer Prozess, ohne den der Umbau der Städte nicht gelingen würde. Ein solcher Umbau seinerseits wirkt sich auf den beschriebenen Ansteckungsprozess positiv aus. Er verstärkt diesen und er bringt den Radlern gleichzeitig auch ein Mehr an Sicherheit. Die Angst vor Stürzen oder Unfällen ist etwas, was zahlreiche, insbesondere nicht so geübte Pedaleure umtreibt. Das sind nur ein paar Beispiele dafür, wie sehr Radfahren und Soziologie zusammenhängen. Ein Verhältnis, welches in diesem Buch näher beleuchtet wird und bei dem einige sehr interessante Dinge zutage treten.

Dabei entsteht vieles, was der Einzelne nicht unbedingt beabsichtigt, was dennoch eine Auswirkung auf das Gesamte besitzt. Im Buch thematisiere ich häufig Felder des Wettbewerbs oder zumindest der Distinktion zwischen den verschiedenen am Radfahren beteiligten Gruppen von Personen. Auch hier scheint es so, als würde jeder Radler oder jeder Fußgänger oder jeder Autolenker sich persönlich an diesem Ringen beteiligen und als wollten all diese das auch. So ist es aber nicht gemeint – vielmehr handelt es sich um Felder der Auseinandersetzung, auf denen wir Menschen uns immer wieder neu auseinandersetzen. Ja, wir ringen ständig darum, was wir eigentlich sind und was wir sein wollen. Diese Verhandlungen sind sozusagen etwas Universalistisches. Wenn es wirklich für alle gilt, ist es vom Einzelnen nicht hintergehbar. Es wirkt sogar dann, wenn es völlig unbeabsichtigt ist. Ganz offensichtlich wird das, wenn wir an Radrennen denken: Hier ist der Wettbewerb völlig durchschaubar; es gewinnt derjenige, der als erster die Ziellinie erreicht. Das ist aber nicht die einzige Möglichkeit, miteinander in Konkurrenz zu treten. Andere Erzählungen eröffnen eine alternative Arena. Gehen wir an das andere Ende der Geschwindigkeit und betrachten eine einfache Aussage wie: „Ich bin für Gemütlichkeit. Ich lasse mich nicht hetzen und nehme lieber den schöneren Weg durch den Park." Dann geht es nicht um Schnelligkeit, sondern um ein Lebensgefühl. Diesem kann man ebenso folgen. Hier ist es die Langsamkeit und nicht die Schnelligkeit, welche andere unter Druck setzt. Es sind diejenigen, die viel Autoverkehr für früheres Ankommen in Kauf nehmen und sich nicht in gleicher Weise etwas so Gutes auf dem Zweirad gönnen können.

2 Bevor wir losradeln

Ich vertrete die Auffassung, dass sich das Radeln in zahlreiche unterschiedliche Genres des Pedalierens einteilen lässt. Diese Genres haben aber eines gemein: Sie sind Instanzen der Auseinandersetzung, der Aushandlung kurz eines Wettstreites. Mir geht es in diesem Buch um das Radfahren. Aber wie so oft kann man an einer Sache etwas erkennen, was für anderes auch steht. Die Beschäftigung mit dem Radeln bringt also noch eine andere Sache zum Vorschein. Es handelt sich um etwas, was gleichzeitig exemplarisch für andere Felder des Lebens gilt, in denen auch Wettbewerb stattfindet. Diese Auseinandersetzungen treiben die Gesellschaft voran, sie sorgen für Neuerungen. Sie können aber auch belastend sein, weil sie uns immer wieder vor die Herausforderung stellen, uns der Konkurrenz auszusetzen, selbst dann, wenn wir das gar nicht wollen. Nur ein paar Beispiele, worum es abgesehen vom Radfahren geht: um die beste berufliche Position, um die beste und angemessenste Kleidung, um das Wissen, welches man besitzt, um die schönste Frau oder den schönsten Mann, kurz – es geht um Anerkennung durch die anderen Menschen und dabei einen gebührenden Platz in der Gesellschaft zu finden. Das ist aber nur ein Teil, ein anderer Teil ist das Ringen darum, zu erkennen, woran man eigentlich sein Leben und seine Ziele ausrichten soll. Die Moderne hat uns Gewissheiten, die es früher einmal gab, genommen. Das Ergebnis ist aber nach meiner Auffassung nicht das individuelle Streben, sondern ein kollektiver Prozess. So richten wir uns immer wieder an den uns umgebenden Personen neu aus. Dies gelingt nur dadurch, dass die anderen Menschen um uns herum uns eine Orientierungsmöglichkeit eröffnen. Dieser, zugegebenermaßen etwas soziologieumgetriebene Hinweis an dieser Stelle dient dazu, den Subtext des Buches klarzumachen. Ich will mich aber nicht zu sehr auf solche Soziologismen versteigen, denn es soll leicht und dennoch ernsthaft zugehen. Schließlich behandelt das Buch eine der schönsten Beschäftigungen der Welt: das Radfahren.

Notes

1. Wir, das sind meine Studierenden, die sich gemeinsam mit mir im Rahmen von meinen Seminaren mit soziologischen Sichtweisen auf das Radfahren auseinandergesetzt haben.
2. Das Verbinden von Events miteinander ist eine Idee, die aus der bimodalen Netzwerkforschung stammt (Breiger 1974). Man könnte also das mit dem Rad anreisende Publikum eines Jazzkonzertes verfolgen und würde feststellen, dass die meisten mit ihrem Bike auch andere Veranstaltungen besuchen. Solche Veranstaltungen werden also über die radelnden Konzertbesucher miteinander verbunden. Das gilt natürlich nicht nur für die Radler.

Literatur

Breiger, Ronald L. 1974. The duality of persons and groups. *Social Forces* 53(2): 181–190. https://doi.org/10.2307/2576011.

Stegbauer, Christian. 2006. „Geschmackssache?". *Eine kleine Soziologie des Genießens*. Hamburg: Merus-Verl.

Stegbauer, Christian. 2024. Soziologische Aspekte des kulinarischen Genießens. In *Der kulinarische Genuss. Kulturwissenschaftliche Perspektiven*, Hrsg. Alois Wierlacher und Uwe Spiekermann, 1. Aufl., 69–93. Würzburg: Koenigshausen & Neumann. (Jahrbuch für Kulinaristik, 5).

3

Wir schwingen uns in unsere Sättel ... und schauen auf die Welt des Radelns

Ich fliege. Jedenfalls kommt es mir so vor. Ab etwa 25 Stundenkilometern stellt sich dieses Gefühl ein. Am besten fühlt es sich auf einer leicht abschüssigen Straße an, wenn ich vorher hochgeradelt bin und ein paar nicht zu enge Kurven dabei sind und es sich zusätzlich um eine Strecke ohne Autoverkehr handelt. Dann erreiche ich schnell auch über 30 Stundenkilometer. Das ist nicht zu viel, wie es bei einer Schussfahrt der Fall ist, wo schon mal auch 50 oder mehr km/h drin sind. Wenn es zu schnell wird, muss ich mich zu sehr konzentrieren und manchmal überkommt mich dann auch der Gedanke, was passieren würde, wenn ein plötzliches Hindernis auftaucht oder der Reifen platzt. Aber bei etwas über 30 und dann noch einer leichten Kurvigkeit der Strecke, für die ich nicht bremsen muss, dann hebe ich ab. Ich spüre, wie ein Teil der Schwerkraft schwindet. Wenn die Strecke kerzengeradeaus geht, kann ich bei freier Straße leichte Schlangenlinien fahren – von der rechten auf die linke Seite der Straße und zurück – mit jeder Gewichtsverlagerung spüre ich es. Ein wenig wie als Kind auf der am Kirschbaum meiner Großeltern befestigten Schaukel. Das hier ist aber nicht stationär und es fühlt sich deutlich rasanter an. Zum Glück wurde für den Vulkanradweg im Vogelsberg, auf dem ich mich gerade befinde, extra ein besonders glatter und gleichwohl griffiger Belag entwickelt. So gibt die Oberfläche kaum störende Ruckler an meine Knochen und Gelenke weiter. Die Fahrt ist einfach perfekt. Steigungen und damit auch das Gefälle sind auf diesem Weg soft, weil es sich um eine stillgelegte Bahntrasse handelt. Die alten Dampflokomotiven, die dort nach dem Bau und noch lange danach unterwegs waren, taten sich mit zu starken Steigungen schwer. Das kommt nun einem als nicht mit Maschinenunterstützung unterwegs seienden „Biobiker" wie mir natürlich sehr gelegen.

Den Flugmodus erreiche ich nur dort, wo die Anstrengung nicht oder kaum spürbar ist. Wenn es nur etwas bergauf geht, kann es auch zu einem solchen Flow kommen. Auf größere Steigungen bin ich eigentlich nicht mehr so erpicht. Früher – so in den 1980er-Jahren (also in meinen Zwanzigern) – radelte ich lieber bergauf als bergab. Das lag aber auch daran, dass die Abfahrt aufgrund der schlechten Bremsen, die damals an den Rädern verbaut waren, viel Kraft und Aufmerksamkeit kostete. Nun, nach etlichen Kilos Gewichtszunahme, sind zu arge Steigungen kein großer Spaß mehr, da machen auch die in die Jahre gekommenen und bereits deutlicher Abnutzung ausgesetzten Knie leider nicht mehr so gerne mit.

Wenn ich nach einer schönen Tour, mit ein paar Stunden im Sattel, bei der ich meist so schnell fahre, wie es gerade noch geht, nach Hause komme, tun mir alle Muskeln und alle Knochen weh. Meist lege ich mich dann zur Regeneration erst einmal hin. Die Schmerzen – so richtige Schmerzen sind es ja gar nicht – fühlen sich nicht wirklich schlecht an, im Gegenteil, sie sorgen dafür, dass ich meinen Körper auf eine besondere Weise spüre. Ein solches Körpergefühl kann gar nicht aufkommen, wenn ich am Schreibtisch sitze, lese, schreibe oder mir etwas ausdenke. Die normale sitzende Tätigkeit lässt das Gefühl für große Teile des Körpers verschwinden. Allenfalls tut einem nach einigen Stunden der Hintern mal etwas weh oder die Hals- und Schultermuskulatur verhärten sich, aber ein solches Körpergefühl wie nach dem Radeln stellt sich keinesfalls ein. Ich weiß, dass dieser Effekt nicht fürs Radfahren exklusiv ist, er stellt sich auch bei anderen Sportarten ein. Aus den Zeiten, in denen ich Leistungsschwimmen betrieb, kenne ich das auch noch. Allerdings fehlte bei dieser etwas stupideren Sportart, die sich in den geregelten Bahnen des abgeteilten Schwimmbads abspielte, dieselbe Art des Flows. Es folgte auch keine Belohnung wie nach dem anstrengenden Teil des Bergaufpedalierens. Das Gefühl des Quasifliegens bei der Abfahrt kommt im Schwimmsport leider nicht auf.

Was ich mit den wenigen Absätzen sagen will: Für mich geht kaum etwas über das Radfahren! Es ist die vielleicht schönste Betätigung und auch das praktischste Fortbewegungsmittel, welches ich kenne. Es muss nicht sein, dass man sich in eine U-Bahn zu vielen anderen Personen zwängt, die mit ihren verbalen Äußerungen und den olfaktorisch wirksamen Ausdünstungen eine Zumutung sein können. Für mich als eher unregelmäßiger ÖPNV-Benutzer gilt das. Allerdings muss ich an dieser Stelle zur Richtigstellung des möglicherweise falschen Eindrucks einflechten, dass ich dennoch kein Misanthrop bin.

Entschuldigung – bis jetzt rede ich praktisch nur von mir. Wenn Sie das Buch bis jetzt noch nicht in die Ecke geworfen haben (Dank dafür!), fragen Sie sich vielleicht, warum es sich um eine Betrachtung aus einer soziologischen Perspektive handelt, wenn doch dieser Typ von Autor die ganze Zeit nur über sich selbst schreibt und sich auch noch selbst in den Mittelpunkt rückt. Die Frage, die ich mir gerade stellvertretend für Sie gestellt habe, ist eine, die ich mir von einem meiner akademischen Lehrer abgeschaut habe. Ich meine Karl Otto Hondrich, der nach Schilderungen im akademischen Kontext immer die Frage stellte, was denn das Soziologische daran sei. Nun – gemach, dies aufzuklären, dafür ist dieses Buch schließlich gedacht.

Es liegt tatsächlich nicht auf der Hand – auch wenn es schon einmal vorne angedeutet wurde, wie man von einem geliebten Verhalten mit einem schönen Gefühl[1] auf wortwörtlich abschüssigen Wegen zur Soziologie kommt. Aber das ist vielen und insbesondere guten Soziologien ähnlich – sie starten an einer Stelle, die zunächst sehr individuell zu sein scheint, und zeigen dann auf, dass es sich um ein für die Soziologie relevantes Phänomen handelt. Eines der bekanntesten Beispiele dafür ist die klassische Untersuchung von Emile Durkheim (zuerst 1897) über den Selbstmord. In dem Buch analysiert er alle auch heute noch oft genannten Gründe, kommt aber zu dem Schluss, dass die Unterschiede zwischen Regionen und Ländern vor allem auf unterschiedliche Formen der sozialen Integration zurückzuführen sind. Zurück zu diesem Buch und zu etwas weniger Schmerzhaftem als dem Gedanken an Selbsttötungen: Ich möchte mit der zeitweiligen Schilderung selbst gemachter Erfahrungen nicht zu eitel wirken (ein wenig eitel bin ich natürlich auch – das will ich nicht abstreiten, aber die Eitelkeiten und das, nennen wir es, „gockelige Gehabe", was häufig aber nicht nur bei Männern zu beobachten ist, finden Sie, liebe Leserinnen und Leser, bei mir hoffentlich nicht). Dennoch betrachte ich mich fürs Erste – wir sind ja noch in der Einleitung – als einen hoffentlich nicht nur für mich interessanten Fall, an dem es vielleicht möglich ist, ein paar Einsichten zum Biken aufzuzeigen. Allerdings will ich nicht die ganze Zeit bei Storys bleiben; im Buch wechseln Geschichten und auch verschiedene Analyseperspektiven einander ab.

Meine eigene Geschichte mit dem Radfahren geht los mit dem roten Pferd. Freilich handelt es sich nicht um ein richtiges Pferd aus Fleisch und Blut, sondern um eines aus Plastik. Dieses war auf vier Räder montiert. Es handelte sich um eine Art altertümliches Bobbycar, an das ich mich tatsächlich noch erinnere. Bei der Erinnerung halfen die Fotos, auch wenn davon nur noch schwarz-weiße Bilder vorhanden sind, ist mir das verwaschene Rot immer noch gut im Gedächtnis. Es war ein Geschenk meines Großvaters. Dieser hatte nie einen Führerschein besessen und legte zeitlebens die wichtigsten Strecken mit dem Fahrrad zurück. Danach bekamen mein Bruder und ich tolle Roller geschenkt – bis es irgendwann in meiner Kindheit anstand, das Radfahren zu lernen. Ich kann mich kaum erinnern, auf was für einem Fahrrad das war – ich meine, es handelte sich um ein Damenrad. Ein Rad mit Schwanenhals, also einem tiefen Durchstieg. Es war natürlich zu groß, um als Kind in den Sattel steigen und gleichzeitig mit den Beinen die Pedale erreichen zu können. Ich musste also in den Pedalen stehen. Laut meines Gedächtnisses war das Lernen keine große Sache. Es ging ein paar Mal die Anwohnerstraße, in der in den 1960ern noch kaum jemand ein Auto besaß, hoch und wieder hinunter. Die Straße hat eigentlich fast gar kein Gefälle. Mit dem Gleichgewichthalten war schon der wichtigste Teil des Radfahrens gelernt, hatten wir doch schon mit den Rollern dasselbe geübt. Mein Großvater sorgte dann dafür, dass wir Geschwister zu Weihnachten jeder ein eigenes Rad bekamen. Endlich konnten wir – mein Opa und ich – gemeinsam kleine Touren ins Feld unternehmen, welches damals, nur durch eine Straße getrennt, direkt hinter unserem Haus begann. Ich glaube, für ihn war das ebenfalls eine große Freude. Er bewerkstelligte dabei die Weitergabe seiner eigenen Passion an uns.

3 Wir schwingen uns in unsere Sättel … und schauen auf die …

Bei mir war das Radfahren also ein Teil meiner Kindheit – ich wuchs in das erste Rad sozusagen hinein. Meine Eltern benutzten das Fahrrad zu der Zeit zwar auch noch für ihren Weg zur Arbeit in die nahe gelegene Kleinstadt. Das änderte sich aber schnell an genau dem Zeitpunkt, als das erste Auto angeschafft wurde. Mein Vater besaß ein recht sportliches Rad, für die damaligen Verhältnisse. Ich messe dieses Urteil an den Flügelmuttern, mit denen die Räder befestigt waren. Das sind Vorläufer der Schnellspanner, um bei einer Panne einen fixen Radwechsel durchzuführen zu können. Nun, er pedalierte nach dem Kauf des roten Fords nur noch extrem selten. Das kam allenfalls einmal vor, wenn das Auto über Nacht in der Werkstatt bleiben musste. Sein Rad war mir aber später öfters noch nützlich. Insbesondere wenn ich mal einen Platten hatte und diesen nicht sofort reparieren konnte. In so einem Fall durfte ich es manchmal benutzen. Die gewonnene Mobilität und die Reichweite mit dem Auto waren so attraktiv, dass es ihn dann nie mehr in den Sattel trieb.

Die Geschichte vom eigenen Rad erzählt implizit dasselbe wie die vom eigenen Wagen meiner Eltern. Der große Nutzen bestand im Mobilsein und in der Reichweite des Rades. Dazu wurde ich deutlich unabhängiger. Ab da musste ich nicht mehr auf den Schulbus an der Durchgangsstraße des Dorfes warten und dabei zuschauen, welche Tragödien sich dort von Zeit zu Zeit abspielten. Einmal wurde vor unseren Schüleraugen eine Katze überfahren. Sie rannte aus dem Gelände des gegenüberliegenden Bauernhofs schnurstracks unter die Räder eines vorbeikommenden Lastwagens. Wenn eine Stunde ausfiel, musste ich mir nicht irgendwie die Zeit vertreiben. Nun konnte ich nach Hause radeln. Nachmittags war das Gefährt gut für Ausflüge oder dafür, um auf einer Kreuzung stundenlang einfach Kreise zu drehen. Ich glaube, damals war ich auch schon süchtig nach der Fliehkraft.

Kommen wir zurück zum Sachlichen: Soziologische Überlegungen, die sich mit dem Radfahren beschäftigen, müssen sich um mehr kümmern als nur das, was eine einzelne Person erlebt oder erlebte und nun aufzuschreiben versucht. Ich bemühe mich nun, ein paar weitergehende Aspekte des Ganzen zusammenzutragen. Dabei will ich etwas systematischer vorgehen. Dennoch – und das ist bis hierhin sicherlich auch schon angeklungen – kann ich bei meinem Herzblutthema nicht ganz unparteiisch sein. Dies zu erwähnen, gebietet mir die Redlichkeit. Eine gewisse

Unparteilichkeit erwartet man eigentlich – zumindest ich erwarte es normalerweise – von wissenschaftlichen Abhandlungen.[2] Hier gehe ich das Ganze etwas informeller an. Was ich aber nicht möchte, ist das, was andere Bücher zum Radfahren häufig tun, meine Argumente und Analysen extrem normativ zu entfalten; das ist nicht meine Sache. Für mich ist es wichtiger, Erkenntnisse zu produzieren und Aspekte auszuleuchten, die vielleicht nicht immer völlig neu sind, aber aus verschiedenen Perspektiven den Gegenstand (ein technisches Gerät), den Umgang damit in seinem Spannungsfeld zwischen individueller Fortbewegung und seiner Einbettung in das Soziale zu beleuchten. Zwar sind politische Kämpfe rund um das Fahrradfahren notwendig, damit dem Gefährt und seinen Fahrern mehr Raum zugestanden wird und damit der Spaß noch weiter ansteigt und gleichzeitig die Gefahren gemindert werden, aber dafür gibt es genug andere Bücher.

Es interessiert mich, warum die Menschen so unterwegs sind. Was sie dazu bringt, an bestimmten Orten bzw. Städten und Ländern sich häufiger mit Hilfe dieser Verkehrsform zu beteiligen und nicht auch Kraftfahrzeuge zu benutzen. Liegt es alleine an den Investitionen in die Radinfrastruktur oder existiert dazu noch eine soziale Dynamik? Erklärt der soziale Antrieb vielleicht auch, ab wann sich die Akteure der Politik anders verhalten und was es dazu braucht, die Mehrheit für das Radeln zu gewinnen?

Wohin radeln die Menschen? Verbindet das Rad vielleicht Menschen und Orte, die anders nicht oder nur schwer miteinander zu verknüpfen wären? Geht es dabei über Grenzen, die sie selbst als kulturelle Barrieren in Verbindung mit geografischen Hindernissen konstruiert haben (Girtler 1991)? Wie tun die Menschen das? Ist dafür ein spezielles Outfit nötig? Welche Fahrradtypen gibt es überhaupt und zu welchen Zwecken werden sie verwendet? Zwecke in diesem Zusammenhang werden natürlich soziologisch ausgedeutet. So gibt es reine Sportgeräte, die für Geschicklichkeit, Mannschaftssport mit einem Ball, für Rennen, für Sprünge oder für Abfahrten eingesetzt werden. Das Velo selbst ist also in vielfacher Weise ausdifferenziert und seinen zahlreichen unterschiedlichen Aufgaben angepasst. Diese Tatsache ist zwar sicherlich von Vorteil dafür, dass sich unterschiedliche sportliche Disziplinen ausbilden. Sie erleichtert es aber Anfängern sicherlich nicht, sich für das richtige Rad für sie zu entscheiden.

3 Wir schwingen uns in unsere Sättel … und schauen auf die …

Zunächst einmal soll es darum gehen, wie man überhaupt zum Radeln kommt. An meiner Geschichte lässt sich bereits eine der möglichen Facetten ablesen, die Art und Weise, wie wir aufgewachsen sind, was wir dabei gelernt haben, und vor allem, mit wem wir dabei in Kontakt gekommen sind. Ich meine also das, was wir normalerweise als Sozialisation bezeichnen. Wenn man das Radfahren in der Kindheit lernte, verlernt man es nicht mehr – ähnlich wie beim Schwimmen auch. Dabei geht es aber nicht nur ums Lernen, es geht auch um die Haltung zum Verkehrsmittel und zu den anderen, die sich neben uns auch noch auf den Straßen befinden.

3.1 Wie kommt es, dass jemand Rad fährt?

Ich beschäftige mich an dieser Stelle nicht nur damit, wie man das Radfahren lernt, sondern interessiere mich auch für den Rahmen des Lernens und der weitergehenden Nutzung des Rades. Fragen, die wir hier dazu stellen müssen, sind beispielsweise die folgenden: Wer bringt einem das Radfahren bei? Wie wichtig ist es für die Menschen, die einem das in der Kindheit nahebringen? Wie sieht die Haltung gegenüber anderen Verkehrsteilnehmern aus? Zu welchen Zwecken wird das Gefährt eingesetzt? Ist es ein technisches Gerät, welches nur einem einzigen Zweck dient, der Fahrt zur Arbeit etwa? Ist dies möglicherweise auch noch dem Umstand geschuldet, dass die Arbeitsstätte nicht durch andere Verkehrsmittel erreichbar ist? Der Einsatz erfolgt dann zwangsläufig bei allen Wetterlagen, auch solchen, die sehr unangenehm sind. Dieses Müssen beim Benutzen des Rades sorgt vielleicht gar nicht für den ersehnten Aufbruch hin zu einem Mehr dieser Verkehrsart. Es ginge in diesem Fall nicht so sehr um den Spaß an der Bewegung. Das Rad bliebe dann auf den einen Einsatzzweck hin orientiert und dieser Zweck ist vielleicht noch nicht einmal ein angenehmer.

3.2 Ansteckend wie ein Virus

Seit der Pandemie ist es eigentlich ein Tabu, mit den Erregern zu argumentieren. Es geht aber natürlich nicht um die kleinen Krankmacher, sondern lediglich um eine Analogie. Das Argument ist ein ganz einfaches: Wenn ich in einer Gruppe abends unterwegs bin, hängt die Wahl des Fortbewegungsmittels nämlich auch davon ab, wie die anderen ans Ziel gelangen. Wenn wir es also mit einer Clique zu tun haben, die gemeinsam etwas unternimmt. Handballtraining fällt mir als Beispiel ein. Vielleicht geht man hinterher noch etwas trinken. Mit etwas ist oft etwas Alkoholisches gemeint. Ein Bier oder auch zwei, ein Glas Wein oder Ähnliches. Auch dabei passen sich die Gruppenmitglieder gegenseitig an. Eigentlich sollten Sportler und Sportlerinnen das allenfalls selten tun. Aus Geselligkeitsgründen können sich aber die meisten nicht daran halten. Wegen der alkoholischen Getränke schiede in diesem Fall das Auto als Fortbewegungsmittel schon einmal aus. Es sei denn, die Beteiligten würden es riskieren wollen, ihren Führerschein einzubüßen. Ganz abgesehen von der Gefahr, die man für andere darstellt. Bliebe in der Stadt die Alternative des öffentlichen Verkehrs (an Taxi oder Uber will ich im Moment gar nicht denken, weil damit relativ hohe Kosten verbunden sind). Reist man hingegen individuell zum Trainingsort an, dann dürfte sich dies auf die Gruppe neutral verhalten. Es sei denn, der anschließende Kneipenbesuch ist bereits mitgedacht, dann könnte es sein, dass man sich gemeinsam von der Sporthalle ins Lokal bewegt und dies die Verkehrsmittelwahl beeinflusst. Neutral bedeutet, dass sich die Wahl des Verkehrsmittels weniger auf die anderen auswirkt. Diese sehen zwar auch, dass ein Teil der Gruppe das „gesündere" Gefährt wählt; es hat aber keinen unmittelbaren Einfluss auf das Verhalten. Wenn aber die Gastwirtschaft, die man aufsuchen möchte, etwas entfernt liegt, sieht der Fall schon wieder anders aus. Es könnte sein, dass diejenigen, welche Öffis benutzen, am Abend im Nachteil sind. Sie benötigen länger oder für sie lohnt sich der Weg für die Stunde oder die anderthalb Stunden in die Schänke gar nicht mehr, weil sie anstatt der 10 min zu radeln eine halbe Stunde mit der Bahn oder dem Bus unterwegs wären. Was ich damit sagen will, ist, dass es in solchen Gruppen eine Art sozialen Druck gibt, das Fahrrad zu benutzen. Diejenigen, die nicht auf ihr Zweirad zurückgreifen, fallen potenziell aus der Gruppe heraus, wenn sie zu viele solcher Events nicht wahrnehmen können.

Aber handelt es sich bei dem beschriebenen Mechanismus schon um ein Virus? Als Virus bezeichnet man eine ansteckende Mikrobe, die von Mensch zu Mensch weitergegeben wird und unsere körpereigenen Zellen zur Vermehrung benötigt. Das Virus programmiert unsere Zellen im

3 Wir schwingen uns in unsere Sättel ... und schauen auf die ...

eigenen Interesse um. Als Ergebnis macht die Zelle das, was das Virus von ihr will. Eine Ansteckung mit Viren kann auch dann geschehen, wenn wir nicht einmal in direktem Kontakt miteinander stehen. Beim Coronavirus reichte es, sich im selben Raum zu befinden und einen Teil des Ausgeatmeten der anderen selbst aufzunehmen.

Das Rad selbst kann man kaum mit einem Virus vergleichen. Dafür ist es zu groß und zu schwer. Dennoch kennen wir auch so etwas wie soziale Ansteckungen. Man steckt sich mit einem bestimmten Verhalten bei den anderen an. Jeder von uns kennt das. Ein Beispiel dafür sind die sogenannten One-Summer-Hits. Das sind jene Spiele, die für den Moment plötzlich jeder besitzt, die man an jeder Ecke sieht und die spätestens im Herbst im Keller oder auf dem Dachboden verschwinden und danach den Popularitätswert dieses einen Sommers nie wieder erreichen können. In manchen Fällen entwickeln sich die Spiele zu etwas, das jeder haben muss. Die Älteren kennen das nervige Geräusch der Klick-Klack-Kugeln vielleicht noch. Auf einmal klackerte es an allen Ecken. In dem Moment, wo wirklich jeder solche Kugeln in Händen hatte, ebbte die Welle auch schon wieder ab. Wenn einem das in einem alten Karton verstaute Spielgerät heute noch einmal in die Hände fällt, kann man kaum begreifen, was für einen Hype es damals darum gab. In einer ähnlichen Weise in der Versenkung verschwanden auch die Rubik's Cubes,[3] die Tamagotchis oder die kugelgelagerten Kreisel. Letztere werden auch Fidget-Spinner genannt. Der Name wurde mir erst bekannt, lange nachdem mir das Spielzeug ins Auge gefallen war. Ein Kollege kannte den Namen von seinen Töchtern und erzählte davon. All das sind Beispiele, in denen es zu solchen Ansteckungen kam. Kurz nach der Ansteckung waren diejenigen, welche die Spiele gespielt hatten, aber offenbar schon immun geworden. Sie ließen die Nachhaltigkeit vermissen und verschwanden wieder. Es kam auch nie wieder zu einem Revival. Die Verbindung könnte folgendermaßen aussehen: Man sieht das neue Spielzeug beim anderen. Das macht es für uns auch interessant. Auf diese Weise wird unser Interesse geweckt. Man möchte dasselbe Gerät auch besitzen. Die Industrie stellt sich schnell auf den Trend ein und produziert das Spielzeug in großen Mengen. Dadurch erreicht das Gadget dann auch den weniger spezialisierten Einzelhandel und die Discounter. Nebenbei beim Einkauf in den Wagen geladen, spielt man bald selbst damit. Wenn man dies in der

Anwesenheit anderer tut, erzielt das eine Wirkung auf diese. Auf die Anwesenden macht es einen ähnlichen Eindruck wie vor noch nicht langer Zeit auf uns selbst. Wer das neue Spielzeug gesehen hat, möchte auch so ein Spielzeug besitzen. Es stecken sich diejenigen, die es noch nicht spielen, über genau einen solchen Mechanismus an. Ich würde ja sagen, dass superschwache Beziehungen (also das Abschauen bei den anderen) ausreichen, um den Wunsch bei vielen anderen ebenso zu wecken (Stegbauer 2023). Besser noch als bei Erwachsenen funktionieren solche Ansteckungen bei Kindern – im Prinzip bleiben wir aber alle auch mit dem Älterwerden ein Stück weit anfällig dafür.

Beim Radeln begegnen mir öfters Gruppen, die gemeinsam unterwegs sind. Gar nicht selten handelt es sich um ältere Herrschaften und natürlich auch Frauschaften beobachte ich. Stelle man sich vor, die Bekannten und Freunde unternehmen eine Fahrradtour und wenn ich Nichtradler bin, kann ich nicht an den Aktivitäten meiner fidelen Seniorengruppe teilnehmen. Ich bin also ausgeschlossen vom gemeinschaftlichen Erlebnis. Der Ausschluss ist die eine Sache. In der Netzwerkforschung, in der ich ja auch zu Hause bin, spricht man von einem sozialen Effekt in solchen Fällen. Diesen nennt man triadische Schließung: Wenn mein Freund Werner beim Ausflug dabei ist und mein anderer Freund Erik ebenfalls, dann stehe ich unter einem noch größeren Druck, als wenn nur einer von den beiden Freunden am Ausflug teilnimmt. Handelt es sich gar um eine mehrtägige Reise, fehlt mir anschließend nicht nur der Urlaub, sondern auch die Erfahrung der gemeinsamen Erlebnisse. Diese werden später auf Treffen wie Geburtstagsfeiern immer wieder zum Besten gegeben und es kommt mir so vor, als hätte ich etwas Wichtiges verpasst.

Das ist aber bei Weitem noch nicht alles. Es reicht ja nicht, ein Rad zu haben. Was ich im Fall der Seniorengemeinschaft benötige, ist etwas Spezielles. Es handelt sich um ein elektrisch die Muskelkraft verstärkendes Fahrrad. Es sollte möglichst über einen potenten Motor verfügen. Der Grund dafür ist klar: Wenn die Strecke den steilen Weinberg hinaufführt und diejenigen, die mit einem E-Bike ausgestattet sind, mühelos den Hügel erklimmen und ich währenddessen mein Muskelbike schwitzend schieben muss, ist das nicht nur anstrengend und ich komme völlig kaputt und verspätet oben an. Nein, ich halte dazu auch noch den ganzen Tross auf. Vielleicht, so mein Gedanke, beschweren sich einige über die

3 Wir schwingen uns in unsere Sättel ... und schauen auf die ...

zwangsweise einzulegende Pause. Also spüre ich einen gewissen, scheinbar von den anderen Freunden ausgehenden Druck, der mich vor eine Entscheidung stellt. Entweder ich sattele um, ebenso auf den Elektroantrieb, oder ich bin nächstes Mal nicht mehr dabei. So oder so ähnlich lässt es sich erklären, dass diese älteren Mitmenschen in den Gruppen einem immer wieder auf Rädern derselben, meist neuesten E-Bike-Generation begegnen. Auch scheinen immer etliche dabei zu sein, die gar nicht so sicher auf dem Zweirad unterwegs sind.

Wenn ich mal zum Dinner einlade, kann es dann natürlich auch sein, dass meine Besucher sich frohgelaunt und fit bei mir zum Abendessen einfinden, weil sie das Stück zu mir geradelt sind. In diesem Falle möchte ich auch in so einer Stimmung sein, wenn ich zum Gegenbesuch anreise. Trainierter wird man durch das Pedalieren auch noch obendrein. Wenn die Mehrheit erst einmal auch im Alltag zweirädrig unterwegs ist, entwickelt sich genau diese Art von sozialem Zwang, dabei sein zu müssen. Es geht dann darum, bei Unternehmungen nicht mehr an der Seitenlinie zu stehen, wenn es zu Ausflügen kommt, die mit dem Rad erfolgen. Dann muss man auch keine Rücksicht mehr auf diejenigen nehmen, die sich nicht auf diese Art fortbewegen können. Das Fahrrad ist ab diesem Moment das selbstverständliche Gerät. Es bedarf gar keiner Aushandlung mehr, so wie das heute noch häufig der Fall ist.

Das sind nur einige Beispiele, die die soziale Dynamik zum Umsteigen auf das Rad illustrieren, wenn es andere in meinem sozialen Umfeld auch tun. Man kann das soziale Ansteckung nennen. Der Begriff kommt aus der Diffusionsforschung und diese ist tatsächlich mit der Forschung zur Weitergabe von Krankheiten verwandt. Diese Forschungsrichtung versucht aber genauso aufzuklären, wie es zur Verbreitung von bestimmten Verhaltensweisen oder der Übernahme (adoption) von neuen Techniken kommt. So wurde beispielsweise untersucht, wie lange es dauerte, bis die Seefahrer überall in der Lage waren, sich vor Skorbut zu schützen. Das Mittel der Wahl war die Mitnahme von Zitronen bzw. Zitronensaft (Rogers 1983). Versucht man Ansteckung in diesem Sinne bei echten Viren mittels Schutzmaßnahmen zu verhindern, verhält es sich beim Radfahren genau umgekehrt. Zwar sind auch Ansteckungspartys bekannt geworden, bei denen die Eltern möchten, dass ihre Sprösslinge sich mit Kinderkrankheiten anstecken, um auf diese Weise immun zu werden. Ärzte raten jedoch dringend von solchen „Masern-Partys" ab.[4] Im Regelfall möchte man die Verbreitung von Viren verhindern, ganz anders beim Radfahren. Hier ist die Ansteckung wirklich gewünscht, selbst wenn sich Leute von der AfD, aber auch von der FDP mehr Autos in den Innenstädten wünschen. Einige von der AfD polemisieren sogar gegen den Wunsch nach mehr Rad- und weniger Autoverkehr mit teilweise ziemlich absurden Argumenten.[5] Möchte man Radfahren fördern, könnte man zu seiner Verbreitung beitragen, indem man die Randbedingungen für Ansteckungen verbessert. Ein Zurückdrängen des Autoverkehrs hätte den Effekt, dass sich Radler sicherer fühlen und in der Folge eher umsteigen. Wenn man im Stadtverkehr aber keine oder nur sehr teure Parkplätze findet, könnte man sich ebenfalls bemüßigt fühlen, eher den Drahtesel zu bemühen und umzusteigen. Solche Maßnahmen unterstützen also die Ansteckung und helfen dabei, mehr Radler in die Stadt zu bringen.

3.3 Die Änderung von Verhalten oder was ist Kultur am Radfahren?

Kultur ist ja ein so schwammiger Begriff. Wenn ich hier über Kultur schreibe, so meine ich nicht die Hochkultur, also nicht die Bretter, die die Welt bedeuten, keineswegs die klassischen Konzerte und auch nicht die Oper. Es geht mir auch nicht um die heiligen Ausstellungshallen, in denen die Werke wichtiger Künstler einem von weither anreisenden Publikum zugänglich gemacht werden. Der Wert der Bilder bemisst sich an den horrenden Preisen, für welche diese die Besitzer wechseln oder, falls sich diese in staatlichem Besitz befinden, diese gar nicht mehr verkauft werden dürfen. Ich meine den Alltag, der mit bestimmtem Verhalten und mit Symbolen verbunden ist. Kultur im Radfahren erkennt man beispielsweise, wenn man auf bestimmte Genres des Radfahrens schaut. Auch das Zeigen von speziellen Zeichen verrät, wer dazugehört. Rennradfahren ohne das Symbol des Renntrikots geht fast gar nicht. Aber auch die bereits erwähnten Seniorenausflüglergemeinschaften sind bestens mit der neuesten Funktionskleidung ausgestattet.

3.4 Wie entstehen Radkulturen oder wie stellt man sich beim Fahren aufeinander ein?

Anders als wenn ich alleine den Vulkanradweg hinunterrolle, ist das Fahren selbst eine aus einer soziologischen Perspektive höchst bedeutsame Angelegenheit. Ich könnte das auch als etwas Relationales bezeichnen. Das gilt nicht nur für das Radfahren, aber dabei wird es vielleicht noch etwas deutlicher: Wenn sich jemand vor mir befindet, habe ich den Drang vorbeizukommen, weil ich mir nicht von jemand anderem die Geschwindigkeit diktieren lassen will. Wenn ich sehe, dass sich jemand ziemlich rücksichtslos verhält, versuche ich Abstand zu halten. Wenn Leute nebeneinander fahren und ich deswegen hinter ihnen warten muss, bis der entgegenkommende Radler passiert hat, verärgert mich das. Vielleicht klingele ich deswegen, in der Hoffnung, dass die beiden Platz machen. Wenn ich jemanden überhole, fahre ich vielleicht auch etwas schneller, als ich es überhaupt wollte. Das tue ich nur, um Abstand zu bekommen und um mein Überholen mit meiner höheren Geschwindigkeit zu rechtfertigen. Manche Muskelradler empfinden eine gewisse Verachtung gegenüber E-Bikern. Von einem Tweet eines ziemlich bekannten (und von mir verehrten) Journalisten weiß ich, dass es ihm ein Spaß ist, solche motorunterstützten Radler (deren Antrieb ja nur bis 25 km/h mithilft) zu überholen. Beim Vorbeifahren an E-Bikes kommt es zunächst darauf an, Schwung zu holen und es beim Überholen „noch etwas ohne zu treten laufen zu lassen". Die eigene Überlegenheit lässt sich auf diese Weise noch einmal besonders auskosten, wenn man ohne zu treten mit dem eigenen Rad an den Elektrischen vorbeirollen kann. Ganz gehässig wäre es, dabei überlegen grinsend zu den auf diese Weise Deklassierten hinüberzublicken. So kann man es den E-Bikern mal so richtig zeigen. Hach, sind diese doch leicht zu übertrumpfen! Ein großer Genuss – der allerdings im flachen Hamburg (wo der Journalist wohnt), sofern der Wind nicht gegen einen steht, deutlich öfters erreichbar sein sollte als in hügeligen Orten des Mittelgebirges. Das gilt insbesondere dann, wenn es nicht gerade bergab geht. Das hier Diskutierte zeigt aber auch schon, dass es eben nicht nur auf einen selbst ankommt. Solche Geschichten „norden" einen ein auf ein gemeinsames Verhalten – auch mit oder gegenüber gänzlich Unbekannten. Das geht dann evtl. so, dass wir uns von E-Bikes abgrenzen und uns als Muskelantreibende den elektrisch Unterstützten gegenüber in einer bestimmten Weise überlegen fühlen. Das ist dann vielleicht auch noch ein individuelles Gefühl, aber es fußt in einer kollektiven Meinung über die anderen.

In einem anderen Moment spielt das Fahrradgenre gar keine Rolle. Dann ist es möglich, dass die Radler alle miteinander solidarisch sind. Sie treibt ansonsten die Sorge um, gegenüber dem Autoverkehr in die Defensive zu geraten. Der momentane Zusammenhalt kann aber im nächsten Moment schon wieder umschlagen. Dann bilden die Radler Kategorien, in denen diese selbst untereinander konkurrieren und dabei möglicherweise auch gegenseitige Missgunst entstehen lassen.

Wenn wir zu zweit als Paar oder mit einem Freund unterwegs sind, haben wir eine unsichtbare Kette zwischen uns aufgespannt. Bei manchen drückt sich das im Nebeneinanderfahren mit Unterhaltung aus, bei anderen – mir und meiner Frau – zeigt sich das daran, dass wir gelegentlich aufeinander warten, damit wir gemeinsam ankommen und auch bestimmte Dinge am Wegesrand zusammen beobachten können. Das gilt auch für andere Radler, deren Verbindung man ebenfalls wahrnimmt.

Was ich damit sagen will, abgesehen von Tandems und ähnlichen Vehikeln, die von mehreren Personen angetrieben werden, ist das Radeln zwar an sich eine individuelle Angelegenheit. Ihnen ist aufgefallen, dass wir das bereits hatten: Jeder sitzt für sich selbst im Sattel, erfreut sich an der tollen Strecke oder leidet unter der Steigung oder den Wetterkapriolen, die sich gar nicht der gewählten Kleidung anpassen wollen. Trotzdem bezieht sich das Radfahren eben nicht nur auf den Einzelnen. Während der Fahrt selbst sind wir in ständigem Austausch mit anderen Radlern (und natürlich auch sonstigen Verkehrsteilnehmern), teilweise in so stark gewohnten (habitualisierten) Verhaltensweisen des Ausweichens und des Aushandelns von Vorfahrt und Anhalten. Vieles davon nehmen wir kaum mehr wahr, dennoch handelt es sich um ein Verhaltensgenre. Dieses bringt uns in einen ständigen Austausch auch mit uns unbekannten anderen – man könnte dieses Sich-Aufeinander-Einstellen auch damit erklären, dass wir ganz kurzzeitig Beziehungen mit anderen eingehen, indem wir unser Verhalten auf diese abstimmen. Diese Personen, an denen wir uns orientieren, sind aber weder unsere Freunde noch unsere Bekannten. Deswegen würde man sagen, dass es sich lediglich um superschwache Beziehungen handelt (Stegbauer 2023), die aber trotzdem, wenn auch nur für einen Augenblick, für uns relevant werden.

Etwas Ähnliches gilt auch für so etwas wie die Verstöße gegen die Regeln. Viele Radler verhalten sich nicht im Sinne der Straßenverkehrsordnung (ich komme darauf später noch einmal ausführlicher zurück). Die gegenseitige Orientierung ist dabei ständig anwesend. Das geht natürlich nicht nur die Zweiräder an, sondern auch die anderen, die im Verkehrsraum präsent sind. Das Überholen von langsam Fahrenden habe ich in diesem Zusammenhang bereits erwähnt. Das gilt in ähnlicher Weise auch für Straßen und Wege, die eine größere Breite aufweisen. Die Vorausfahrenden verhalten sich anders, bleiben plötzlich stehen, weil sie ein Auto vorbeilassen wollen, obwohl sie als Radler eigentlich zuerst kommen würden. Aus solchen Gründen gehören sie überholt! Ich möchte nicht von diesen dazu gezwungen werden, an einer Stelle anzuhalten, an der es nicht notwendig wäre. Wenn mich jemand überholt, kann es sein, dass mich das motiviert, ebenfalls schneller zu fahren. Das ist nicht immer so, aber manchmal schon. Das führt nicht unbedingt zu Wettrennen mit den anderen, unbekannten Verkehrsteilnehmern, aber es ist ein Zeichen dafür, dass man sich dennoch aufeinander einstellt.

Wenn ich morgens mein Rad aus dem Hinterhof hole und mich auf die Straße begebe, nehme ich mir oft vor, jetzt aber langsam zu fahren. Das führt dann dazu, dass ich selbst auf den ersten 100 m öfters überholt werde. Danach werde ich aber warm (so meine eigene Erklärung dafür) und fahre tendenziell schneller. Dann überholen mich immer noch manche anderen, aber ich steigere die Geschwindigkeit. Irgendwann ärgere ich mich über diejenigen, die in meinen Augen zu langsam vor sich hintuckern[6] und an denen ich angesichts des Gegenverkehrs nicht vorbeikomme. Also nehme ich die nächste Lücke zwischen den entgegenkommenden Autos als Gelegenheit, mich vor diese Trödler zu bringen. Das steigert aber nicht nur den Speed beim Überholen selbst, sondern ich bleibe danach auch noch schneller. Schließlich möchte ich nicht jemanden ausbremsen. Die Kommunikation zwischen den anderen und mir beginnt also sofort nach dem Verlassen der Abstellmöglichkeit an unserem Haus. Das Radfahren ist eine sehr sozial wirksame Angelegenheit, in der viele Personen mit ihren mechanischen Geräten involviert sind.

Bei Kreuzungsüberquerungen finde ich etwas Ähnliches, insbesondere wenn dort eine Ampel installiert ist. Wenn ich mich auf dem Weg zur Kreuzung befinde und die Ampel zeigt Grün, ist zu überlegen, ob es sich lohnt, ordentlich in die Pedale zu treten, um die Grünphase noch zu erwischen. Auf dem täglichen Arbeitsweg lernt man die Ampeln kennen. Manche zeigen nur sehr kurz das grüne Licht, bei anderen ist die Länge der Phase davon abhängig, ob noch weitere Fahrzeuge die Kreuzung queren möchten. Der Impuls, etwas länger grün zu bleiben, kommt durch das Überfahren der Kontaktschleifen, die in die Straße eingelassen sind. Wenn es sich um eine Ampel mit sehr kurzer Grünphase handelt oder bei variabler Schaltung nur ein Auto das Fahrsignal bekommt, ist es von der Entfernung abhängig, ob ich so stark beschleunige, um noch drüberhuschen zu können. Wenn ich denke, dass es nicht zu schaffen ist und mich dann ein anderer Radler überholt und dennoch bei Grün überquert, ärgere ich mich. Mir missfällt, dass ich mich nicht mehr angestrengt habe. Wenn er aber ebenfalls stehen bleiben muss, steckt darin eine gewisse Genugtuung. Es ist eine Bestätigung für meine richtige Entscheidung.

Wo wir auch hinschauen, wir finden immer wieder dieses gegenseitige Aneinander-Anpassen. In welchen Situationen wir wieder darauf treffen, das führe ich näher in späteren Kapiteln aus.

3.5 Eine soziale Bewegung erkämpft sich Raum

Irgendetwas verändert sich in den Städten und das betrifft unser Thema. Ich spüre es am Haus, in dem wir mitten in der City wohnen. Als wir vor über 30 Jahren in die Wohnung eingezogen waren, sind wir die einzigen Radler gewesen. Als ein Nachbar eine Wohnung verkaufen wollte, erschien es ihm hinderlich, dass die (in seinen Augen hässlichen) Räder im Flur standen. Er befürchtete, der Radständer mit den Drahteseln könnte ein Argument gegen den Kauf oder für Verhandlungen über den Preis sein. Es sollte also ein Dach im ziemlich schmalen Hinterhof errichtet werden. Man kann sich dies als eine Art Carport für Velos vorstellen. Die

3 Wir schwingen uns in unsere Sättel … und schauen auf die …

Überdachung ist als Schutz für die dort nun zu installierenden Räder vor einem Teil des Regens gedacht. Wir waren damit einverstanden. Es gab dort genug Platz, um ab und an auch unsere ambulante Werkstatt aufzubauen. Diese kam immer dann zum Einsatz, wenn einmal etwas zu reparieren war. Schließlich hatten wir praktisch den ganzen Platz für uns, für meine Frau und mich und später auch für das erste und auch das zweite Kinderrad. Allerdings änderte sich die Situation über die Zeit beträchtlich. Jetzt fahren Bewohner aus vier von fünf Wohnungen mit dem Fahrrad. Manche haben sogar mehr als ein Rad pro Person abgestellt, sodass der Platz mit den Ständern an manchen Tagen nicht mehr ausreicht, die Räder aller Hausbewohner aufzunehmen. Mit dem Generationswechsel unter den Eigentümern zogen mehr und mehr Leute ein, die im Nahverkehr ebenfalls ihr Zweirad bevorzugen. Der Wandel des städtischen Verkehrs lässt sich also exemplarisch an unserem Haus ablesen.

Aber nicht nur daran, gerade an warmen Tagen hat der Radverkehr sehr stark zugenommen. Vor den Ampeln staut es sich und in der nächsten Straße, die eine Einbahnstraße ist, müssen die Autofahrer oft eine Weile warten, bis sie die ihnen entgegenkommenden Radler vorbeigelassen haben. Es tut sich also etwas, auch wenn die Verkehrsplanung darauf immer noch nicht genügend reagiert (Wilde und Klinger 2017). Offenbar fällt es vielen schwer, die veränderten Bedingungen wahrzunehmen und darauf zu reagieren. Es handelt sich ja nicht nur darum, dem einen wachsenden Verkehrsmittel mehr Platz zu geben; der angestammte Raum für den Autoverkehr muss sich dadurch einschränken. Der Platz im städtischen Bereich ist schließlich nicht vermehrbar. Man kann ihn allenfalls neu aufteilen. Zunehmend finden sich Leute zusammen, die diesen Raum für Fahrräder einfordern. Einer der Klassiker solcher Bündnisse ist der ADFC, der nach dem Vorbild des ähnlich klingenden und extrem erfolgreichen Automobilclubs Lobbyarbeit für die Bedürfnisse der Radfahrer leistet. Vielleicht kann man den ADFC-Verein bereits als einen alten Tanker bezeichnen, angesichts neuerer Phänomene im Bereich der Lobbyarbeit. Die Critical Mass Demonstration ist auch schon älter und scheinbar im Moment nicht mehr so aktiv. Bei dieser Art von Demo treffen sich regelmäßig Radbegeisterte, um im Pulk durch die Stadt zu fahren. Es geht dabei darum, öffentlich kundzutun, dass Radler viele sind und auch sie im Straßenverkehr angemessen berücksichtigt werden wollen. In zahlreichen Städten gibt es Radinitiativen, die Unterschriften sammeln, z. B. dafür, dass die Radler mehr bei der Planung von Verkehrswegen berücksichtigt werden sollen. Solche Bürgerinitiativen versuchen Einfluss zu nehmen auf die Gesetzgebung des Bundes, der Länder und auch auf die Stadtplanung der Städte.

Auftrieb erhalten hat das Fahrradfahren besonders während der Pandemiezeit, als sich viele Leute nicht mehr in die Enge und Muffigkeit des öffentlichen Verkehrs hinein trauten. Zu sehr stand die Befürchtung im Vordergrund, vom Husten und vom Schniefen anderer in Mitleidenschaft gezogen zu werden. In dieser Zeit wurde plötzlich offenbar, dass das Rad eine brauchbare Alternative sein könnte. Zahlreiche Leute, die sonst ihr Veloziped im Keller verstauben ließen, trugen es nach oben, machten es wieder fit und legten nun ihre Wege damit zurück. Die Radbranche erlebte einen bis dahin ungekannten Boom. Die Absatzzahlen sprangen kräftig und das Warten auf einen Termin in einer Werkstatt verlängerte sich von wenigen Tagen auf Monate. Die Nachfrage war mit den vorhandenen Einrichtungen gar nicht zu bedienen. Hinzu kamen in dieser Situation noch Lieferprobleme für Räder und Ersatzteile in einem ebenfalls durch die Pandemie verursachten stockenden Welthandel. Die Preise für neue Räder stiegen sprunghaft an und sie ließen sich auch für das viele Geld an die Frau und den Mann bringen.

Ein Narrativ während dieser Zeit war es, dass Leute, die auf ihren Urlaub wegen des Lockdowns verzichten mussten, als Ausgleich das ersparte Geld in neue Räder investierten, mit denen sie im Nahraum an der frischen Luft unterwegs sein könnten, ohne in allzu engen Kontakt mit anderen Menschen zu kommen. Sehr häufig handelte es sich bei den neuen Rädern um sehr teure E-Bikes. Die Radinitiativen, etwa solche wie diejenigen, die bereits erwähnt wurden, sahen sich selbst überrollt von dem, was in dieser Zeit geschah. Räder in dieser Menge benötigten zusätzlichen Raum in einer Infrastruktur, die im Zuge des Wiederaufbaus nach dem Zweiten Weltkrieg für den damals zu boomen beginnenden individuellen Autoverkehr aufgebaut worden war. Um für diese Automobilvision gerüstet zu sein, wurde in manchen Städten nach dem Krieg mehr zerstört, als es die Bomben der Alliierten vermochten. Es wurden teilweise breite Schneisen in die urbanen Zentren geschlagen, um diese dem Kfz-Verkehr zuzueignen. Es war aber noch mehr – und das macht es für uns heute schwer, mit der neuen Situation umzugehen: Die gesamte Wirtschaft in Deutschland wurde vom Automobilbau und seinen Exporten abhängig.

Die Pandemie stellte das mit einem Mal auf den Kopf: Plötzlich waren es radelnde Zeitgenossen, die einen guten Teil dieses Raums benötigten. Für den Ansturm gab es nicht genügend Platz. Die Akteure aus der Politik fühlten sich ebenso überrollt. Wir hatten es mit einem Mal mit einem Momentum zu tun. Das führte dazu, dass ad hoc vielerorts die Dominanz des Autoverkehrs angefressen wurde. Die Bauhöfe der Städte deckten sich mit Tonnen einer speziellen roten Farbe ein. Die Idee war es, dass mittels des farbigen Anstriches der Muskelkraft gegenüber dem PS-getriebenen Blech tatsächlich mehr Raum verschafft werden kann. So kam es auch. So negativ sich die Pandemie auf viele Bereiche ausgewirkt hatte, für die Radler hielt diese auch etwas Positives bereit. Eine Errungenschaft, einen Boost durch die Pandemie ausgelöst, die angesichts anderer Herausforderungen, etwa der ökologischen Krise und der Gas- und Ölpreiskrise wegen des Ukrainekrieges, auf gleichlautende Forderungen aus noch einem anderen Bereich stieß. Es ging nämlich beim temporären Verzicht auf das Auto auch um einen Beitrag zur Energiesicherheit.

Aus Radfahrersicht gesprochen besteht die Hoffnung, dass sich diese Eroberung von Raum nicht mehr so einfach zurückdrehen lässt. Aus dieser Perspektive beklagen wir allerdings auch, dass es in manchen Städten schon wieder zu einem Rückbau kam, etwa in Berlin. Andere Städte wurden so weit umgebaut und für den zweirädrigen Verkehr so attraktiv gemacht, dass sie lebenswerter geworden sind. So heißt es etwa von Paris.[7] Dort sind die Autos gegenüber den Bicyclettisten mittlerweile in der Minderheit,[8] ganz ähnlich wie in anderen radfreundlichen Städten, wie wir sie aus den Niederlanden oder Dänemark kennen.

Die soziale Bewegung bekam also Flankierung durch gar nicht beabsichtigt herbeigeführte Entwicklungen, die niemand vorhersehen konnte. Plötzlich war eine Unterstützung auch durch die Politik und die Stadtgesellschaft da, die zuvor nur sehr zögerlich gewährt wurde. Diese pro-radplanungsbegünstigende Situation reichte aber in manchen Fällen nicht sehr weit. Zahlreiche Personen, insbesondere diejenigen, die noch am Autofahren hängen (oder für sich keine Alternative sehen), kritisierten die Maßnahmen. Häufig handelte es sich dabei um Betreiber von

Geschäften, die glauben, ohne Autos würden sie ihre Waren nicht loswerden. Die Diskussionen erinnern einen an längst vergangene Zeiten. So ähnlich war das nämlich auch vor fünfzig Jahren, als die ersten Städte Fußgängerzonen einrichten wollten. Interessanterweise streiten annähernd auch dieselben politischen Farben auf den jeweils gleichen Seiten. Historisch wissen wir, dass sich die Bereiche für den Verkehr zu Fuß in fast allen Städten durchgesetzt haben. Allerdings lassen sich diese Entscheidungen wegen der Veränderungen bei den Warenvertriebsstrukturen heute erneut in Frage stellen. Die Händler protestieren und fürchten also nach wie vor, dass sie ohne Autos pleitegehen. Allerdings – und das haben auch viele über die Jahre gespürt – werden Straßenzüge durch das Zurückdrängen der Blechlawine auch zum Einkaufen attraktiver. Jeder spürt, wie angenehm es ist, wenn man als Fußgänger und Radler Platz beanspruchen kann und nicht immer auch noch auf die Autos aufpassen muss.

Werden Straßen eingerichtet, die vorrangig für die Benutzung von Radlern gedacht sind, regt sich regelmäßig Protest. Mit der Reduktion des Verkehrs in der einen Straße erhöhe sich dieser in einer anderen, weil die Autofahrer nun diesen Bereich umgehen müssten. Die Anwohner benachbarter Straßen befürchten wegen der Verlagerung des Verkehrs, ihre Ruhe einzubüßen. Zahlreiche Anwohner der durch die Vorfahrt für Radler beruhigteren Straßen befürchten eine Umwidmung der Geschäfte in Gastronomie, die Lärm zu anderen Zeiten als der Verkehr verursacht. Die Argumente aber ähneln denen vor vielen Jahren, als die Städte damit begannen, den Autoverkehr aus bestimmten Innenstadtbereichen zu verbannen und den entstandenen Platz den Fußgängern zu widmen.[9]

Heute unterstützen viele Städte, häufig unter Beteiligung der Grünen, in den kommunalen Regierungen den Kauf von Lastenrädern. Es werden Kampagnen angezettelt, welche diese Alternative für Kindertransport, Belieferungen oder auch den Abtransport von Einkäufen anpreisen. M. a. W. einige politische Parteien saugen Honig aus den Problemen, die mit einer Veränderung von Gewohnheiten (und seien es solche des Transports) einhergehen. Andere Parteien machen wiederum Stimmung gegen die Reformen im Straßenbild.[10] Sie opponieren gegen die Veränderungen und versuchen auf diese Weise die Stimmen der Gegner des städtischen Umbaus zu gewinnen.

Wenn nämlich die Radler die Mehrheit für sich beanspruchen könnten, fiele für diese Parteien eine politische Ressource weg. Das gilt zumindest für jene Parteien, die sich heute noch trauen, sich auf die Seite des Autoverkehrs zu schlagen. Man kann daher auch annehmen, dass diese heute gar kein Interesse an einer Umkehr der zahlenmäßigen Verhältnisse auf den Straßen haben dürften. Die Schutzmächte des Autoverkehrs mögen es also gar nicht, wenn in Deutschland Bedingungen wie in Utrecht oder Amsterdam entstehen würden. In Berlin wurden gerade eingerichtete Radwege wieder für den Autoverkehr freigegeben, nachdem die CDU die Nachwahl gewann und auch ihr Koalitionspartner SPD sich nicht in der Lage sah, dies zu ändern. Die bereits erfolgten Investitionen in die Radwege konnten dabei nichts bewirken.[11]

3.6 Wofür Verkehrsübertretungen gut sind

Die Veränderung von allgemeinen Verhaltensweisen aufgrund von Verkehrsübertretungen ist mein nächstes Thema. Ich vermute, Sie, liebe Leser (aller Geschlechter natürlich) sind in ihrer Mehrheit ebenfalls zumindest gelegentliche Velozipedler. Wie machen Sie das, wenn die Ampel das rote Licht anzeigt? Bleiben Sie stehen? Tun Sie das auch in der Nacht, wenn kein anderes Fahrzeug weit und breit zu sehen ist? Schließen Sie sich an, wenn dann ein Radler kommt und Ihnen zeigt, dass es auch möglich ist, die Wartezeit zu verkürzen und die Straße gegen die Regel zu queren? Haben Sie ein Verhalten, dem Sie immer folgen, oder lassen Sie sich ad hoc leiten und womöglich von anderen verleiten? Ich will Ihnen an ein paar Beispielen schildern, wie es mir geht. Die Beispiele sollen vor Augen führen, dass auch hier soziologisches Denken Verhalten erklären kann. Halt! Das ist falsch formuliert – die anderen spielen eine große Rolle und als Soziologe versuche ich nur, mir einen Reim darauf zu machen und eine Interpretation für das Verhalten von anderen und mir selbst natürlich auch zu finden.

Wenn man das Verhalten anderer Radler im Kontext des Verkehrs beobachtet, kann man Schlüsse ziehen, darüber, wie es dazu gekommen ist, dass praktisch alle oder zumindest sehr, sehr viele gegen die Pflicht, an roten Ampeln stehen zu bleiben, verstoßen. Als Beispiel soll mir eine Straße in Frankfurt dienen, die ich aus eigener Anschauung bereits seit langer Zeit kenne. Früher fuhr dort die Straßenbahn. Für Frankfurter oder die, die sich unter Ihnen dort auskennen: Es handelt sich um die Bockenheimer Landstraße. Diese Straße ist schon seit langen Jahren stark beradelt. Es handelt sich nämlich um die Verbindung aus dem Zentrum, der Innenstadt, in das wichtige Viertel, in dem sich früher die Universität befand, nach Bockenheim. Die Straße quert in ihrem Verlauf aber das Westend. Sie sorgte aber schon seit ihrer Umgestaltung im Rahmen der Einweihung der U-Bahn für Probleme. Damals war es sicherlich ein Highlight, dass die Straße mit einem Radweg versorgt wurde, den es zuvor noch nicht gab. Leider hat niemand von den damaligen Planern einmal ausprobiert, wie sich die Fahrt dort anfühlte, sonst hätte man den Neubau damals schon anders ausgeführt. Diesen Eindruck habe ich als Radfahrer allerdings sehr oft! Es geht mir hier aber nicht um Larmoyanz – auch wenn sich das vielleicht nicht ganz vermeiden lässt –, sondern um den Versuch einer Analyse von Verhalten und den Versuch, dieses soziologisch zu erklären.

Eine Fahrt auf dem Radweg ist insofern problematisch, als es praktisch unmöglich ist, einen anderen Radler auf dem damals gebauten Weg zu überholen. Dafür ist dieser einfach zu eng geplant worden. Als jemand, der schneller fährt, nerven einen die Langsamen aber ungemein. Was kann man tun? Die einzige Möglichkeit ist, sich gegen die Regel auf die Straße zu begeben und sich in den fließenden Verkehr einzureihen. Nur so kommt man an den Trödlern vorbei. Bleibt man dann aber STVO-treu selbst an der Ampel stehen, so wird sich der Schleicher an einem vorbeimogeln und seine Fahrt gemächlich über die rote Ampel weiter auf dem Radweg fortsetzen. Das bedeutet nun, einen neuen Anlauf nehmen, von hinten an die Person heranfahren, schauen, wo eine ebenerdige Einfahrt ist und ob man sich wieder in den fließenden Verkehr einfädeln kann, um erneut an der Person auf der Autostraße vorbeizukommen. An der nächsten Ampel (und davon gibt es auf dieser Straße viele) beginnt das Spiel von vorne. Es entspannt sich also eine Art Kampf zwischen den Radlern. Die Ursache dafür findet sich aber allenfalls in Teilen bei den Radlern selbst. Es handelt sich um ein Versagen der Planung!

Man könnte sagen, dass die planerisch gesetzte Infrastruktur einer solchen sozialen Auseinandersetzung den Weg bereitete. Es gibt also immer auch einen sozialen Zusammenhang, der bei der Verkehrsübertretung von Bedeutung ist. Weitere Verstöße gegen die Regeln sind kaum vermeidbar. Dazu zählen streckenweises Fahren auf dem Gehweg – dies ist weniger geworden, seitdem es möglich ist, sich mit dem Rad gegen die Einbahnstraßenrichtung zu bewegen. Es ist aber immer dann notwendig, wenn die Straße es nicht erlaubt, diese einfach zu überqueren. Dann fährt man manchmal auch gegen die Richtung des Radwegs, was ja ebenfalls in den meisten Fällen nicht erlaubt ist. Genau auf den hier angerissenen Fall komme ich später noch einmal zurück.

3.7 Wessen Bike ist das Schönste?

Ich habe während der Pandemie mit einem Journalisten gesprochen – wir haben da so eine Reihe an der Uni, wo Führungskräfte aus Wirtschaft, Verwaltung und Politik die Gelegenheit bekommen, sich mit Leuten aus der Wissenschaft auszutauschen. Das gilt natürlich auch umgekehrt. Jedenfalls arbeitete der Journalist bei einem großen Publikationsorgan als Ressortchef. Auf der Homepage las ich im Vorfeld über ihn, dass er sich eigentlich mehr für Fahrräder interessiere und gelegentlich auch über dieses Thema schreibe (ich hatte damals schon überlegt, ob ich ihm nicht ein Exemplar dieses Buches zukommen lassen sollte). Außer ihm war noch eine Pressesprecherin einer Verbraucherorganisation anwesend. Zur Begrüßung sagte ich ihm, dass ich über seine Fahrradleidenschaft gelesen hätte und mich auch für die Thematik interessiere. Seine erste Frage war, welches Fahrrad ich hätte. Das war offenbar bedeutend. Ich antwortete ihm, dass ich mein Rad selbst zusammengebaut habe und als Grundlage einen Rahmen von einer bestimmten Firma dazu verwendete. Er wusste natürlich sofort, dass es sich um einen Stahlrahmen handelte. Es freut mich immer, jemanden zu treffen, mit dem ich über solche Themen fachsimpeln kann.

Von Henri Cartier-Bresson, dem berühmten Fotografen, ist überliefert, dass er in Interviews immer wieder danach gefragt worden sei, mit welcher Kamera er seine in ästhetischer und sozialkritischer Hinsicht großartigen

Fotos machen würde. Angeblich antwortete er darauf regelmäßig, dass er die Journalisten ja auch nicht fragen würde, auf welcher Schreibmaschine sie ihre Texte verfassten. Sehr gut gekontert, kann ich dazu nur sagen und das sollte eigentlich in ähnlicher Weise auch für das Radfahren gelten. Denn man kann sich zweirädrig auch auf einer sprichwörtlichen Gurke fortbewegen. Wenn das Rad aber großen Spaß bereiten soll, benötigt man ein etwas besseres Gefährt. Es muss aber keineswegs ein sehr teures Spitzenprodukt sein. Die während des Gesprächs anwesende Sprecherin der Verbraucherorganisation sagte daraufhin, sie habe leider nur ein Rad von einer bestimmten sehr gängigen Marke. Sie nahm dem sich anbahnenden leicht nerdigen Fachgespräch mit Hang zum Wettbewerb mit ihrer Bemerkung die Spitze. Es handelte sich natürlich um eine ganz normale Konversation. Beim genaueren Hinschauen jedoch war ein solcher Wettbewerbsmoment trotzdem sicherlich vernehmbar. Ich möchte mich eigentlich gar nicht auf solche Gespräche einlassen, aber obgleich ich das Konkurrenzmoment mindestens im Nachhinein durchschaue, fällt es mir in der jeweiligen Situation schwer, mich dem zu entziehen. Ich beobachte aber, dass sich nicht alle in eine solche Auseinandersetzung hineinziehen lassen – hier war es die Pressesprecherin, für die der sich anbahnende Punkt nicht interessant schien. Wahrscheinlich ist für einige Leute das Rad nur ein Fortbewegungsmittel, während andere mehr dafür schwärmen. Bei Letzteren zünden solche Gespräche dann auch eher und man verfällt in Fachsimpelei, die gerne mit sprachlichem Wettbewerb einhergeht.

Einer meiner Söhne, eigentlich beide sind ebenfalls Radenthusiasten. Der eine, an den ich gerade denke, lebte eine Zeit lang in einer WG mit insgesamt 11 Mitbewohnern. Die Mehrheit der Männer dort waren ebenfalls große Radfahrer (von den Frauen komischerweise keine einzige). Die Wohnung befand sich im vierten Stock eines ehemaligen Kontorhauses. Deswegen gab es einen großen Aufzug, der nun für die Räder benutzt wurde. Die Fahrräder standen an verschiedenen Stellen der Wohnung herum, z. T. auch im 60 qm großen Gemeinschaftsraum. Sie waren wirklich sehr zahlreich. Letztens erzählten er und seine Freundin davon, dass ein Teil der ehemaligen WG-Bewohner sich mal wieder auf eine längere sommerliche Radtour begeben wollten. Die Freundin lauschte dem Gespräch, in dem es darum ging, dass die Räder aber zuvor noch aufgerüstet werden müssten. Da muss ich noch dieses Teil anschrauben, kostet 200 €, und jenes Teil auswechseln. Dafür sind sogar 300 € fällig. So oder ähnlich müssen sich die Vorgespräche für die von ihnen geplante vielleicht zehntägige Reise angehört haben. Es geht sicherlich bei solchen Konversationen nicht nur um die Praktikabilität des Fahrrades. Diejenigen, die mitmachen, müssen zumindest das Interessenlevel der anderen matchen und dieses möglichst sogar übertreffen. In einer solchen Gruppe hochgerüsteter Radler kommt man mit der alten Mühle, die sich vielleicht noch auf kurzen Strecken in der Stadt bewährt, nicht so sehr weit. In den aufgerufenen Preisen für die Teile, die den hochwertigen Rädern noch hinzugebaut werden sollen, steckt somit auch eine Art Mittel für die Zugehörigkeit: Nur wer bereit ist, sein Rad auf ein ähnliches Level zu bringen, ist in einer solchen Gruppe akzeptiert. Es wird ziemlich viel in die Räder investiert, was eigentlich für die Funktion nicht unbedingt notwendig sein müsste. Als mein anderer Sohn sein Rennrad bei einem riesigen Radversender kaufte, ging es darum, ob die günstigere Ausstattungsgruppe von Shimano ausreiche. Der Verkäufer dort meinte, es gebe schon Unterschiede, aber davon merke der Amateur eigentlich nichts. Die Teile jedenfalls, dieselben habe ich an meinem Rennrad ebenfalls, funktionieren prima, auch ohne damit größer angeben zu können oder zur Ausstattungsspitze zu gehören.

In der Soziologie spricht man bei solchen Phänomenen wie den geschilderten von einer universalen sozialen Logik. Scharf formuliert stecken in solchen Aushandlungen über das Equipment Rangkämpfe. Solche Kämpfe spielen sich auch bei anderen Tierarten als beim Menschen ab, etwa bei Hühnern. Eigentlich, so würde man vermuten, sind solche Mechanismen bei den Menschen eher sozial eingehegt. Das ist wohl der Fall, denn wir picken uns ja nicht gegenseitig im wortwörtlichen Sinn. Übertragen jedoch finden wir Rangkämpfe auf den verschiedensten Gebieten auch unter uns. Bei Autofans kommt es auf die PS-Zahl, die tollen Alufelgen oder darauf an, den schicksten Oldtimer zu fahren. Hier werden mit den Karossen Identitäten angezeigt und die Autos sind auch ein Mittel in der Aushandlung des Ranges in der Gruppe. Ganz anders ist es in der Wissenschaft. Dort geht es beispielsweise um Zitationen. Diese stehen dort ein Stück weit für Reputation. Wenn ich einen bestimmten Kollegen besuche, schaut er immer in Scholar-Google vorbei, um seine Zitationszahl mit meiner zu vergleichen. Anschließend gibt er eine Wertung ab. Im Sport kennen wir das Höher-Schneller-Weiter-Prinzip. Hier findet der Vergleich zwar manchmal auch auf direktem Wege statt. Wenn das nicht der Fall ist, geht es um offizielle Wettbewerbe, die häufig in den Medien übertragen werden oder über deren Ergebnisse dort berichtet wird. Pecking-Order (White 1992) wäre der englischsprachige Begriff zur Hühnerhofanalogie. Etwas milder kann man das, was dabei abläuft, vielleicht mit dem Ausdruck der Distinktion beschreiben. Dieser Begriff wurde in einem etwas anderen Zusammenhang durch Bourdieu (1992) bekannt gemacht. Mit Hilfe von Distinktion kann man Zugehörige anderer Klassen auf Distanz halten, so der bekannte französischen Soziologe. Also auch bei Bourdieu geht es um Wettbewerb. Dort findet er aber nicht zwischen einzelnen Personen, die derselben Gruppe angehören, statt. Distinktion markiert dort eher die kulturellen Grenzen zwischen den sozialen Klassen einer Gesellschaft. Die höheren Klassen besitzen die Definitionsmacht darüber, was als wertvoll angesehen wird, so die Annahme. Solche Wettbewerbe finden also in ganz unterschiedlichen Genres statt. Schauen wir auf das Radfahren, dann kann man sagen, dass es nicht unbedingt nur um Schnelligkeit geht. Manchmal steht auch das Rad selbst und die an ihm verbaute Technik im Fokus. Auch diesem Umstand widme ich ein gesondertes Kapitel.

3.8 Räder kaufen und reparieren

Irgendwoher muss man sein Bike bekommen. Viele bestellen es im Versandhandel oder sie kaufen es beim Discounter. Zwei Verhaltensweisen, die den vielen Werkstädten und Läden vor Ort eigentlich nicht so gut gefallen. Lieber würden sie selbst die neuen Räder verkaufen. Von manchen wird berichtet, dass sie Discounterfahrräder gar nicht reparieren würden. Der alte Inhaber eines traditionsreichen Fahrradgeschäfts in Frankfurt riss das Aldirad persönlich wieder von der Kette, an der es aufgehängt in seiner Werkstatt auf eine bequeme Reparaturhöhe für den Mechaniker gebracht wurde. Dies las man zumindest einmal in einer Beschwerde eines Bewertungstexts im Internet über diesen Laden. Gut verständlich, denn die Fahrräder bei Aldi sind gar nicht so schlecht und viel günstiger als die Markenräder, an denen nicht nur die Hersteller, sondern auch die

Zwischenhändler und die Geschäfte mit ihren Mieten und Kosten für die Mitarbeiter etwas mitverdienen wollen.

Da zahlreiche Kunden lieber auf Beratung bauen, finden die Geschäfte in den Städten trotz ihres Preisnachteils immer noch ziemlich viele Abnehmer. Vor allem auch, weil dort die Räder repariert werden können, falls einmal etwas kaputt sein sollte. Zudem kann man das Wunschrad vor dem Kauf Probe fahren und mit anderen vergleichen. Viele Geschäfte haben lange Wartezeiten auf einen Termin in der Werkstatt. Für uns als Leute, die sich näher interessieren, wollen wir nun wissen, wie sich die Läden innerhalb einer Großstadt voneinander unterscheiden. Es finden sich sowohl hinsichtlich der Größe als auch hinsichtlich der Spezialisierung und der Art und Weise des Umgangs mit Kunden ganz unterschiedliche Händler. Man kann sagen, dass es im Markt der Fahrräder und des Services dafür zahlreiche Nischen gibt. Die Händler suchen solche Nischen und diese helfen ihnen dabei, sich von den anderen unterscheidbar zu machen. Dies erlaubt es den meisten, sich ein Stück vom gesamten „Radkuchen" zu sichern. Von Vorteil ist dabei, dass es einen Trend gibt, der in Richtung einer Auffächerung (Differenzierung) des Marktes in verschiedene Radtypen geht. Immer mehr unterschiedliche Bikes werden entwickelt. Darauf reagiert auch der Handel. Der Handel ist auch beteiligt an der Entwicklung eines Selbstverständnisses der Radler. Man könnte dieses auch als „Radidentitäten" bezeichnen. Oft sind die Geschäfte so klein, dass sie gar nicht in der Lage wären, das gesamte Spektrum abzudecken, welches die Hersteller mittlerweile produzieren. Es geht dabei ja nicht nur um die Räder selbst – jedes Genre benötigt wiederum eigenes Zubehör und eigene Kleidungsstücke. Nur ein paar Beispiele: Das Mountainbike wurde vor ein paar Jahrzehnten erst erfunden. Daraus entwickelten sich sog. Hardtails – Räder mit einer Federgabel und Fullys, die nicht nur vorne, sondern auch hinten gefedert sind. Seit weniger langer Zeit sind elektrisch unterstützte Velos hinzugekommen. Allerdings sind diese auch in verschiedenen Genres zu Hause. Neuerdings werden diese Bikes immer leichter und es werden schon Rennräder mit elektrischer Hilfe angeboten. Zu den klassischen Rennrädern sind mittlerweile die sog. Gravelbikes hinzugetreten. Zwar gleicht ein Ei dem anderen, aber bei den Rädern ist das nicht so: Es sind sehr viele unterschiedliche Genres entstanden.

Was aber bei allen gleich ist: Leute, die viel Rad fahren, benötigen kompetente Ansprechpartner, denn der Verschleiß an Teilen ist hoch. Das bedeutet, dass man häufig etwas austauschen muss oder der Drahtesel gar für eine Reparatur zum „Hufschmied" muss.

3.9 Radfahren verbindet und dennoch ist der Weg das Ziel

Man kommt mit dem Rad nicht nur von A nach B, es verbindet auch die beiden gedachten Punkte. Wege, die Radfahrende zurücklegen, bilden auf diese Weise ein Netzwerk aus Punkten, die über Straßen, Wege und jeden befahrbaren Untergrund zurückgelegt werden können. Es entsteht also ein Netz aus Verbindungen, die sich kanalisieren und kalkulieren lassen. Sich rational verhaltende Zeitgenossen werden die benötigte Zeit für die Wege kalkulieren. Dabei helfen Apps, z. B. Google-Maps oder Komoot. Dort wird angezeigt, wie lange man braucht, um den Raum zu überwinden. Bei der Navigation im Auto war ich immer etwas irritiert, wenn die Stimme aus dem GPS irgendwann meinte: „Sie haben Ihr Ziel erreicht!" Dabei habe ich mein eigentliches Ziel bisher jedenfalls nicht, man könnte auch sagen nicht vollständig erreichen können. Aber ein geografisches- und ein Lebensziel sind halt unterschiedliche Dinge. Die Kartenapps kalkulieren also die Dauer, die man benötigt, wenn man ein Auto benutzt, den ÖPNV oder den Weg zu Fuß oder mit dem Fahrrad zurücklegt. Eine solche Rechnung mag zu einfach sein, weil zumindest der Weg zum Parkplatz und die Zeit, einen Parkplatz zu finden, für die Autobenutzer noch nicht einberechnet wurde.

Es ist aber nicht nur die Zeit, die in die Berechnung eingehen sollte. Es gibt eine Reihe von weiteren Kalkulationsfaktoren, die darüber hinaus berücksichtigt werden könnten. So spielt die Antizipation des Weges eine Rolle: Erwartet man mit dem Auto im Stau zu stehen, oder ist freie Bahn? Wie ist das Wetter? Wird es zu regnen beginnen? Schnee und Eis sind ganz spezielle Herausforderungen, die tendenziell die Radler gefährden. Handelt es sich um einen schönen Radweg, auf dem man getrennt vom Autoverkehr unterwegs ist? Was ist eigentlich, wenn die Strecke hügelig ist? Kommt man verschwitzt irgendwo an? Muss man sich anschließend umziehen?

Ein Experiment, bei dem Pendler eine Stecke von knapp 20 km täglich mit dem E-Bike zurücklegen konnten, zeigte, dass einige den Umstieg auf das Rad mit Hilfsmotor sehr begrüßten.[12] Sie fühlten sich deutlich besser und insbesondere das mit dem Biking verbundene Naturerlebnis war für sie eine tolle Erfahrung, die sie sonst nicht hätten machen können. Die Erfahrung änderte für über die Hälfte der am Experiment Teilnehmenden nicht nur die Einstellung, etliche davon schafften sich danach ein eigenes E-Bike an. Das Experiment wurde vom Institut für Sozialökologische Forschung in Frankfurt durchgeführt.

Radfahren am Beispiel des Pendelns verbindet nicht nur das Zuhause mit dem Arbeitsplatz, es lässt sich mit noch weiteren Besorgungen in Einklang bringen. Zahlreiche Pendler mussten einen Stopp an der Betreuungseinrichtung für die Kinder einlegen. Man sieht, es ist nicht nur eine Bewegung von A nach B, sondern es entsteht ein Netzwerk von Punkten im geografischen Raum, die sich mit dem Fortbewegungsgerät in Beziehung halten lassen. Die gute Laune, die dabei entsteht, gehört auch zur Vorbildfunktion des Radfahrens gegenüber denjenigen, die bis zu diesem Zeitpunkt noch nicht überzeugt sind, auf das Rad umzusteigen. Neben diesem sozialen Faktor liegen allerdings tatsächlich noch einige Hürden im Weg dazu, voll auf das Rad zu setzen. So werden manche Wege als gefährlich wahrgenommen, insbesondere dann, wenn keine klare Abgrenzung zum Autoverkehr vorhanden ist, so eine weitere Studie des bereits genannten Instituts für Sozialökologische Forschung (Stein et al. 2022). Schwierig ist auch die Verbindung von öffentlichem Verkehr mit dem Fahrrad. Zwar ist es möglich, das Rad in S-Bahnen und anderen Nahverkehrszügen mitzunehmen. Gerade zu Stoßzeiten, wenn Pendler unterwegs sind, kommt es aber manchmal zum Streit um die Stellplätze, die oft auch als Behelfssitze für die Fahrgäste ohne Rad genutzt werden können.

Wenn man mit dem E-Bike unterwegs ist, stellt sich noch eine weitere Herausforderung für die Kombination von Rad und Öffis. An ziemlich vielen Stationen ist kein Aufzug und keine Rolltreppe vorhanden. Zwar ist auf Letzteren die Fahrradmitnahme eigentlich nicht erlaubt. Eine Übertretung dieser Vorschrift hilft aber deutlich bei einem Radtransport in den öffentlichen Verkehrsmitteln. Selbst an größeren Stationen fehlen oft Aufzüge. Vielleicht ist mit einem normalen Rad die Überwindung einer konventionellen Treppe für Personen, die einigermaßen in Shape sind, gerade noch zu bewältigen. Eine ganz andere Herausforderung stellt sich aber für Besitzer und Besitzerinnen von E-Bikes. Hier habe ich schon öfters erlebt, dass diese nicht in der Lage waren, ihr Rad die Treppe hinaufzubekommen. Oft wiegen diese Räder über 30 kg. Die Schwierigkeit gilt natürlich insbesondere für solche Personen, die bereits etwas gebrechlich sind oder die nicht regelmäßig das Fitnessstudio aufsuchen. Ganze Gruppen von Älteren – und ich kann mich auch an eine jüngere Frau erinnern – werden faktisch von der Kombinutzung ÖPNV zusammen mit dem Rad durch solche Mängel ausgeschlossen. In manchen Zügen ist die Mitnahme von E-Bikes auch gar nicht zulässig. So etwa in Frankreich. Dort müssen die Räder auf vielen Strecken an der Felge aufgehängt werden. Dazu muss man das Rad in die Senkrechte bringen und leicht anheben, damit man das Vorderrad in die vorgesehene Einrichtung einhängen kann. Das gelingt mit den schweren Bikes oft nicht und deshalb hat man keinen Anspruch darauf, dass man mit so einem Rad mitgenommen wird.

Im Folgenden werde ich die bis hierhin benannten und auch bereits andiskutierten Punkte noch einmal genauer durchgehen und näher beleuchten. Mit den Überlegungen beginnen wir im nächsten Abschnitt mit einer Betrachtung der Sozialisation. Dort lernen die Menschen nicht nur das Radfahren selbst, auch die Grundlage für den Enthusiasmus, dabeizubleiben, wird in der Zeit des Aufwachsens gelegt. Die Kindheit und Jugend sind also bedeutende Zeiten dafür, die Leute dazu zu bringen, Radler zu werden. Wie das funktioniert, das sehen wir im nächsten Kapitel.

Notes

1. Beim Begriff „Gefühl" muss ich unweigerlich an George Caspar Homans denken. Er hat das Streben nach angenehmen Gefühlen geradezu zum Movens des Sozialen erhoben (z. B. in seiner Gruppensoziologie, die 1960 auf Deutsch erschienen ist). Obwohl ich Homans für seine einfachen Merksätze sehr schätze, finde ich den Antrieb, den er dem Menschen unterstellt, doch zu individualistisch und zu wenig sozial. So ist die Zugehörigkeit (also soziale Integration) eine weitere wichtige Triebfeder, die das Verhalten der Menschen steuert. Das vermittelt sich beispielsweise durch Rollen und Positionen, für die gar keine Motivation in diesem Sinne notwendig ist.

2. Dabei ist mir durchaus klar, dass wir alle mit unseren Vorannahmen etc. nicht komplett neutral sein können. Trotz dieses Einwandes erwarte ich von wissenschaftlichen Untersuchungen, dass sie ergebnisoffen sind. Leider ist das nicht immer der Fall.
3. Ein Freund, dem ich das Manuskript vorab zu lesen gab, protestierte hierbei und meinte, dass es diese Würfel immer noch zu kaufen gäbe. Meine Antwort: Ja, das mag stimmen, aber auch hier war die Hochzeit des Spielzeugs nur von kurzer Dauer.
4. https://www.infektionsschutz.de/infektionskrankheiten/krankheitsbilder/kinderkrankheiten/ (17.12.2024).
5. Giebel, Markus, 2020, Fahrräder „unpraktisch und gefährlich": Politiker wird nach Rede veralbert – Reaktionen fallen deutlich aus. Artikel aus Merkur.de vom 21.01.2020.
https://www.merkur.de/politik/afd-dirk-spaniel-fahrrad-bjoern-hoecke-spott-autoverkehr-shitstorm-parkplatz-co2-zr-13450705.html (17.12.2024).
6. Ob dieses Verb es wirklich trifft, da bin ich mir im Moment nicht ganz sicher, denn „tuckern" erinnert lautmalerisch doch an die langsamen Explosionen in einem Verbrennungsmotor, assoziativ an einen großvolumigen Dieseltraktor oder ein Boot mit einem ebensolchen Antrieb.
7. Der Ausbau der Radwege begann bereits vor der Pandemie. Aber auch hier entstand ein Momentum, welches für eine schnellere Realisierung der bestehenden Pläne und der Einrichtung weiterer Pop-up-Radwege sorgte. https://www.adfc.de/artikel/radnetze-fuer-paris (01.11.2024).
8. https://www.spiegel.de/auto/fahrkultur/mobilitaet-in-paris-pariser-bevorzugen-fahrrad-statt-auto-a-9efcfaf6-f8d9-43b4-932f-604fa1c7ff4d (01.11.2024).
9. https://www.spiegel.de/politik/das-paradies-der-buerger-steht-abends-leer-a-f850b3c1-0002-0001-0000-000041955076 (01.11.2024). In dem Artikel geht es darum, dass sich die Anwohner der Frankfurter Zeil, der Haupteinkaufsstraße, von der Zunahme des Autoverkehrs belästigt fühlten, weil diese Straße nicht mehr für den Verkehr zur Verfügung stand und umgeleitet werden musste. Ganz ähnlich argumentieren die Anwohner einer Straße, die in Frankfurt als Radstraße ausgewiesen wurde und die man nun nicht mehr als Einfallstraße in die Innenstadt benutzen kann.
10. Die Grünen hatten eine Subvention von 1000 € für Lastenräder gefordert. Stattdessen tritt die CSU für eine Förderung des Autoverkehrs ein, indem diese eine Erhöhung der Pendlerpauschale ins Spiel bringt: Der CSU-Vorsitzende Söder auf Facebook (am 25.08.2021 https://www.face-

book.com/photo.php?fbid=60266324140770528&id=366343133439370&set=a.708011275939219, 17.07.2024): „Unsere klare Forderung: Statt 1000 € für ein Lastenrad auszugeben, muss die Pendlerpauschale erhöht werden. Wenn der Benzinpreis um zehn Cent steigt, muss die Pendlerpauschale auch um einen Cent erhöht werden. Das ist eine Koalitionsbedingung der CSU". Während einerseits populistische Stimmung gegen das Lastenrad gemacht wird, fördert die CSU im Modellversuch den Einsatz von solchen Gefährten: Arno Trümper: Modellversuch in sieben Kommunen: „Lasträder eifrig genutzt" (21.02.2024) https://www.br.de/nachrichten/bayern/modellversuch-in-sieben-kommunen-lastenraeder-eifrig-genutzt,U4uH8CM (17.07.2024).
11. Jan Menzel, 2023, Stoppt die CDU-Verkehrssenatorin einen fertigen Radweg? RBB24, 20.06.2023 https://www.rbb24.de/politik/beitrag/2023/06/berlin-senatorin-schreiner-radweg-ollenhauerstrasse.html (17.07.2024).
12. Maier, Thomas, 2023, Lieber mit dem E-Bike als mit dem ÖPNV, FAZ, 26.06.2023, S. 4.

Literatur

Bourdieu, Pierre. 1992. *Die feinen Unterschiede. Kritik der gesellschaftlichen Urteilskraft*, 5. Aufl. Frankfurt a. M.: Suhrkamp (Suhrkamp-Taschenbuch Wissenschaft, 658).
Durkheim, Émile. 1897. *Le suicide. Étude de sociologie*. Paris: Alcan (Bibliothèque de philosophie contemporaine).
Girtler, Roland. 1991. *Über die Grenzen. Ein Kulturwissenschaftler auf dem Fahrrad*. Frankfurt a. M.: Campus.
Rogers, Everett Mitchell. 1983. *Diffusion of innovations*, 3. Aufl., 1. print. New York: Free Press.
Stegbauer, Christian. 2023. *Superschwache Beziehungen: Was unsere Gesellschaft kulturell zusammenhält*. Wiesbaden: Springer VS.
Stein, Melina, Luca Nitschke, Laura Trost, und Jutta Deffner. 2022. „Das ist für mich so Pendelfreizeit". Ergebnisse einer qualitativ-sozialwissenschaftlichen Befragung zu Pendelpraktiken, 69. Frankfurt: ISOE-Materialien Soziale Ökologie.
White, Harrison C. 1992. *Identity and control. A structural theory of social action*. Princeton NJ: Princeton Univ. Press.
Wilde, Mathias, und Thomas Klinger. 2017. Städte für Menschen. Transformationen urbaner Mobilität. *Aus Politik und Zeitgeschichte* 48(11): 32–38.

4

Wie kommt man zum Radfahren? Auch Radfahren muss man lernen

Man kann die Frage stellen, wie die Leute aufs Fahrrad kommen. Damit ist natürlich nicht gemeint, wie man sich körperlich in den Sattel schwingt. Ich meine damit, auf welche Weise man sich mit der Fahrmaschine anfreundet, bzw. negativ, wie es dazu kommt, es vielleicht nicht zu tun. Es ist nicht überall so ganz selbstverständlich, Rad fahren zu lernen, obwohl es mittlerweile in unseren Breiten als eine Basiskulturtechnik gelten kann. Das meint, dass es jede Person können sollte, so ähnlich wie Schwimmen auch. Ich bin in einem Dorf nicht weit von einer Kleinstadt groß geworden. Dort war es ganz normal, Radfahren zu lernen. Das ging auch ohne Stützräder. Schließlich war ich ja bereits eine Weile Roller gefahren.

Bei meinem ältesten Sohn kamen wir Eltern schon fast in die Krise, weil ein damals etwa gleichaltes Mädchen bereits mit drei Jahren Rad fahren konnte. Wir dachten, er wäre auch schon so weit, aber er brauchte deutlich länger. Anfangs fehlte ihm, vielleicht wegen des fehlenden Erfolgserlebnisses, der Spaß daran. Nicht nur, dass er dazu körperlich noch nicht in der Lage war, unsere Wohngegend mitten in der Stadt ist auch nicht so ganz ideal zum Üben. Ich kann mich noch daran erinnern, mit ihm auf dem Fußweg vorm Haus zu stehen, wo er seine ersten Erfahrungen mit dem Kinderrad und den Stützrädern sammelte.

Zur Zeit meiner eigenen Kindheit mussten wir nicht ständig unter Beobachtung sein, auch wenn manches Mal Autos durch die Anwohnerstraße fuhren. Damals in den 1960er-Jahren besaßen noch sehr wenige Leute in der Nachbarschaft ein Kraftfahrzeug. Ich glaube, mein ältester Sohn dürfte so zwischen vier und fünf Jahre alt gewesen sein, als er Radfahren lernte. Beim jüngeren war es ähnlich. Beide lieben heute ihre Räder und der Älteste wohnte später in der großen radbegeisterten Wohngemeinschaft (von der ich bereits berichtet habe) und arbeitete danach selbst sogar eine Zeit lang im Fahrradbusiness.

Wenn ich Zeitung lese und dabei eher nur selten den Sportteil aufschlage, springen mich natürlich die Berichte über den Radsport an. Seit den bedeutenden Dopingskandalen bei der Tour interessiere ich mich nicht mehr so sehr wie früher dafür, aber in mindestens zwei Interviews mit Rennfahrern las ich, dass deren Kinder bereits in jungem Alter mit zu den Rennen genommen wurden. Es wurde davon berichtet, dass der eine Knirps bereits sehr früh auf Radsportevents mittels eines Laufrades zwischen den Beinen der Anwesenden herumwuselte. Dies sei eine angeblich deutlich bessere Methode zu lernen, das Gleichgewicht zu halten, als wenn sich der traurige Jungradler immer auf die Stützräder verlässt und dabei ziemlich schief auf dem Rad hängt. Mir sind die Bilder noch vor Augen, als der Sprinter Erik Zabel bei einer Siegerehrung der Tour de France (er gewann das grüne Trikot) in Paris seinen Filius auf die Schultern nahm. Dieser Knirps wurde dann ebenfalls Radprofi. Allerdings fuhr er nicht so viele Siege ein wie sein ungleich berühmterer Vater. Das ist wohl auch einer der Gründe dafür, dass er noch relativ jung seine Profikarriere 2024 beendete.

4.1 Das erste Mal auf dem Rad

Okay, mein Großvater klemmte sich stark dahinter, dass wir Kinder möglichst bald aufs Fahrrad kamen. Er war selbst Alltagsradler. Ich glaube auch, dass er eine gewisse Passion fürs Radeln hatte. Ihm gehörte sein Lebtag kein Auto und er besaß auch keinen Führerschein. Nein, er fuhr immer zur Arbeit mit dem Rad und benutzte es auch für so ziemlich alle Besorgungen in der nahe gelegenen Kleinstadt. Bis ins hohe Alter so lange – bis er wirklich nicht mehr konnte – benutzte er sein geliebtes Fahrrad. Abgesehen von den Alltagsgeschäften begab er sich auch immer wieder auf Radtouren in die nähere Umgebung. Dort, am Rande des Vogelsbergs, war es keineswegs nur flach. Bei den Ausflügen mussten immer wieder Steigungen gemeistert werden. Er und meine Großmutter wuchsen in einem kleinen Dorf im hohen Vogelsberg auf. Weil mein Opa von den Nazis schikaniert wurde, zogen sie von dort weg und aus Kostengründen nicht in, sondern nur in die Nähe einer nahe gelegenen Kleinstadt. Die knapp 30 km lange Mittelgebirgsstrecke zurück über die Anhöhen legten die beiden zu Zeiten als sie noch keine Großeltern waren, regelmäßig zu Verwandtenbesuchen mit dem Rad zurück. Die Berge hinauf musste man schieben. Dafür rollte es anschließend ins Tal ordentlich und mit dem Schwung kam man meistens schon ein gutes Stückchen den nächsten Hügel hinauf. Damals waren Autos rar und es gab sicherlich kaum eine Alternative, weil auch Nachbarn in der Regel eben nicht über ein Automobil verfügten. Man konnte also nicht auf das Netzwerk zurückgreifen, wie dies heute häufig der Fall in ländlichen Räumen ist. Menschen ohne Auto sind dort häufig in der Lage, Beziehungen in ihrer Nachbar- oder Verwandtschaft zu mobilisieren (van Dülmen 2022). Das taten meine Großeltern später natürlich auch und die anstrengenden Radtouren in die alte Heimat fanden dann nicht mehr statt. Ich kann mich noch gut an die Ausflüge erinnern, die ich mit meinem Opa mit dem alten Käfer meines Bruders in den Vogelsberg unternahm. Wir hielten bei Verwandten in jedem Dorf auf der Strecke.

4.2 Der Fortschritt verdrängte das Rad

Natürlich lernten meine Eltern (als sie noch Kinder waren) ebenfalls das Radfahren. Meine Mutter erzählte mir kürzlich auch noch einmal von ihren Ausflügen in den Vogelsberg und dem beschwerlichen Schieben nach jeder Abfahrt der damals ziemlich gewichtigen Räder. Gangschaltungen waren zudem auch noch nicht so weit verbreitet. Meine Eltern benutzten ihre Räder so lange, bis das erste Auto angeschafft wurde.

Ich kann mich auch daran noch genau erinnern. Es war in den 1970ern. Auf einmal wurden vorher nur mit allergrößter Mühe erreichbare Orte zugänglich und auf den anfangs recht zahlreichen Sonntagsausflügen besucht. Die damit altmodisch gewordenen Fahrräder verstaubten danach aber leider im Keller. Ich glaube so ging es vielen Leuten damals. Die Motorisierung erlaubte es, Orte in eine Reichweite zu bekommen, die weit über die mit Muskelantrieb erreichbaren Gebiete hinausragten. Mit dem zweiten Auto erreichten wir dann sogar die Adria und damit begann die Zeit der Urlaube im wunderschönen Italien. Ich glaube, dass das Fahrrad damals als ein Symbol galt, welches für das Gegenteil von Reichtum stand. Mit Wohlstand verband man es jedenfalls nicht. Die meisten freuten sich nach der Anschaffung des ersten PKWs, nun schneller und ohne Anstrengung auch weitere Strecken bewältigen zu können.

Der Fortschritt und das Wirtschaftswunder fanden vielmehr im für Deutschland und auch fast alle anderen Industrieländer ikonischen Automobil ihren Ausdruck. Wir merkten das auch selbst direkt, denn die Bundesstraße, die hinter dem Garten entlangführte, gewann mit den Jahren an Breite. Damit schwoll der Verkehr gewaltig an: Ehemals handelte es sich um eine beschauliche Lindenallee. Irgendwann wurden die, im Frühjahr duftend blühenden, Linden auf einer Seite gefällt und noch ein paar Jahre später mussten dann auch noch die Hölzer auf der gegenüberliegenden Seite weichen. Neben Abgasen und Dreck vermiest der hinzugekommene Lärm, insbesondere von Motorrädern, das Draußenerlebnis im sommerlichen Garten mittlerweile sehr.

4.3 Radlernen und die anderen

Ich biete ein Seminar zum Thema soziologische Aspekte des Radfahrens an der Uni an. Wenn ich dort herumfrage, wie die Teilnehmer Rad fahren lernten, kommen ganz ähnliche Geschichten. Eine Studentin hatte zusammen mit ihrem Opa geübt, obwohl er selbst gar nicht das Rad benutzt. Ein anderer ist von der Mutter im Auto und mit dem Rädchen mit Stützrädern auf einen Parkplatz vor einem großen Möbelhaus gefahren worden. Die Mutter selbst benutzt ihr Rad nur sehr selten, es ist eher der

4 Wie kommt man zum Radfahren? Auch Radfahren muss ...

Vater, der ab und zu Radtouren unternimmt. Ein anderer lernte es vom Bruder, der auf einem Parcours mit dem BMX-Rad unterwegs war. Er bekam auch ein kleines BMX-Rad geschenkt und fuhr direkt los ganz ohne Stützräder. Bei ihm sind die Eltern selbst gar keine Radler, aber er ist von den Teilnehmenden der Einzige, der mittlerweile alle Strecken in der Stadt auf dem Zweirad zurücklegt. Er nutzt es auch für längere Urlaubsreisen und hat sogar schon eine Alpenüberquerung hinter sich.

Wenn es nicht die Eltern sind, die beim Erlernen des Radfahrens helfen, dann sind es andere Personen. Nachbarskinder etwa, wie wir in einem Interview mit einem Radmechaniker gelernt haben. Auch sein Lernvelo war nicht seines, es handelte sich um ein Rädchen von den Kindern aus der Nachbarschaft. Allerdings: So etwas klappt eigentlich nur in ländlichen Gegenden. Dort beggenen sich die Kinder draußen und es steht genügend Platz für solche Aktivitäten zur Verfügung. Eigentlich funktionierte die Sozialisation zum Radfahren sogar, so der heutige Triathlet, gegen seinen Willen. Er hatte nie große Lust darauf, sich mit dem Rad fortzubewegen. Ein geschenktes Bike, zu Weihnachten etwa, darüber hätte er sich damals keinesfalls freuen können. Damit teilt er uns im Interview implizit sogar mit, wie sehr abhängig die Entstehung einer Leidenschaft von anderen Radlern in der engen Umgebung ist: Das ist auch kein Wunder, denn im weiteren Gespräch berichtet er davon, dass sich niemand sonst in der Familie für das Radfahren interessierte. Keine einzige Person in dieser Familie nutzt ein Velociped! Die Nachbarskinder reichen zwar zunächst einmal dafür aus, beim Erlernen zu helfen. Allerdings ist die Familie notwendig, um den weiteren Verlauf der Radlerkarriere zu unterstützen. Hilft die Familie nicht mit, reicht das Interesse nicht aus und die Person hat nur schlechte Chancen, zu einem passionierten Radler zu werden. Der besagte Mechaniker musste auf das erste eigene Rad noch ziemlich lange warten. Erst als er sportlich mit Laufen begann und dies immer mehr im Leistungssport mündete, erwachte sein Interesse am Radfahren neu. Das geschah aber auch nicht durch ihn selbst, sondern durch andere. Durch den Kontakt zu Freunden kam er zum Triathlon: Sie wünschten sich, dass er sich ihrem Team anschließt. Das war die Initialzündung für den Einstieg in den Sport und die Anschaffung eines Rennrads.

Wenn wir auf das Lernen des Radfahrens schauen, so sehen wir in allen von uns betrachteten Fällen, wie stark soziale Beziehungen von Bedeutung sind. Das fehlende Interesse der Eltern lässt sich ein Stück weit durch die Nachbarskinder ausgleichen. Meist sind es aber Eltern oder Großeltern, die in die Bresche springen und die Fähigkeit als etwas so Wichtiges ansehen, dass man es können muss, und von daher beim ersten Schritt zum Radfahren zur Seite stehen.

4.4 Fahrradführerschein

Neben der Familie und den Freunden findet sich weiterer Anreiz für das Radfahren. Dieser ergibt sich aus der Schule und den dort gestellten Anforderungen. Alle Studierenden meines Seminars erzählen davon, dass sie den Fahrradführerschein in der Schule machen mussten. Dazu gibt es spezielle Übungsgelände – in Frankfurt ist dieses in der Nähe eines großen Parks (Grüneburgpark). Mein jüngster Sohn hat die Tage, die sie dort verbringen mussten, immer gehasst. Der Polizist, der die Verkehrsregeln vermitteln sollte, konnte wohl nicht besonders gut mit Kindern umgehen, jedenfalls nicht mit ihm. Eine Teilnehmerin berichtete davon, dass die Schüler alle ein eigenes Rad mitbringen mussten. Das heißt, sie mussten in diesem Augenblick bereits Radfahren gelernt haben und die Anforderung der Eltern bestand darin, eine Investition in ein Rädchen bereits getätigt zu haben. Vielleicht lässt sich ja das Engagement auch der selbst nicht Rad fahrenden Eltern erklären: Sie möchten einfach nicht, dass ihre Kinder als die einzigen der Klasse noch nicht mit dem Velo umgehen können. Wenn man das selbst erlebt hat, weiß man, dass das, was Kinder bereits können und was noch nicht, für den Wettbewerb unter den Eltern von erheblicher Bedeutung ist. Ja, es geht tatsächlich dabei auch um Konkurrenz und die besteht nicht einmal in erster Linie zwischen den Kindern selbst, sondern vielmehr schauen die Eltern auf die anderen Erziehungsberechtigten.

Ziemlich viele Eltern sind von der Hochbegabung ihres Nachwuchses überzeugt.[1] Es ist ja auch wirklich erstaunlich, über welche Talente die Kleinen verfügen. Wer das nicht glaubt, möge mal gegen ein Kind im Memory gewinnen wollen. Wenn die Eltern also sich zu diesem Zeitpunkt die Blöße geben müssten, dass ihre Kinder das noch nicht könnten – es würde am Selbstbild nagen und auch die Erzeuger vor den anderen in einem schlechten Licht dastehen lassen. Zwar könnte man fragen, ob ein solcher Zusammenhang zwischen Ansehen in den Augen der anderen und der Notwendigkeit, sich in diesem Sinne um den Nachwuchs zu kümmern, sinnvoll ist. Aus Sicht einer Radnation, die weniger Autoverkehr und mehr Radler möchte, nimmt man diesen Second-Level-Effekt vielleicht gern in Kauf. Unter Second-Level-Effekt versteht man unbeabsichtigte Nebenfolgen von Handlungen, die manchmal positiv sein können. Der Begriff geht auf den berühmten Soziologen und Zauberkünstler Robert King Merton[2] (1968) zurück.

Die beschriebene Verkehrserziehung geschieht meist in der 3. oder 4. Klasse. Die Kinder sind dann so 9 bis 10 Jahre alt. Ich habe mich gefragt, wieso diese Fertigkeit bei vielen später nicht mehr genutzt wird, wenn sie doch schon einmal vorhanden war. Vielleicht lernen die Kinder zwar von den Eltern das Radfahren, es geht danach aber verloren. Wenn Mutter und Vater das Rad im Alltag selbst nicht nutzen, wie sollen diese dann ihre Kinder vom großen Spaß und von den Vorteilen überzeugen?

Zumindest wurde für die Kinder ja die Bedingung der Möglichkeit für die Alltagsnutzung des Velos auf diese Weise geschaffen. So wie man Schwimmen nicht mehr verlernt, geht es einem mit dem Radfahren schließlich auch. Es kann also zu späteren Zeitpunkten im Leben immer wieder auf das einmal Erlernte zurückgegriffen werden. Von einigen der von den Studierenden in meinem Seminar Interviewten hörten wir immer mal wieder von solchen Gelegenheiten, die dann nach einigen Jahren zu einem erneuten Einstieg in den Sattel führten.

4.5 Radfahren ist sooo uncool, wenn es Mofas gibt

Ganz so einfach scheint die Beantwortung der Frage, wieso das Rad irgendwann wieder in der Ecke steht, aber nicht zu sein: Einige der Teilnehmer meines Seminars zum Radfahren berichteten davon, dass es in ihrer Jugend das Größte war, ein Mofa zu besitzen. „Alle anderen fuhren ein Mofa!" Der eine, der immer noch mit dem Fahrrad unterwegs war, fühlte sich abgehängt. Er war total out. Er hatte nur aus einem Grund kein Mofa: Die Familie hatte nicht genug Geld, ihm so ein motorisiertes Gefährt zu kaufen. Jedenfalls war das die Erklärung, die ich im Seminar zu hören bekam. Das ist bei dem jungen Mann noch gar nicht so lange her. Ein ähnliches Motiv bestand bei vielen meiner Gleichaltrigen damals schon in den 1970er-Jahren: Das Rad wurde also mit einem Stigma versehen. Es war nicht mehr angesagt, es zu benutzen.

Wenn ich darüber nachdenke, frage ich mich, ob es nicht einen Zusammenhang zwischen diesen Geschichten gibt. Das Fahrrad ist zunächst das Mittel zur Vergrößerung des Bewegungsradius bei Kindern. Es trägt dazu bei, eine neue Stufe von Unabhängigkeit zu erreichen. Anfangs dürfen die Kleinen nur auf dem Gehweg[3] radeln. Später ermöglicht das Gefährt es, sich weiter und schneller wegzubewegen vom eigenen Lebensmittelpunkt, der Familie und der Örtlichkeit, an der man wohnt. Es macht also frei, ein Fahrrad zu besitzen.

Wenn die Kinder in ihrem Alter voranschreiten und sie genügend Geburtstage gefeiert haben, um den ersten „richtigen" Führerschein erwerben zu können, dann lassen die Verlockungen des einfacheren Fortbewegungsmittels nach. Obwohl die Attraktivität des Autos – gerade in den Städten – heutzutage ebenfalls nicht mehr besonders groß ist. Das Radeln wird mit der Kindheit gleichgesetzt und wer möchte als Heranwachsender schon nicht gerne diesem Stadium entfliehen? Mit dem Eintritt in die Jugendzeit reicht die mögliche erradelbare Reichweite insbesondere im Vergleich mit anderen nicht mehr so ganz. Diese hält den Mobilitätsansprüchen in vielen Fällen nicht mehr stand.

Eine Art Initiation zum Übergang von der Elternabhängigkeit hin zur jugendtypischen partiellen Ablösung könnte die Motorisierung sein. Wenn es sich um eine Initiation (Oevermann 2009) handelte, dann wäre das natürlich kein individuelles Motiv, sondern ein kollektives. Das geht aber sicherlich noch weiter: Die richtig coolen Jungs oder auch Mädchen, das sind die, die bereits motorisiert sind. Wenn das stimmt, muss man diesen folgen, um auch etwas von der Coolness abzubekommen. Ansonsten gilt man als überholt und das bedeutet, dass der Rang in der Clique unter den Schülern der Schule jedenfalls kaum oben zu finden sein wird.[4] Der hier als Coolness bezeichnete soziale Rang in einer Gruppe ist zudem ein Faktor, um bei möglichen Partnern oder Partnerinnen Beachtung zu finden. In einer solchen „Pecking-Order-Situation[5]" geht das Vermeiden von Schnabelhieben der anderen natürlich vor. Die anderen bestimmen auf diese Weise das eigene Verhalten mit. Das dürfte den Beteiligten nur in den seltensten Fällen bewusst sein. Zwar ist jeder der jungen Leute an der Herstellung der Verhältnisse untereinander mitbeteiligt und gleichzeitig auch das Opfer der selbst mitgeschaffenen kollektiven sozialen Struktur. Mitgeschaffen bedeutet allerdings nicht, dass man sich als Einzelner in der Lage sehen würde, die soziale Dynamik in stärkerem Maße zu beeinflussen. Jedenfalls glaubt man nicht, diese Beeinflussung ohne einen sozialen Schaden im Ansehen durch die anderen vornehmen zu können. Das eigene Verhalten ist also bei Jugendlichen noch stärker als bei Erwachsenen von dem der anderen abhängig.

4.6 Es gibt schönere Dinge als den motorisierten Untersatz!

Zum Glück ist eine solche Situation, in der der soziale Rang scheinbar vom Besitz eines Zweitakters abhängt, nicht zwangsläufig. Nach meinem Eindruck ist ein solcher Zusammenhang in der Stadt sehr viel seltener verbreitet, als dies in ländlicheren Gebieten der Fall ist. Wie sich eine soziale Dynamik entwickelt, welche Fertigkeiten man benötigt und welche Dinge man besitzen muss, das lässt sich von vornherein nicht so genau bestimmen. Solche Dinge obliegen Aushandlungen in der Gruppe, der man sich zugehörig fühlt. Wenn man auf die anderen trifft und diese davon erzählen, wozu sie angeblich fähig sind, darf man nicht ins Hintertreffen geraten. Manches dessen, was erzählt wird, lässt sich von dem einen oder anderen sogar umsetzen. Das weckt den Neid der anderen und es kann dazu führen, dass Bewegung in den Freundeskreis kommt.

Auf dem Land ist es wichtig, weitere Strecken zurücklegen zu können. Analoges gilt nicht unbedingt für die Stadt: Vom Dorf in die nächste Stadt, zum Besuch der Freunde einen Weiler weiter oder vielleicht auch schon für eine Abendvergnügung, das wird motorisiert viel eher möglich. Das Radfahren als erwünschte Tätigkeit kann dann in dieser Lebensphase vielleicht noch eine Berechtigung besitzen, wenn damit etwas Besonderes verbunden ist. Hierzu können Aktivitäten gehören wie Rennen zu bestreiten, BMX-Könner zu sein oder sich dem Downhillsport verschrieben zu haben. Unter diesen Umständen wäre es sicherlich möglich, auch mit dem Drahtesel einen Stich im motorisierten Freundeskreis zu machen, ansonsten aber kaum.

Die hier geschilderten Verhältnisse im Freundeskreis müssen keineswegs zutreffen. Woran man sich orientiert, das bezieht zwar auch weitergehende Verhaltensweisen mit ein, aber es wird in jeder Gruppe selbst ausgemacht. Insofern ist der Wunsch nach einer Motorisierung nicht zwangsläufig. Wenn ich mir beispielsweise die Verhältnisse an der Uni anschaue, so scheint das Mofa auch bestenfalls eine Durchgangsstation zu sein. Die Massen sind in Frankfurt jedenfalls mit den öffentlichen Verkehrsmitteln unterwegs. Darüber hinaus sind während des Semesters die Radparkplätze vor den Unigebäuden ebenso gut gefüllt. Ich war allerdings auch an anderen Universitäten tätig. Manche dieser höheren Lehr- und Forschungsanstalten wurden auf der sprichwörtlichen grünen Wiese errichtet – häufig auch noch über der Stadt und weit weg vom Zentrum. Das bedeutet jedoch, dass sich die Erreichbarkeit mit dem Fahrrad deutlich verschlechtert. Dann verfügen solche Unis meist über ziemlich große Parkplätze. Diese Gesamtanlagen dürften ein Relikt aus der Zeit der Autoeuphorie in den 1970ern sein. In diesen Zeiten wurden solche Universitäten ja auch gegründet. Jedoch zwingt die jeweilige Epoche der Baugeschichte die Studierenden und das Personal von heute immer noch zu einem Individualverkehr, der in gewachsenen und urbaneren Gegenden nicht nötig wäre. Gut – ich bemühe mich mal lieber, wieder zum Thema zurückzukommen.

Im Rahmen des Forschungsseminars an der Uni, von dem bereits berichtet wurde, interviewten wir Leute, die in Fahrradgeschäften arbeiten. Es handelt sich um solche, die als Mechaniker arbeiten oder schwerpunktmäßig im Verkauf tätig sind. Manchmal haben wir auch die Besitzer des Ladens mit unseren Fragen löchern können. Das traf vor allem auf solche Läden zu, die relativ klein sind und in denen der Gründer selbst noch mit den Schraubenschlüsseln hantiert. Dort haben wir die Interviewten nach ihrer eigenen Fahrradbiografie befragt. Was herauskam, ist kompatibel mit dem selbst Erlebten und dem, was die Studierenden erzählten. Allerdings finden sich auch immer wieder Besonderheiten, aus denen man erklären kann, was die Umstände dafür waren, dass die Leute in den Radgeschäften so fahrradaffin geworden sind.

4 Wie kommt man zum Radfahren? Auch Radfahren muss …

Ein Radladenmitarbeiter, der hauptsächlich für den Kundenkontakt zuständig ist, fing mit dem Pedalieren ebenfalls auf einem Damenrad an. Er war erst fünf Jahre alt, der Vater ergriff die Initiative und es kam zupass, dass die Tante einen großen Hof hatte, auf dem ungestört vom Autoverkehr geübt werden konnte. Zu einem späteren Geburtstag dann gab es ein Rad geschenkt – endlich, so berichtet er uns. Das Problem war allerdings, dass es sich nicht um das erwartete Bonanza-Rad handelte, sondern „nur" um ein Klapprad. Die Enttäuschung war groß. In dieser Zeit waren die Räder mit dem typischen Bananensattel und dem Wimpel (manchmal wurde statt des Wimpels auch ein Fuchsschwanz aufgezogen) unheimlich in. Diese Art von Rädern war nahezu ein Muss, um mit den Nachbarskindern mithalten zu können oder an der Spitze der Bewunderung zu stehen. Vielleicht war das Kalkül des Vaters, so mutmaßt er, dass ein Klapprad besser mitwachsen kann als das begehrte Bonanza-Rad, welches typbedingt nur eine begrenzte Höhenverstellung zulässt.

Trotz der Enttäuschung stellte sich das Rad für das Schlüsselkind als große Freiheitsmaschine dar. Es wurde plötzlich möglich, viel weiter entfernte Punkte, die bis dahin außerhalb des bekannten Gebietes lagen, zu erreichen. Gefühlt konnte der Mitarbeiter des Radladens nun überall hin. Ein neues Freiheitsgefühl stellte sich ein, ähnlich wie später beim ersten Auto, mit dem noch viel weiter entfernte Orte erreicht werden konnten. Später dann benutzte er aus Kostengründen häufiger den Zug und nahm das Fahrrad mit. Das gehört aber gar nicht zur Geschichte der Sozialisation, die ich hier eigentlich nacherzählen will: Um mit den Nachbarskindern mitzuhalten, baute er das Klapprad um. Es klappte zwar nicht vollständig, ein Bonanza-Rad daraus zu machen, aber einige Attribute davon konnte er dem Klapprad dennoch verleihen: So machten dicke Reifen hinten das Rad geländegängiger. In der Studienzeit wurde dann für ihn ein normaleres Fahrrad zum täglichen Fortbewegungsmittel: Irgendwie musste man ja zur Uni kommen und auch abends in der Stadt unterwegs sein. Während der Zeit als er ein Kraftfahrzeug besaß, stand das Rennrad stärker im Vordergrund. Auf dem Dachboden der Frau fand sich sogar ein altes Rennrad, welches durch ihn selbst Schraube für Schraube zum Vintagegefährt restauriert wurde. Allerdings wurde bald das alte Rennrad gegen ein neueres getauscht. Die Neuanschaffung begründete er uns gegenüber mit seinem Verantwortungsgefühl gegenüber der Familie. Vorher raste er freudvoll mit 70 Stundenkilometern die Berge hinunter. Die Familie jedoch drängte ihn deswegen dazu, sich ein sichereres Rad zu besorgen. Die alten Fahrräder – auch die Rennräder – hatten notorisch miese Bremsen. Das neue, nun einzusetzende Velo musste zudem als Kindertransportmittel taugen und entsprechend ausgerüstet sein.

Das eigene Schrauben, welches schon mit dem Klapprad begann und sich mit der Restaurierung des alten Rennrades fortsetzte, war eine Vorübung für den Quereinsteiger in die professionelle Fahrradwelt. Biografisch, so die nachträgliche Rekonstruktion seines Werdegangs, war dieser Schritt ziemlich naheliegend. Natürlich haben wir seine Bastelstory ebenfalls als frühen Hinweis auf den späteren Berufsweg gelesen. Allerdings wissen wir auch, dass in solchen Interviewerzählungen andere mögliche Weichenstellungen ausgeblendet werden. In der für sich selbst und den Zuhörer angepassten Story fügt sich dann scheinbar alles widerstandslos ineinander.

Was mich allerdings an der Schilderung fasziniert, sind die soziologischen Begründungen, die in der Erzählung versteckt sind. Der Vater ergreift die Initiative beim Erlernen des Radfahrens und auch die Tante spielt eine Rolle – es sind also Generationenbeziehungen, wie man es häufig bei der Vermittlung von Wissen findet. Die beiden „vermittelnden" Personen gehören zum engeren persönlichen Netzwerk. Das enttäuschende Geschenk und der damit verbundene Stachel lässt den Interviewten schon früh seine Schrauberfertigkeiten üben. So interpretiert, handelt es sich dabei zwar um eine nichtintendierte Nebenfolge der falschen Gabe, aber aus diesem Fehler wird etwas, was sich im Lebensverlauf zumindest in der eigenen Erzählung für die Herausbildung der eigenen Identität verwerten lässt. Später dann wird das Rad mit einer relationalen Begründung gewechselt, nämlich aus Verantwortungsgefühl gegenüber der Familie. Auch die Kinder spielen beim Wandel des Verhaltens eine Rolle: Für deren Transport wird ein Fahrrad angeschafft, welches sich dafür eignet. Man kann sagen, dass die Fahrradsozialisation und die weitere Biografie immer als eine Reflexion auf andere Personen im näheren Umfeld begreifbar sind. Es sind Entscheidungen, die durch das eigene Netzwerk initiiert erscheinen. Allerdings: So stringent sich der Lebenslauf hin zum Mechaniker auch anhört, wir wissen natürlich auch, dass solche Erzählungen durch Begründungen, die den Interviewern

4 Wie kommt man zum Radfahren? Auch Radfahren muss ...

gegenüber geäußert werden, beeinflusst sind. Sie sind für die Erzählung und genau diesen Interviewer gestrickt. Sie dienen aber auch als Rechtfertigung vor dem inneren Auge desjenigen, der die Story so mitteilt. Für uns als Publikum erscheint es dann so, als baue das eine geschilderte Ereignis auf dem anderen auf. Wenn man jemand anderem, wie hier unserem studentischen Interviewer, so etwas erklärt, achtet man zudem darauf, dass die Begründungen dem Zuhörer einleuchten. Zu starke Verkomplizierungen werden weggelassen und es entsteht für denjenigen, der das Gespräch führt, ein sehr schlüssiger Eindruck.

In unserer Reihe der Interviewten hatten wir eine Ausnahme dabei – eine Person, die nicht im Fahrradgeschäft arbeitet. Allerdings handelt es sich um einen Aktivisten, der versucht, die Belange der Radler im politischen Bereich zu vertreten. Er war auch insofern untypisch, weil er erst sehr spät das Radfahren lernte. Das war zu einem Zeitpunkt, zu dem andere bereits den Autoführerschein in der Tasche haben. Also so mit 18 oder 19 Jahren und das kam so: Er war bei Bekannten in einer großen WG in einer für seine Ökobewegung bekannten süddeutschen Großstadt zu Besuch. Dort war das Radfahren viel populärer als in seiner Heimat im Rhein-Main-Gebiet. Nun schickten sich die Leute aus der WG an, einen gemeinsamen Ausflug zu unternehmen. Der Interviewte jedoch konnte gar nicht radeln. Er hatte es nie gelernt und also vorher auch noch nie versucht. In seiner Kindheit wurde es offenbar versäumt, ihm dieses näherzubringen. Seine Erzählung nun besagt, er habe das dann dort ausprobiert und es habe sofort geklappt. Wieder zu Hause besorgte er sich dann sogleich ein gebrauchtes Gefährt. Hier sind es zwar nicht Eltern, aber Freunde, die diese Person dazu gebracht haben, auf das Rad zu steigen. Er gewann darüber ein starkes Interesse am Radfahren und die zahlreichen Missstände fielen ihm ebenfalls ins Auge. Das führte dazu, dass er dem ADFC beitrat und sich dort mehr und mehr engagierte. Er ist darüber zum Aktivisten geworden, der sich nun praktisch und auch auf der politischen Ebene für die Belange der Radfahrer einsetzt.

Als ich anfing zu studieren, ging es mir ähnlich. Ich wohnte in Frankfurt und musste mir ein Fahrrad kaufen, weil das alte, was ich noch aus der Heimat mitgebracht hatte, abhandengekommen war. Ich ging zum Fahrradhändler in der Nähe und kaufte mir eines von Peugeot. Es war aus Stahl und in Metallic-Silber gespritzt. Allerdings handelte es sich um ein ziemlich schweres Rad. Es war aber schon die bessere Ausführung und es besaß eine teilverchromte Gabel. Für mich war es zunächst ein tolles Velo. Ich kam auf die Idee, damit zu meinen Eltern nach Oberhessen zu radeln – etwas über 100 km. Ich weiß es noch wie heute: Ich benötigte über den Vogelsberg fünf Stunden und zwanzig Minuten. Im letzten Ort vor meinem Ziel und kurz vor der letzten Steigung verspürte ich eine Notwendigkeit – einen unbändigen Durst. Sprichwörtlich überfiel ich ein Geschäft und kaufte mir einen Liter Orangensaft. Die Flasche trank ich auf ex. Während des Trinkens merkte ich zwar schon, dass es meinem Magen nicht so gut bekam, aber in meinem Inneren war ich dermaßen ausgetrocknet. Die innere Trockenheit konnte selbst mit dieser großen Flüssigkeitsmenge kaum behoben werden. Im kleinen Ort meiner Eltern wurde die Fahrt zu einem Ereignis. Vielen erschien es unwahrscheinlich und auch ein wenig verrückt, eine solche Strecke mit dem Rad zurückzulegen. Abends in der Dorfdisco bot die Fahrt einen häufigen Gesprächsanlass. So viel Geld nur für ein Fahrrad auszugeben und dann noch eine solche Strecke mit der Überquerung des Vogelsbergs damit zu bewältigen. Das Rad war natürlich gerade so in der mittleren Preiskategorie für Tourenräder; im Vergleich zu anderen Drahteseln kostete es noch nicht einmal besonders viel Geld. Allerdings reichte die Imagination der Leute im Dorf nicht aus, sich erklären zu können, dass jemand so viel in ein doch so langweiliges Gefährt investieren könnte.

Interessant für mich war aber etwas anderes. In den knapp vierzig Jahren Abstand zwischen mir und den Studierenden hatte sich offenbar kaum etwas verändert. So jedenfalls interpretiere ich die Aussagen aus der Jugend meiner Seminarteilnehmer. Ich denke allerdings, dass das nicht zwangsläufig so sein muss, dass die Radler als so viel uncooler wahrgenommen werden als die Mofajünger. Schließlich handelt es sich um Kultur, die an jedem Ort, in jeder Gruppe auf eine eigene Art ausgehandelt wird. Daher ist sie nicht überall gleich. Kultur verändert sich laufend. An diesen Veränderungen sind alle Beteiligten, auch die, die nur eine Bemerkung in der Dorfdisco beisteuern, beteiligt. Die Kultur beruht zwar auf einer Kette von Situationen, deren Beginn sich aber nur schwer feststellen lässt. In den verschiedenen Situationen vor dem Ereignis wurde bereits ein bestimmtes Verhalten an den Tag gelegt. In diesen vorgängigen Situationsketten wurde in den geschilderten Fällen das Rad bereits verdammt und das motorgetriebene Rad oder später das Auto in den Himmel gelobt.

Wenn man aber an die Fridays-for-Future-Aktivisten denkt, dann ist es gar nicht so klar, dass gemischverbrauchende abgaserzeugende und nicht gerade edel riechende Zweitakter im sozialen Ranking der jungen Leute oben bleiben werden. Zwar kann ich heute aus eigener Anschauung die Situation auf dem Land aus meiner Perspektive der Stadt nicht so gut vergleichen. Im Unterschied zu den Orten mit wenigen Alternativen stehen in den Städten diverse Fortbewegungsalternativen zur Verfügung. Hier lassen sich elektrische Roller und Fahrräder ausleihen und meist ist die nächste Nahverkehrshaltestelle auch nicht besonders weit entfernt.

Bei uns im Stadtteil kann man immer häufiger Lastenräder beobachten, mit denen die Kleinen von der Einrichtung abgeholt werden. Sehr oft sind es Frauen, die dort im Sattel sitzen und dann gar nicht so selten mit einer ganzen Ladung kleiner Kinder umherflitzen. Zwar sind immer noch auch zahlreiche SUVs unterwegs. Was wir hier beobachten, ist das Ergebnis von Auseinandersetzungen, die auch etwas mit Ideologie zu tun haben. Die Beobachtung einer Zweiteilung zeigt offensichtlich bereits einen Umschlag an. So ist es nicht unwahrscheinlich, dass SUVs samt ihren Fahrerinnen hier ihre Legitimität verlieren werden. Vielleicht ist meine Sichtweise mitgeformt vom Wohnort in einem Stadtteil, der als grüne Hochburg bekannt ist.

Ein nachmittäglicher Drang nach frischer Luft führte mich letztens an einer nahe gelegenen privaten Schule vorbei. Es war gerade Schulschluss. Zu dieser Abholzeit habe ich jedoch niemanden gesehen, der seinen Nachwuchs mit einem Lastenrad abgeholt hätte. Dabei sind Lastenräder als Kindertransportmittel hier im Stadtteil sehr weit verbreitet. An der kostenpflichtigen Schule waren es vor allem hochgerüstete teure Fahrzeuge, welche die Kinder aufnahmen. Jeden Tag kommt es dort zu einem regelrechten Stau in der Straße. An möglichen und auch an unmöglichen Punkten halten die Fahrer ihre Karossen an und behindern den Rest des Normalverkehrs. Wahrscheinlich erklärt sich der niedrige Anteil an manuell betriebenen Fahrzeugen dadurch, dass die Kinder von verschiedenen Orten und Ortsteilen in diese Schule kommen. Was tun die Eltern nicht alles für ihre Kinder, um ihnen einen kleinen Vorteil im großen Lebenswettbewerb zu verschaffen. Dabei halsen sie es sich wohl unbeabsichtigt auch noch auf, die Kinder zu ihren Schulfreunden in den nächsten Stadtteil zu bringen und dabei jede Menge fossiler Brennstoffe in die Luft zu pusten. Das wäre eigentlich nicht notwendig, wenn sie sich für eine ortsnahe Schule entschieden hätten.

Was ich damit zeigen möchte: Die Radkultur ist in soziale Praxen eingebunden. Die Anmeldung in einer bestimmten Schule und eine sich entwickelnde Radkultur stehen in diesem Beispiel einander entgegen. Ich vermute, dass zwischen den Eltern der Privatschulkinder noch der Eindruck zählt, den die Größe des Gefährts auf die anderen Eltern (und vielleicht auch die Schüler) macht. Jeden Tag bietet die Abholung ja die Möglichkeit für die gegenseitige Beobachtung und den Vergleich des eigenen mit den Wagen der anderen. Schließlich geht es bei der Anmeldung in einer solchen Schule nicht nur darum, dass die Kinder den besten Unterricht bekommen. Vielmehr sind die anderen Eltern mitentscheidend für den Erfolg der Schülerinnen und Schüler. Der Effekt, der durch das Entstehen von Beziehungen zustande kommt, muss hier also auch berücksichtigt werden: Es geht darum, im richtigen Netzwerk zu sein (Rodríguez-Pose und Henry de Frahan 2024). Obgleich wir wissen, dass es in den Städten mittlerweile eher die gebildeten Schichten sind, die das Rad benutzen, scheinen an dieser Stelle andere Prioritäten das Durchdringen dieser Handlungsweise bisher zu verhindern.

4.7 Das Fahrrad als Haustier

Das, was man Sozialisation zum Radfahren in diesem Buch nennen könnte, geht aber viel weiter. Am besten erklärt sich das anhand eines weiteren Interviews, welches wir mit einem anderen Aktivisten geführt haben. Das Anliegen dieses Interviewten ist es, Radler zusammenzubringen, um gemeinsame Touren zu unternehmen. Er beschreibt die Entwicklung des Radfahrens sehr anschaulich. Das trifft sicherlich nicht auf alle Leute zu, aber auf diejenigen, die sich anstecken lassen: *„Also es gibt ja dann verschiedene Sozialisierungsphasen. Wenn du dann irgendwie angefixt bist, hast du erst ein Rennrad und dann hast du irgendwann 'n Gravelbike – oder 'n Crosser damals (…). Klar machst du irgendwann auch 'ne Mountainbike-Tour, hast da auch Bock drauf. Und dann irgendwann hast du dann schon drei, vier Fahrräder, dann bist du noch irgendwie Zweitwohnsitz-mäßig unterwegs. Dann hast du da auch noch 'n Fahrrad und bist dann schon bei sechs. Und irgendwann reduziert sich das dann wieder, weil du feststellst: Du kannst ja nur auf einem Fahrrad fahren. So. Und dann* *baut sich dann irgendwie die ... der Fokus auf irgendetwas aus. Weil du bist ja dann auch irgendwie ... Radfahren kommt von Radfahren. Das ist der dümmste Spruch, aber auch der ehrlichste. Das ist einfach so: Du musst dann viel Rad fahren, damit du 'ne Grundausdauer bekommst, damit es auch Spaß macht, dann irgendwie vier Stunden Fahrrad zu fahren oder es überhaupt zu können. Und da musst du dir natürlich überlegen: Mach ich das auf 'nem Mountainbike oder mach ich's auf 'nem Rennrad, also ... Und die Mountainbike-Jungs: Das machst du dann eher allein, weil weniger Leute Mountainbike fahren, und so enden dann immer mehr, glaube ich, auf 'nem Rennrad – außer die Jungs, die dann wirklich nur Bock haben auf Mountainbike-Fahren".*

Dem etwas längeren Zitat lässt sich entnehmen, dass es hier ganz anders ist als in der Dorfdisco: In solchen Kreisen posiert man eben nicht vor dem SUV, sondern auf dem Fahrrad. Vielleicht ist das auch gar nicht so ungewöhnlich. Ich war letztens beim Optiker wegen einer neuen Brille. Tatsächlich fand ich ein Gestell, an dem ich Interesse hatte. Die sich anschließende Frage war, in welcher Farbe die Brille ausgeführt werden sollte. Er meinte, er könne mir zur ausführlichen Probe seine eigene Brille, die zufällig dieselbe Form hatte, mitgeben. Auf meine Frage hin, ob er dann nichts sehe, meinte er, er habe schließlich 15 Brillen. Der Optiker ist also mit Nasenfahrrädern unterwegs, die er je nach Gelegenheit wechselt, so die Analogie zum hier behandelten Thema.

Wenn man mit Fahrrädern sein Geld verdient, dann ergeben sich sehr wohl Ähnlichkeiten zum Aktivisten und zum Optiker: Ein interviewter Mechaniker und Besitzer eines kleinen Radladens berichtete davon, dass er zehn Fahrräder sein Eigen nennen kann. Ein anderer sagte ebenfalls, dass er ziemlich viele Räder besäße. Ein Neues sei immer in der Mache. Bei solchen Rädern wird lange überlegt, was gut zusammenpasst, welche Teile man anschrauben könnte und für welche Zwecke ein solches Rad dann zu gebrauchen wäre. Hierbei muss man auch berücksichtigen, dass die erste Frage im Verkauf immer lautet, wozu das Rad denn benötigt würde. Schließlich gibt es zahlreiche Bikegenres. Die entsprechenden Räder sind so gebaut, dass sie jeweils nur ein bestimmtes Spektrum an Einsatzzwecken abdecken. Ein Rennrad mit Klickpedalen ist nicht gut für den Stadtverkehr geeignet. Wenn man andauernd an den Ampeln anhalten muss, ist es lästig, immer beim Stoppen schnell kurz vorm Umfallen die Schuhe auszuklicken. Mit einem Lastenrad kann man kaum eine 80 km-Tour unternehmen. Wenn man sich trimmen möchte, ist ein E-Bike nicht gerade ideal. So könnte man die Aufzählung fortsetzen. Wenn man nun durch seine persönliche Entwicklung zu einem heavy User, einem Radenthusiasten geworden ist, dann hat man auch mehrere Einsatzzwecke für die Räder und entsprechend wird man sich ein Arsenal anlegen.

Allerdings kann ich mir kaum vorstellen, dass jemand seine zehn Fahrräder immer fahrbereit hält. Bei mir stehen die beiden nicht oder nur selten gefahrenen Räder platt herum. Mit der Zeit entweicht nun mal die Luft. Ich denke dann immer, dass es doch schön wäre, zumindest das Rennrad aufzupumpen und mal wieder eine Tour damit zu machen. Meist nehme ich dann aber mein Reise-/Trekkingrad, mit dem ich auch lange Ausfahrten unternehmen kann. Es ist doch um einiges bequemer als der Straßenrenner. Wenn ich dann von einem Rennradler überholt werde, sage ich mir immer, dass das nicht an meiner Fitness, sondern an der Schwere meines Gefährts liegt. Für die Niederlage bin ich dann nicht selbst verantwortlich, sondern es liegt am nicht satisfaktionsfähigen Rad. Umso schöner ist es, wenn es mir mal gelingt, mit dem schweren Rad Leuten mit einem Renner wegzufahren.

Manche Radläden sammeln Räder, historische Rennräder beispielsweise. Auf diese Weise lässt sich etwas von der Tradition des Ladens konservieren. Außerdem gibt eine Sammlung der bereits bestehenden Leidenschaft einen Namen und eine besondere Rechtfertigung. Früher haben wir manchmal über die Leute gelacht, die jeden Samstag den Rasen mähten und ihr Auto wuschen und polierten. Sie ließen dem Auto eine besondere Liebe angedeihen. Eine Zuneigung zu einem Gegenstand, die über eine normale Nutzung als Gebrauchsgegenstand hinausgeht. Darin wird zum einen reflektiert, dass das Fahrzeug im Falle des Autos (und auch im Falle des Rades) etwas ist, welches dem Eigner Prestige verleiht. Zum anderen ermöglicht das Gerät, etwas zu tun, was ohne es nicht möglich wäre. Individuelle Transportmaschinen dienen auch der Autonomie – das wurde ja schon thematisiert. Diese geben den Leuten, die darauf sitzen, eine Bewegungsfreiheit, die ohne das Bike nicht möglich wäre.

Ich kann mir die Entwicklung einer Beziehung zu einer solchen Sache gut vorstellen und sehe es auch ein wenig an mir selbst, dass man sich auf das Rad oder auch auf das Auto verlassen können muss. Man fährt es ein

4 Wie kommt man zum Radfahren? Auch Radfahren muss …

und gewöhnt sich an seine Eigenschaften. Einigen Teilen, etwa dem Ledersattel, muss man zudem noch eine spezielle Pflege angedeihen lassen, er muss regelmäßig gefettet und bei Regen abgedeckt werden, dankt es aber mit einer himmlischen Bequemlichkeit. Über diese Dinge entsteht keine Hunde-, aber doch eine Fahrradliebe. Das ist etwas, was einem selbst etwas skurril vorkommt, aber es findet darin seinen Ausdruck, dass man Fotos vom Rad macht und sich daran in einer ähnlichen Weise erfreut, als wäre es ein Haustier (siehe Abb. 4.1). Irgendwann gehört es zur Familie wie ein Hund oder eine Katze. Anstatt Futter benötigt die Kette ab und zu etwas Öl und die Reifen benötigen immer wieder frische Luftzufuhr. Auch muss man sich regelmäßig um verschleißende Teile kümmern, Bremsen nachstellen und nach einer gewissen Abnutzung auch deren Beläge erneuern. Ganz ähnlich wie die geliebten Tiere prägt es sich dann auf nur einen Bewohner (siehe Abb. 4.1). Nur für diesen ist es passend, nur mit diesem fühlt es sich und er sich wohl. Weil das so ist, entwickelt sich in einem Zuhause ein kleiner Zoo: Es ist

Abb. 4.1 Das Fahrrad als Haustier. (BildFoto: selbstChristian Stegbauer)

nämlich so, dass jedes Familienmitglied ein eigenes solches Tierchen benötigt. In manchen Fällen bekommen diese Geschöpfe dann eben sogar noch Geschwisterchen zur Seite gestellt.

Das Ganze geht sogar noch weiter, ähnlich wie bei ausgesetzten Haustieren leidet man mit, wenn die verlorenen Bikes irgendwo abgestellt und vergessen wurden. Wenn ihnen nach und nach die nicht angeschlossenen Teile abhandenkommen, dann tut einem das leid. Es reicht aber manchmal auch schon aus, wenn einem ein Rad begegnet, bei dem die Kette verrostet ist, um Mitleid auszulösen. Vielleicht wäre es gar keine so schlechte Idee, verlassene, schlecht gewartete Drahtesel in einen Gnadenhof zu bringen bzw. an eine Stelle, an der sich neue Leute ihrer erbarmen und noch etwas aus ihnen machen.

Während der Coronazeit bekam man während der per Zoom abgehaltenen Lehrveranstaltungen öfters Einblicke in den Privatbereich der Studierenden. Da habe ich es erlebt, dass eine Studentin zu Hause im Hintergrund zwei Mountainbikes übereinander an der Wand hängen hatte. In solchen Fällen können wir im soziologischen Slang sogar davon sprechen, dass es sich um Identitätsrequisiten handelt. Solche Dinge geben Auskunft über die Persönlichkeit; sie sagen etwas über die Besitzerin aus. Man stellt sich vor, dass es sich bei der Studentin um eine sehr sportliche Frau handelt, die ausgiebig von den Rädern Gebrauch macht. Natürlich habe ich sie auch darauf angesprochen. Man merkt sich, wer das ist, und damit kann ich sie von den zahlreichen anderen Teilnehmern des Seminars unterscheiden. Auf einem bescheidenen Level lerne ich sie kennen, da ich jetzt etwas von ihr weiß, an das ich bei einem Gespräch einmal anknüpfen kann.

Letztens bei einer per Zoom abgehaltenen Prüfungssprechstunde fand sich bei einer weiteren Studentin ein Rad im Zimmer. Einer meiner Söhne hängt sich ebenfalls sein Rennrad auf. Bei ihm ist es über dem Bett platziert. Das sieht auch in meinen Augen toll aus, allerdings hält das Aufhängen etwas von der Nutzung ab. Es muss vor dem Platzieren geputzt werden. Macht man das nicht, kann Dreck ins Bett fallen. Jeder kennt diese meist kleinen schwarz-schmierigen Krümel, die von der staubverbatzten und verölten Kette stammen. Wenn diese sich vom Rad lösen sollten und auf der weißen Bettwäsche landen, erlebt man eine böse Überraschung.

4   Wie kommt man zum Radfahren? Auch Radfahren muss …

Wie das Radfahren zu einer Identitätszuschreibung wird, das habe ich selbst auch in verschiedenen Lebensabschnitten erlebt. Die Bedeutung des Radfahrens für einen selbst ist die eine Sache. Man stellt sich (für sich selbst) in ein bestimmtes Licht, in dem das Rad wichtig ist. Es passiert aber noch etwas anderes und daran ist zwar das eigene Verhalten mitverantwortlich, aber man ist es nicht alleine. Als ich, nicht lange nach Ende meines Studiums, in der Marketingforschung eine Stelle außerhalb der Universität gefunden hatte, konnte ich das erfahren. Das Unternehmen war in einem Frankfurter Stadtteil gelegen und eigentlich sehr gut mit dem Auto erreichbar. Hingegen verfügte es nur über eine lausige Anbindung an den öffentlichen Nahverkehr mit einem Bus. Von unserer Wohnung aus hätte ich jeweils einige hundert Meter zu Fuß zurücklegen müssen, um zur S-Bahn zu gelangen. Dann wäre Warten angesagt gewesen, auf einen Bus umsteigen und schließlich wiederum ein Stück laufen müssen. Andererseits war die Strecke ideal für das Rad. Die etwas mehr als drei Kilometer weite Entfernung radelte sich in kaum mehr als zehn Minuten. Warum also sollte ich mir das Procedere mit den Öffentlichen antun? In dem Verwaltungsgebäude war noch ein anderes Unternehmen untergebracht. Es arbeiteten damals dort mehrere hundert Personen. Neben einer Tiefgarage und einem Parkplatz direkt am Gebäude hatte das Unternehmen noch einen Ausweichparkplatz angemietet. Der kleine Unterstand für die Räder mit einer sehr frugalen Abstellsituation konnte etwa sechzehn Räder aufnehmen. Davon waren regelmäßig weniger als die Hälfte der Plätze belegt. Sehr bald war es bekannt, dass ich zu der geringen Anzahl an Radfahrern gehörte. Irgendwie sah man beim Ankommen oder Abfahren die eine oder andere Person aus dem Unternehmen; die Kollegen aus der Abteilung wussten sowieso davon. Es kam nun gar nicht selten vor, dass, wenn ich jemanden im Aufzug traf, der in einem anderen Bereich arbeitete, er mich danach fragte, ob ich immer noch regelmäßig mit dem Rad kommen würde. Man weiß nicht viel übereinander, in welcher Abteilung die anderen arbeiten und vielleicht sprechen sich über den in solchen Büros allgegenwärtigen Klatsch auch manche Geschichten herum. Man hat Kontakte über seinen Tätigkeitsbereich. An wenigen Stellen kooperiert man miteinander. Das war es dann aber schon. Der Klatsch, in dem informelle Dinge über Personen ausgetauscht wird, findet hinter dem Rücken von diesen statt. Sie wissen häufig gar nicht, was über sie die Runde macht.

Was bleibt also an Wissen über die anderen übrig, mit dem man einen kurzen Plausch bestreiten könnte? Es sind solche Sachen, die man irgendwie und irgendwann einmal mitbekommen hat. Bei mir war es unter anderem das Fahrrad und das Radfahren. Dadurch, dass dies öfters angesprochen wurde, erwarb ich das Image (glaube ich jedenfalls) als einer derjenigen, die damals schon so verrückt waren und nicht den sicheren und vor allem bequemeren PKW benutzen. Zwar wurden Umweltthemen damals auch schon angesprochen. Es handelte sich um die Zeit, in der man Sorge um das Überleben des Waldes hatte. Der saure Regen war damals schuld. Die Autoabgase hatten sich aber noch nicht so sehr wie heute ins Bewusstsein der Menschen hineingefressen. Insofern hatte es auch eine gewisse Berechtigung, mich als Exoten zu kennen. Schließlich gab es damals nicht viele andere radelnde Kollegen. Was ich damit sagen will: Wäre ich nicht mit dem Rad gefahren, hätte man mir das Image auch nicht anhängen können. Da ich es aber tat, wurde mir die Rolle des Radlers auch von den anderen zugewiesen. Eine Situation, in der die Zuweisung der Position von außen erfolgt. Die Rollenidentität als Radler bestärkte mich in meinem Verhalten, gehörte es doch zu mir. Das Selbst- und das Fremdbild wurden durch diesen Prozess in Übereinstimmung gebracht: Ich war ab diesem Moment der radelnde Kollege.

Notes

1. Der Schnelltest der Titanic für Eltern gibt in den meisten Fällen Aufklärung: https://www.titanic-magazin.de/news/titanic-schnelltest-fuer-eltern-7310/ (10.05.2024 und Dank an Nina Rodmann für den Hinweis!).
2. Einen schönen Eindruck von dem 2003 verstorbenen berühmten Soziologen liefert der in der NZZ (https://www.nzz.ch/article7R151-ld.247114, 06.11.2024) veröffentlichte Nachruf von Hans Bernhard Schmid.
3. Bis zum achten Lebensjahr müssen Kinder den Gehweg benutzen. Zwischen acht und zehn ist die Nutzung gestattet, aber dann besteht bereits eine Radwegebenutzungspflicht. https://www.bussgeldkatalog.de/radwegebenutzungspflicht/ (21.02.2025).
4. Über die Bedeutung von Coolness für den Rang innerhalb einer Schule klärt der Aufsatz von Michell und Pearson (2000) auf. Dort waren die Mädchen besonders cool, die rauchten und bereits vor den Mitschülerinnen über erste sexuelle Erfahrungen verfügten.

5. Harrison White (1992), der wichtigste Theoretiker der Netzwerkforschung, etwa geht davon aus, dass es sich bei der Hackordnung um eine Universalie im zwischenmenschlichen Umgang handelt.

Literatur

Merton, Robert K. 1936. The unanticipated consequences of purposive social action. *American Sociological Review* 1(6): 894–904. https://doi.org/10.2307/2084615.

Merton, Robert K. 1968. *Social theory and social structure. enlarged edition.* New York: Free Press.

Michell, Michael, und Pearson Lynn. 2000. Smoke Rings: social network analysis of friendship groups, smoking and drug-taking. *Drugs: Education, prevention and policy* 7(1): 21–37. https://doi.org/10.1080/dep.7.1.21.37.

Oevermann, Ulrich. 2009. Biographie, Krisenbewältigung und Bewährung. In *Natürlich stört das Leben ständig*, Hrsg. Sylke Bartmann, Axel Fehlhaber, Sandra Kirsch, und Wiebke Lohfeld, 35–55. Wiesbaden: VS Verlag für Sozialwissenschaften.

Rodríguez-Pose, Andrés und Rosalie Henry de Frahan. 2024. Does private education pay off? In Ann Reg Sci. https://doi.org/10.1007/s00168-024-01313-x.

van Dülmen, Christoph. 2022. Von wegen Individualverkehr! Automobilität als Wechselwirkung zwischen sozialen Netzwerken und dem räumlichen Kontext ländlicher Peripherien. Kongress der Deutschen Gesellschaft für Soziologie. DGS; Sektion Netzwerkforschung. Bielefeld, 9/27/202

White, Harrison C. 1992. *Identity and control. A structural theory of social action.* Princeton NJ: Princeton Univ. Press.

5

Warum Fahrradfahren ansteckend wirkt

Über Ansteckung redet man zuerst einmal in der Infektiologie. Es geht darum, wie ein Keim von einem Lebewesen zu einem anderen übertragen wird. Bei den Krankheiten, die uns am häufigsten plagen, Erkältungen etwa, werden die Bakterien oder Viren meist mittels Tröpfchen übertragen. Diese schleudern wir beim Niesen unwillkürlich heraus. Sie verbreiten sich im Raum. Wenn jemand von solchen Tröpfchen getroffen wird oder diese einatmet, ist die Wahrscheinlichkeit groß, dass sich diese Person infiziert. Ähnlich häufig geschieht die Übertragung dadurch, dass sich die kranke Person die Nase putzt und sich einige der krankmachenden Keime auf deren Händen befinden. Wenn nun diese Hände eine Türklinke anfassen, so landen die Keime auf dem Drücker. Die nächste Person, welche nun die Tür öffnen möchte, kommt in Berührung damit. Beim Fassen an die eigene Nase nun, kommt man vielleicht mit den Schleimhäuten in Berührung. Dabei besteht die Möglichkeit, dass sich die Bakterien dort ansiedeln und eine Entzündung entsteht. Von den Coronaviren wissen wir inzwischen, dass diese so klein sind, dass sie sich in kleinsten Feuchtigkeitspartikeln in der Luft aufhalten können. Sie befinden sich also in der normalen Atemluft. Sie sind damit noch pathogener als die gewöhnlichen Erkältungsmacher. Man muss für eine Infektion mit diesen Viren sich gar nicht so eng begegnen. Es reichen superschwache Beziehungen, eine Nähe im selben Raum, um sich unter, für die Erreger günstigen, Umständen anzustecken. Bis jetzt wurde so viel von Mikroben geredet: Lässt sich nun die Ansteckung beim Radfahren, um die es hier ja geht, in irgendeiner Weise mit der im Falle von Krankheiten vergleichen? Klar ist, dass nicht Tröpfchen von Körperflüssigkeiten dafür verantwortlich sind, dass mehr und mehr Personen auf das Fahrrad umsteigen. Es muss etwas anderes sein. Reden wir also eher von sozialer Ansteckung.

5.1 Stimmt es tatsächlich: Kein Fahrrad ohne den Vulkan in der Südsee?

Soziale Ansteckungen sind natürlich etwas anderes als diejenigen, die wir von den Krankheiten kennen. Solche Übertragungen von Verhalten finden sich aber dennoch in vielen unterschiedlichen Bereichen. So etwa, wenn es um Innovationen geht. Häufig finden wir dies bei der Verbreitung neuartiger Technik. Innovation können wir von der Invention unterscheiden. Die Invention, die Erfindung, geht zwangsläufig der Innovation, der Verbreitung und Durchsetzung einer Technik, voraus. Fahrräder sind allerdings keine neue Erfindung. Wir wissen schließlich, dass das Fahrrad – noch in etwas anderer Form – von Karl Drais 1817 zum ersten Mal viel mit öffentlicher Anteilnahme bewegt wurde. Bei Drais' Invention handelte es sich um das Laufrad. Das gibt es heute noch, allerdings meist für ganz kleine Kinder, die mit so einem Gerät schon recht früh ziemlich schnell durch die Gegend flitzen können. Das Gerät des Erfinders damals soll schon schneller als die üblichen Kutschen gewesen sein. Die Erfindung wurde dadurch gestützt, dass zu dieser Zeit Not herrschte und Pferde kaum verfügbar waren. Es gab wohl einen Zusammenhang mit den kurz zuvor zu Ende gegangenen Napoleonischen Kriegen und dem Ausbruch des Vulkans Tambora in Indonesien 1815 (Lessing 2013), der auch das Wetter in Europa beeinflusste. Die Naturgewalt am anderen Ende der Welt führte in Europa zum Ausfall eines ganzen Sommers. Da in den Jahren vor der Erfindung des Laufrads wegen der vulkanischen Klimaproblematik das Getreide nicht reif wurde, herrschte Hunger. Beide

5 Warum Fahrradfahren ansteckend wirkt

Ereignisse führten zu dem Zusammenbrechen der Pferdepopulation, so wurde argumentiert. Ein hölzernes Pferd erschien die adäquate Lösung für das Problem des Pferdemangels zu sein.[1] So jedenfalls lesen wir heute die Geschichte. Es wäre typisch, wenn das Ganze aus der Perspektive der damaligen Zeit anders ausgesehen hätte. Tatsächlich gibt es Zweifel an der Hypothese über den Zusammenhang zwischen Pferdesterben, Hungersnot und der Erfindung des Fahrrads (Wüst 2017).[2]

Auch wenn die Geschichte sich nicht so zugetragen haben sollte, so handelt es sich doch um eine schöne Story. Solche Erzählungen findet man häufiger, wenn es um Begründungen für Dinge geht, die uns immer wieder begegnen. Eigentlich ist die Wahrhaftigkeit von solchen Erzählungen gar nicht so bedeutend. Vielmehr können wir etwas darüber lernen, wie Begründungen zustande kommen und welche Bedeutung diese für uns haben. Es beruhigt uns, wenn wir uns eine Begründung zurechtlegen (Tilly 2006), die an dieser Stelle möglicherweise ein Körnchen Wahrheit in sich trägt. Es könnte sich so zugetragen haben – der hergestellte Zusammenhang macht für uns Sinn. Er begründet etwas, was wir uns bisher nicht erklären konnten.

Tatsächlich ist die Invention des Fahrrades selbst schon eine solche Geschichte. Wie schön für uns, wenn das tolle Gerät dazu noch von einem Deutschen erfunden wurde. Wir können uns dann zumindest hier leichter mit dem Erfinder identifizieren und ein gewisser Nationalstolz mag dabei für viele zusätzlich noch eine Rolle spielen. Wobei das gar nicht unbedingt der Punkt ist: Die hier verfügbaren Medien können viel leichter auf den in zahlreichen Veröffentlichungen eingefangenen kulturellen Schatz zugreifen, weil sie die Archive griffbereit haben und dieselbe Sprache sprechen.

Nun – der Weg vom Laufrad bis zu einem Gerät, welches man guten Gewissens „Fahrrad" nennen könnte, war auch damals noch weit. Bis zu einem Rad, welches wirklich gebrauchsfähig war, mussten noch eine Reihe weiterer Erfindungen hinzukommen. Speichenräder, Luftreifen, Kugellager, Freilauf, Kettenantrieb kannte man bis dahin noch nicht. Um 1900 dann waren die Fahrräder so weit entwickelt, dass sie mit den heutigen Exemplaren vergleichbar sind. Die Invention war also getätigt und die daraufhin folgende Durchdringung der Gesellschaft mit Fahrrädern war historisch auch schon einmal höher.

5.2 Wer ist dafür verantwortlich, dass wir heute Fahrrad fahren?

Wenn in der Soziologie über die Verbreitung von Technik geredet wird, bezeichnet man das als Diffusion einer Technik oder einer Technologie. Ein Autor, der mit diesem Thema sehr bekannt wurde, war Everett Rogers (1983). Wenn sich eine Innovation verbreitet, so sind es unterschiedliche Gruppen, mit denen man es zu tun hat. Es beginnt mit den Innovators. Wenn diese erfolgreich sind, übernehmen die Early Adopters. Dieser Gruppe, so die Idee von Rogers, folgt die Early Majority. Wenn diese sich mit der Innovation angefreundet haben, ist bereits die Hälfte des Potenzials einer Innovation erreicht. Man spricht von der folgenden Gruppe als der Late Majority. Die Nachzügler werden von den Laggards gebildet. Das ganze Modell lässt sich praktischerweise in die Form einer Normalverteilung abbilden. Als junge Studierende der Soziologie haben wir etwas vergröbert noch gelernt, dass die ganze Welt normalverteilt sei. Falls dies nicht zutreffe, könne man zumindest durch Stichprobenziehungen Normalverteilungen erzeugen. Der Abteilungsleiter im Marktforschungsunternehmen, in dem ich nach dem Studium arbeitete, malte sich sogar eine Normalverteilungskurve auf sein Garagentor, so fasziniert war er davon. Die tollen Eigenschaften der Glockenkurve dürften auch Rogers beeindruckt haben.

Das Modell des Diffusionsforschers besagt, dass diejenigen, die eine Innovation zuerst übernehmen, den größten Vorteil daraus ziehen können. Dies macht eine Neuerung attraktiv. Das Neue verbreitet sich dann auch über persönliche Netzwerke, bis schließlich alle (oder zumindest das Maximum an Erreichbaren) von der Innovation überzeugt sind und diese ebenfalls für sich übernehmen. Allerdings hatte Rogers noch keine genaue Vorstellung davon, wie sich die Innovation genau verbreitet. Zwar ist bekannt, dass irgendwie auch Kommunikationskanäle daran beteiligt sind, aber letztlich hängt es in diesem Modell an den einzelnen Personen und deren individuellem Vorteil, den die Innovation möglich macht. Man muss nur die einzelnen Personen mittels Informationen von der Innovation überzeugen und die Vorzüge darstellen, dann kommt die Änderung schon in Gang.

Abgesehen davon, dass weitere Diffusionsmodelle entwickelt wurden, denke ich bei den Fahrrädern daran, dass sich die Verbreitung doch etwas anders abgespielt hat. Zwar lassen sich auch Vorteile auf der individuellen Ebene ausmachen. Die Person, die ein Fahrrad besitzt, ist auf kürzeren Strecken, in der Stadt oder zwischen nicht allzu fernen Orten ziemlich schnell unterwegs. Man ist schließlich vier- bis fünfmal so schnell wie ein Fußgänger. In Städten mit viel Verkehr erreicht man sein Ziel auf kürzeren Strecken deutlich eher als die Leute im Auto oder in den Öffis.[3] Man selbst hat keine Wartezeit und auch nur selten Parkplatzprobleme. Meist findet sich ein Platz zum Abstellen direkt dort, wo man hinwill.[4]

Mein Hauptargument ist ein anderes, es handelt sich um eine Begründung für die Diffusion, die im Sozialen fußt. Wenn andere mit ihrem Rad unterwegs sind, dann wirkt das ansteckend. Besonders deutlich wird dies in Gruppen von Personen. Die Diffusion verläuft also nicht strukturlos oder durch einzelne nicht miteinander verbundene Personen. Vorne hatte ich von dem Fahrradaktivisten erzählt, der in einer WG zu Gast war und dem nichts anderes übrigblieb, als das Radfahren sehr schnell zu erlernen, um nicht alleine zurückzubleiben. Dort, wo schon viele mit dem Rad unterwegs sind, entsteht gar eine Art von sozialem Druck, sich auch dieses Verkehrsmittels zu bedienen.

5.3 Die Freunde bestimmen das Verkehrsmittel

Nehmen wir an, ich bin mit Freunden abends unterwegs. Wir wollen aus dem Frankfurter Nordend zu einem Event über den Main hinweg an den Rand des Vergnügungsviertels nach Sachsenhausen. An diesem Abend sind wir zu fünft unterwegs. Vier davon fahren mit öffentlichen Verkehrsmitteln und einer besitzt ein Fahrrad und will dieses auch nutzen. Die vier entscheiden sich für die U-Bahn. Um dorthin zu gelangen, müssen sie einmal umsteigen und dann noch 15 min laufen – sie sind ca. 30–35 min am frühen Abend unterwegs. Der eine Radfahrer benötigt für den gesamten Weg nicht einmal eine Viertelstunde. Noch krasser würde das Verhältnis der Wegzeit sein, wenn es um die Nachhausefahrt am späteren Abend geht. Dann werden die Wartezeiten noch deutlich länger, weil die Fahrpläne den Bahnen das seltenere Verkehren verordnen.

Das Problem des einsamen Radlers ist nun, dass die Anfahrt zum Eventort ja auch schon zum gemeinsamen Abend zählt. Sehr krass erlebt habe ich das mal, als ich ins Stadion zu einem Spiel der Frankfurter Eintracht mit der Straßenbahn gefahren bin. Ich war mit einem meiner Söhne unterwegs und um uns herum setzten sich die Fans. Wir stiegen am Frankfurter Hauptbahnhof in die Bahn. Was konnten wir bei den Fußballenthusiasten beobachten? Sie zogen Literflaschen voller Apfelwein oder Bierdosen aus ihren Taschen. Auf der Fahrt von vielleicht 20 min leerten die beiden uns gegenübersitzenden Fans jeweils eine ganze Flasche Apfelwein. Die Biertrinkenden auf den anderen Plätzen hielten beim Schlucken ebenfalls mit. Ihnen war die Eile anzumerken, denn die Trinkbehältnisse müssen schließlich schnell geleert sein. Sie dürfen nicht mit ins Stadion genommen werden. Dieses – ich nenne das mal „Vorglühen" – ist sicherlich Teil des Events und auch der Vorfreude auf das Spiel, welches in Kürze beginnen wird. Da ist es wichtig, mit den Kumpels bereits am Bahnhof zusammenzutreffen oder gar den Weg dorthin gemeinsam zu bestreiten.

So ähnlich geht es unserer Clique im Beispiel beim Treffen im Frankfurter Ausgehviertel, wenn auch hier auf der Fahrt noch kein Alkohol konsumiert wird: Die Clique redet miteinander, bringt sich mit Klatsch über andere auf den neuesten Stand und teilt auch Erlebnisse, die ihnen während der Fahrt über den Weg laufen. Daran kann der einsame Radler nicht teilhaben. Ein nicht unbedeutender Teil des Abends spielt sich also auf den Wegen in den verschiedenen Verkehrsmitteln ab. Dieser Umstand wird vielleicht den Radler dazu bringen, anstatt das Individualgefährt in Anspruch zu nehmen, sich beim nächsten Mal den anderen anzuschließen. Besonders dann, wenn das zwischen den anderen Besprochene dann noch während des Abends thematisiert wird und der Zweiradfahrer sich abgehängt fühlt und sich dann einmal auf den neuesten Stand bringen lassen muss.[5]

Wenn sich der einsame Radler nun dafür entscheidet, künftig mit den anderen gemeinsam die U-Bahn zu nehmen, entstünde eine Dynamik gegen das Rad. Gut möglich, dass solche Dynamiken früher sehr häufig wirksam waren. Die Pandemie und die Radinitiativen haben aber dafür gesorgt, dass viele Leute sich ein Rad besorgt haben oder ihr altes Fahrrad aus dem Keller holten und es wieder in Ordnung brachten. Das Potenzial dafür, dass solche Gruppen wie die beschriebene sich künftig anders zusammensetzen, ist also hoch.

Nehmen wir an, von den fünfen sind vier mit Rad unterwegs und eine Person nicht. Was würde dann geschehen? Die fünfte Person würde vielleicht sogar ungern allein die öffentlichen Verkehrsmittel am Abend noch benutzen. In diesem Fall entstünde allerdings ein Sog hin zur Radnutzung. Sich den anderen nicht anzuschließen, würde bedeuten, dass sich diese Person isolierte. Nehmen wir zusätzlich an, die Frage, welches Verkehrsmittel genutzt würde, folgte einem so einfachen Mehrheitsmodell. Ferner überlegen wir einfach mal, die Gruppen wären völlig zufällig zusammengesetzt. Wie häufig käme es vor, dass die Mehrheit in Gruppen mit dem Fahrrad unterwegs wäre? An der Stelle muss ich sagen, dass mir dieses Modell selbst zu einfach ist. Die eigentlichen Gruppenprozesse werden dabei zunächst nicht berücksichtigt. Dennoch sollten wir uns einmal auf dieses Gedankenexperiment einlassen. In Frankfurt als Beispiel liegt der Anteil des Fahrrades am Verkehrsaufkommen bei knapp 20 % nach einer Erhebung der TU Dresden.[6]

Würde es keinen sozialen Zusammenhalt geben, so läge die Wahrscheinlichkeit, dass die Mehrheit in einer Gruppe von drei Personen mit dem Rad unterwegs ist, bei 1/3*1/3, also bereits bei nur knapp 11 %. Die Wahrscheinlichkeit verringert sich noch deutlich mehr, wenn die Gruppe fünf Personen umfasst. Allerdings sind Gruppen von fünf wesentlich seltener als solche von drei Personen.[7] Es ist aber nicht der Fall, dass es keinen sozialen Zusammenhang gibt. So sind Jugendliche im Schulalter deutlich häufiger mit dem Rad unterwegs als ältere Personen. In meinem Seminar berichteten die Studierenden davon, dass das Radfahren in dem Moment unattraktiv wurde, als es die Möglichkeit gab, motorisiert die Distanzen zu überwinden.

5.4 Es steckt mehr dahinter als eine einfache Mehrheit

Ich will aber eigentlich gar nicht behaupten, dass die Neigung zum Radfahren einer so einfachen Mehrheitsrechenlogik folgen würde. Es sind sicherlich noch mehr Faktoren zu berücksichtigen. So ist es möglich, dass jemand, der nur gelegentlich dabei ist, auf ein Leihrad zurückgreifen könnte. Eine andere Situation ist, dass es sich bei der einen nicht Rad fahrenden Person um jemanden handelt, der aus bestimmten Gründen nicht in der Lage ist, auf einen Drahtesel zu steigen. Meinetwegen handelt es sich um eine gebrechliche oder behinderte Person. Es könnte auch sein, dass diese durch einen kürzlich erlittenen Unfall traumatisiert ist. Vielleicht handelt es sich auch um eine Art von Meinungsführer der Gruppe. All das könnten Gründe dafür sein, dass die anderen ihr Gefährt stehen lassen und die Bahn an diesem Abend bevorzugen.

Ich denke jedoch, dass sich häufig die Mehrheit durchsetzt. Wenn nun die Mehrheit bereits vom Radfahren überzeugt ist, sollte es nicht schwerfallen, noch weitere Personen dafür zu gewinnen. Allerdings dürfte die einfache Wahrscheinlichkeit, die sich aus dem Anteil der Radfahrenden am gesamten Verkehr errechnen lässt (siehe oben), eben insofern nicht die Wirklichkeit widerspiegeln, weil die Neigung zum Radeln in unterschiedlichen Bevölkerungsgruppen ganz unterschiedlich ausgeprägt ist. Studierende dürften trotz im Semesterbeitrag eingeschlossenen Nahverkehrsticket deutlich häufiger zum Fahrrad greifen als Rentner etwa. Anhänger der Grünen, in deren Mindset der Gedanke an Nachhaltigkeit verankert ist, schwingen sich öfters aufs Rad. Die Rationalität dahinter sagt ihnen, dass sie dadurch keinen Klimaschaden anrichten. Manche sehen darin auch ideologische Gründe. Dagegen sind Kreise, die zur Arbeit in die Stadt pendeln und dabei längere Wege zurücklegen, sicherlich auch in ihrer Freizeit eher selten mit dem Rad unterwegs. Auf diese Weise ließen sich Unterschiede hinsichtlich des Anteils an Radlern in diesen, beispielsweise durch Umfragen zu ermittelnden, soziodemografischen Gruppen finden. Wenn sich also genügend Rad fahrende Personen finden, kommt es irgendwann zu einem Umschlag, dann gewinnt das Rad Überhand und die anderen Verkehrsmittel, insbesondere das Auto, verlieren an Bedeutung. Die Zunahme des Radverkehrs würde dann, sofern die Annahmen korrekt sind, nicht linear steigen, sondern ab einem gewissen Niveau an Rad fahrenden Personen würde dieser überproportional zunehmen. Das müsste doch ein gutes Argument für die Art und Weise einer erfolgreichen Radförderung sein. Diese benötigt allerdings etwas Geduld und Prinzipienfestigkeit gegenüber den Gegnern, bis dieser Umschlagspunkt erreicht ist.

Untersuchungen zum Anteil des Radfahrens am gesamten Verkehr liefern jedoch meist keine guten Erklärungen für die Verhaltensweisen der unterschiedlichen Verkehrsteilnehmer. Es gibt außerdem noch weitere Schwierigkeiten. Die zusätzlichen Probleme ergeben sich aus der Beziehungsstruktur der Bevölkerung. Wir wissen beispielsweise, dass Personen, die sich mit anderen auf bestimmte Weise ähneln, in ihrer Freizeit meist unter sich bleiben. Wir finden weniger Kontakte zwischen verschiedenen Altersgruppen und auch bei unterschiedlichem beruflichem Status kommt es nicht oft vor, dass man miteinander umgeht. Auch spielen grundlegende Einstellungen eine Rolle. Hingegen sind die meisten Menschen, mit denen man verkehrt, gar nicht so verschieden von einem selbst.

Eine Erklärung dafür findet sich in der Netzwerkforschung. Dort geht man von der Regel der Homophilie (McPherson et al. 2001) aus. Diese Regel besagt nichts anderes, als dass Gleich und Gleich gerne zueinanderfindet. Die meisten Gruppen, die so unterwegs sind und in denen ausgehandelt wird, welches Verkehrsmittel gemeinschaftlich genutzt wird – das können wir daraus ableiten – sind eher homogen als heterogen zusammengesetzt.

Das von der Soziologie beobachtete Phänomen begründet aber noch nicht, worin diese Anziehung begründet ist, durch die die Gruppen sich so ähnlich sind. Hier sind es vor allem zwei Mechanismen, die ineinanderspielen. Den ersten Mechanismus nenne ich Strukturation.[8] Hiermit ist gemeint, dass es eine Vorauswahl der Personen gibt, mit denen wir zusammenkommen können. Davon bemerken wir allerdings meist nichts. Dieser Mechanismus schränkt dennoch die Anzahl derjenigen, die wir überhaupt kennen lernen können, extrem ein. Was damit gemeint ist, kann man sich ganz leicht klarmachen, wenn man etwa darauf schaut, wer überhaupt das Gymnasium besucht. Das tun bei weitem nicht alle. Wenn man selbst das Gymnasium besucht, trifft man dort eben nur auf Gymnasiasten. Entstehen Freundschaften in der Schule, so hat man gar keine andere Möglichkeit, als Freunde in ebendieser Schulform zu gewinnen. Ähnliches ist auch gegeben, wenn jemand einen Handwerksberuf erlernt. Man kommt vor allem mit Handwerkern in Kontakt (und Kunden vielleicht, aber diese sind strukturell nicht ähnlich genug, dass sich Verhalten leicht übertragen ließe, vergl. Stegbauer 2023). Da wären zum einen die Kollegen im selben Betrieb, die, wenn man sich in der Lehre etwas von ihnen abschauen möchte, den Beruf ausüben, den man selbst anstrebt. Andere angehende Handwerker trifft man in der Berufsschule, dort allerdings vor allem diejenigen, die genau denselben Beruf wie man selbst erlernen. Werden aus den Gymnasiasten Abiturienten und danach Studierende, dann sind diese zu anderen Tageszeiten als die Handwerker unterwegs: Auch hier sind Treffen zwischen beiden demografisch abgrenzbaren Gruppen selten.

Der hier beschriebene Mechanismus ist sehr wichtig. Warum? Weil er sich ein Stück weit dem Erleben des Einzelnen entzieht. Den Mechanismus nicht wahrzunehmen, bedeutet, dass wir uns häufig andere Erklärungen zurechtlegen, obwohl dieser über unser Schicksal bestimmt.

5.5 Es kommt darauf an, mit wem man zusammenkommt

Die Auswahl der Freunde erscheint uns aus unserer eigenen Perspektive als eine individuelle und aktive Wahl. Dabei ist sie in weiten Teilen das Ergebnis genau dieses hier beschriebenen Effekts. Es ist sehr unwahrscheinlich mit den vielen anderen Menschen so zusammenzutreffen, dass sich daraus Freundschaften oder Partnerschaften ergeben. Allerdings gibt es auch Institutionen, die ein Stück weit solche Selektionseffekte wieder außer Kraft setzen. Sportvereine etwa – ich denke an Fußball – liegen quer zu dem beschriebenen Mechanismus, sofern diese nicht auch sehr stark ortsgebunden sind. Der Integrationsmechanismus kommt aber dort an seine Grenzen, wo räumliche Segregation wirksam ist. Das kann dann dazu führen, dass die Orte und Stadtviertel sich hinsichtlich verschiedener Merkmale ihrer Bewohner unterscheiden. Hierzu zählen beispielsweise die Einkommen, die bestimmte Stadtteile nur einem ausgewählten Anteil der Bevölkerung zugänglich machen. Ein Stadtteilclub widerspiegelt dann eher die Zusammensetzung der Bevölkerung im zugehörigen Gebiet. Der Integrationseffekt des Zusammenführens völlig unterschiedlicher Kreise wird dadurch natürlich stark vermindert.

Weit stärker selektiv wirken andere Sportarten. Galt Fußball früher vor allem als Proletensport, so hat er sich doch mittlerweile auch in andere Gesellschaftsschichten hineingefressen, so jedenfalls mein Eindruck. Manche Sportarten hingegen sind immer noch ziemlich elitär. Die Ausübung mancher Ertüchtigungsformen wirkt gesellschaftlich segregierend. Man braucht dort keine Angst zu haben, mit weniger gut betuchten Schichten in Kontakt zu kommen: So gelten Tennis oder Golf bei uns als eher elitäre Bewegungsformen. Hier sind es einerseits die Kosten, die eine Beteiligung aller Gesellschaftsschichten verhindern, andererseits kommt man sicherlich kaum auf die Idee, mit dem Golfen zu beginnen, wenn man nicht schon jemanden kennt, der diesen Sport auch ausübt. Gleiches trifft auch auf Hockey oder Rudern zu. Bei diesen Sportarten kommen dann ebenfalls wieder eher ähnliche Leute miteinander in Kontakt. Es sind solche, die eher aus dem wohlsituierten Bürgertum stammen.

Ich zähle mal noch Folgendes zu dem ersten Mechanismus der Strukturation hinzu, obwohl es sich streng genommen um ein anderes Phänomen handelt. Dieses hängt zwar mit Strukturation zusammen, der Mechanismus des Kennenlernens ist aber ein anderer: In manchen Momenten ist man offener, neue Beziehungen einzugehen. Diese Offenheit hängt mit bestimmten Situationen zusammen. So lernen sich befreundete Studierende häufig ganz zu Beginn des Studiums, beispielsweise in der Orientierungswoche, kennen. Die Wahrscheinlichkeit des Kennenlernens steigt zudem mit der Dringlichkeit. Das meint wiederum, dass Studierende, die für das Studium umgezogen und nicht am Studienort aufgewachsen und zur Schule gegangen sind, ein stärkeres Bedürfnis verspüren, andere Studierende kennenlernen zu müssen. Die Neuankömmlinge lernen sich dann natürlich eher untereinander kennen, weil diese am offensten für neue Beziehungen sind (Stegbauer 2024). Wenn sich die Gelegenheit ergibt, dann lernt man noch jemanden kennen, der aus derselben Gegend stammt wie man selbst. Das wäre perfekt, weil dann manche kulturelle Ähnlichkeit auch schon gegeben ist. Alles Effekte, die wir als Betroffene in der Situation kaum erkennen mögen. Dennoch lösen diese Mechanismen in uns Gefühle aus, die Bindungen erzeugen.[9]

Ein weiterer Mechanismus der Homophilie entfaltet seine Wirkung erst nach dem Kennenlernen. Man trifft sich, plaudert miteinander, geht gemeinsam aus: ins Kino, in die Kneipe, ins Café. Wenn man dann zusammen ist, entsteht ein Prozess, indem man sich in den Meinungen aneinander annähert. Das ist ein typischer Effekt in Beziehungen, seien es Freundschaften, Partnerschaften oder Cliquen mit einer nicht allzu großen Anzahl an Mitgliedern. Die Anpassung der Meinung kann man als ein Aufeinanderzubewegen interpretieren. Das, was man wichtig findet und wie man sich verhält, beginnt sich zu ähneln. Ich nenne das, was sich auf diese Weise im gemeinsamen Miteinander entwickelt, die Entstehung einer Mikrokultur (Stegbauer 2016). Die Mikrokultur wird gemeinsam mit den anderen in Situationen „ausgehandelt". Damit sind nicht direkt Verhandlungen an einem Tisch gemeint, es reicht, wenn das Verhalten einer Person von den anderen hingenommen wird. Diese interpretieren dieses dann als „normal" in so einer Situation. Damit ist eine Aushandlung hinsichtlich dieses Punktes möglicherweise schon erreicht. Wenn es zu solchen Angleichungen kommt, dann verstärkt das wiederum den Effekt, der sich schon zuvor aus Gründen der Strukturation eingestellt hatte: Die schon bestehende Homophilie verstärkt sich im Miteinander noch weiter.

Warum ich davon an dieser Stelle schreibe? Das ist doch klar! Die in Studien zum Radfahren benannten soziodemografischen Merkmale entscheiden nicht darüber, ob in der Gruppe das Fahrrad benutzt wird. Vielmehr spielt die Kultur der Gruppe eine Rolle. Diese Kultur wird im Kleinen miteinander ausgehandelt. Wenn dies in einem Umfeld passiert, in dem öfters Rad gefahren wird, dann wird dieses Verhalten eher zum Bestandteil der Kultur in dieser Gruppe. Da solche Gruppen sich überschneiden, ist die Wahrscheinlichkeit auch relativ groß, dass dieser Bestandteil der Kultur in weitere Gruppen hineingetragen wird. Schon sind wir bei Mechanismen der Diffusion von Verhalten. Vielleicht noch eine weitere Anmerkung zur hier verwendeten Terminologie: Wenn ich von Gruppen schreibe, dann handelt es sich nicht um eine feste Gruppe im Sinne der klassischen Gruppensoziologie (etwa bei Homans 1960). Es sind nicht unbedingt feste Gruppen, die ich im Blick habe. Manchmal können es Cliquen sein, aber es kann sich auch um ad hoc sich zusammenfindende Personen handeln. Übergreifend würde man also von Mikronetzwerken reden. Diese starke Ausrichtung an der Fachterminologie kommt mir aber für die Zwecke des Buches etwas zu abstrakt und für weniger involvierte Lesende etwas unverständlich vor.

In diesem Buch beobachte das Geschehen in Gruppen und interpretiere, was ich sehe. Überlegungen zur Förderung des Radfahrens könnten hieran anknüpfen. Wollte man also für das Radfahren werben, dann wäre es eher ineffizient, wenn man versuchen würde, solche Gruppen mit dem Verhalten zu infizieren, die ganz fern zum Radfahren eingestellt sind. Werbung dafür, das Rad zu benutzen, sollte dann eher auf

5 Warum Fahrradfahren ansteckend wirkt

Zielgruppen abgestimmt sein, in denen bereits einige Radler zu finden sind. Allerdings sollte noch nicht die Mehrheit umgestiegen sein. Das wären dann nämlich Eulen nach Athen getragen. Man würde versuchen, Personen umzustimmen, die längst überzeugt sind. In solchen Gruppen dürfte die Dynamik hin zum Radfahren bereits zu greifen begonnen haben.

Wollte man den Anteil der Radfahrenden im Straßenverkehr erhöhen, könnte es sich lohnen, in Gruppen zu suchen, in denen bereits einige Radfahrende zu finden sind. Der Effekt von Maßnahmen sollte dort besonders erfolgreich sein, wo eine Welle der Ansteckung eher gelingen könnte. Das müsste eigentlich dort der Fall sein, wo schon ein anerkennenswerter Teil radelt und so über die erzählte (also vermittelte) Erfahrung deren Beziehungen dem Radfahren eher aufgeschlossen gegenüberstehen. Viel schwieriger wäre es, dort, wo es fast noch keine Personen gibt, die das Rad als Alltagsgefährt benutzen, einen Schwellenwert für einen selbsttragenden Ansteckungseffekt zu erreichen. Wenn in einer soziodemografischen Gruppe schon eine gewisse Anzahl an Personen infiziert ist, dann wird das Verhalten eben auch in den beschriebenen Freundeskreisen und Familien weitergegeben. Es entwickeln sich dann Kulturen des Radfahrens.

Viel schwerer wird es, einen Fuß in die Tür bei denjenigen hineinzubekommen, die sich bislang noch in Distanz zum Zweirad befinden. Solche Personen beklagen jeden Fortschritt des Radfahrens. Ich kenne solche Leute vor allem als Leserbriefschreibende aus der Zeitung: „Radfahrer dürfen alles, Autofahrer nichts". „Auch noch die wenigen Parkplätze werden jetzt zu Fahrradabstellplätzen umfunktioniert". „Wegen der Radfahrer stehen die Autos jeden Tag im Stau, seitdem man auf den großen Straßen eine Spur nur für die wenigen Radler reserviert hat". „Die Radstraße macht den lokalen Einzelhandel kaputt, weil die Kunden nun nicht mehr vor dem Geschäft parken können". So oder ähnlich lauten die Argumente der „harten" Gegner.

Jedenfalls gibt es jenseits dieser Argumente auch soziologisch erklärbare Gründe dafür, dass nicht einfach jeder Fünfte aufs Rad steigt, sondern, dass die Verteilung des Nutzungsverhaltens ungleich verteilt ist. Das scheint in Befragungen allenfalls auf, weil beispielsweise die Studierenden in solchen radelnden Gruppen eher vertreten sind als in denen, die regelmäßig mit dem Auto unterwegs sind. An den Universitäten sind die radelnden Kommilitonen zudem sehr sichtbar.

5.6 Wie eine Krankheit – nur lässt man sich gerne anstecken

Eine Ansteckung oder zumindest der Effekt des in Erwägung zu ziehenden zweirädrigen Verkehrsmittels erfolgt möglicherweise auch über das Beobachten des Verhaltens der anderen um einen herum. Wenn da viele mit dem Rad kommen, diese nicht auf Bahnen warten mussten und keinen Strafzettel wegen Falschparkens bekommen haben (die letzten beiden Dinge sind allerdings nicht beobachtbar), dann wird das Radfahren auch für die Beobachtenden interessanter. Dieses Abschauen, auch bei solchen Leuten, die man gar nicht näher kennt, das erfolgt über superschwache Beziehungen (Stegbauer 2023). Superschwache Beziehungen entstehen meist über Beobachtung. Eine weitere Voraussetzung dafür, dass man sich dem Verhalten der anderen anpasst, ist, dass man sich in einer strukturell ähnlichen Lage befindet. Der Studierende befindet sich im Verhältnis zu den Mitstudierenden in einer solchen ähnlichen Lage. Die Lehrlinge, die vielleicht an den Studierenden vorbeilaufen, weil ihre Berufsschule sich in der Nähe befindet, sind in einer anderen Lage. Aber auch sie ähneln sich untereinander mehr, als dass sie über Gleichheiten mit den Studierenden verfügen – und das, obwohl sie sich genauso wie die anderen in einer Ausbildungsphase befinden.

M. a. W. die Ansteckung zwischen Studierenden anhand von superschwachen Beziehungen dürfte hier eher gelingen als zwischen Studierenden und Auszubildenden. Das heißt nicht, dass diese sich nicht auch etwas von den Studierenden abschauen könnten oder umgekehrt. Da man sich aber in einer etwas anderen Lage befindet, könnte es auch sein, dass man sich voneinander abgrenzt. Dann wird das Abschauen zu einer Grenze. Man benutzt dann das Rad gerade deswegen nicht, weil es die anderen machen. Solche kulturellen Abgrenzungen funktionieren so lange, wie das Fahrrad noch kein von allen benutztes völlig selbstverständliches Verkehrsmittel geworden ist. Es ist dann noch nicht vollständig diffundiert. Vor dem Aufkommen des Autos als Standardverkehrsmittel war es das Rad schon einmal. Es wurde dann aber abgewertet, weil nur noch die Armen mit dem Rad unterwegs waren. Solange die Diffusion noch nicht vollständig ist (oder zumindest so weit ist, dass alle Bevölkerungsgruppen es in einem großen Maße nutzen), stellt das Radfahren auch einen Ausdruck einer bestimmten Kultur dar. Es besitzt also eine kulturwirksame Seite, die sich auch immer noch als Baustein für die eigene Identität nutzen lässt.

Interessant ist dieser kulturelle Zusammenhang auch deswegen, weil er eine Bedeutung im Kampf für die Benutzung des Rads, beispielsweise in den Städten besitzt. Wenn der Anteil der Radfahrenden in den Gruppen so ungleich verteilt ist, dann heißen eine Politik pro Rad und das gleichzeitige Herausdrängen von Autos aus den Städten, dass man einen Kulturkampf eingeht. Von Ann Swidler (1986) lernen wir, dass solche Kämpfe ziemlich normal, sind und diese werden mit Hilfe von Ideologien ausgetragen. In diesem Kampf stehen die Gruppen, in denen das Rad schon sehr weit verbreitet ist, auf der Gewinnerseite. Das gilt auch, wenn man die Prämisse voranstellt, dass die Radler mindestens über die letzten 70 Jahre benachteiligt wurden.

Viele Menschen haben sich an die Privilegien des Autofahrens gegenüber anderen Verkehrsteilnehmern gewöhnt. Diese stehen den Änderungen nun skeptisch gegenüber. Die Autofahrer, die von einer Pro-Rad-Politik herausgedrängt werden, die nicht umsteigen wollen oder auch nicht umsteigen können, befinden sich nun eher auf der Verliererseite. Den Verlierenden wird die Umorientierung aufgezwungen. Das dürfte nicht für Freundschaften sorgen. Ein Taxifahrer jedenfalls, der uns einmal fuhr, schimpfte sehr über die während der Coronazeit auf die Fahrbahn rot markierten Radwege. Nehmen diese doch dem Autoverkehr eine Spur weg. Nun steht er im Stau, die Radpolitik verlängert also die Fahrzeiten. Wenn es nur das wäre. Die Zahl der Autobesitzer lässt sich nicht so einfach reduzieren. Zumindest in der Übergangszeit bis sich alternative Verkehre durchgesetzt haben, kommt es an bestimmten Stellen täglich zu Staus, die es zuvor nicht gab. Die Auseinandersetzungen um den Raum für die Räder sind also auch Kämpfe um Kultur. Das ist nicht einfach zu verkraften, wenn Gewohnheiten durch eine andere Gruppe ins Wanken gebracht werden. Gut möglich, dass sich das aggressive Verhalten gegenüber Radfahrern in Teilen auch hieraus speist. Dieser Konflikt lässt sich darüber hinaus politisch ganz gut nutzen. Wenn man die Gruppe der Verlierer der Verkehrspolitik explizit anspricht, kann man bei diesen Personen Punkte sammeln, die sich bei den nächsten Wahlen womöglich auszahlen. So dürfte jedenfalls das Kalkül einer autofreundlichen Politik ausschauen. Gleichwohl möchten auch diese Leute keinen starken Autoverkehr vor der eigenen Haustür.

Immer mal wieder wird von Gruppenphänomenen wie denjenigen, von denen wir hier reden, auch in den Zeitungen berichtet. Journalistisch interessant werden solche Erscheinungen insbesondere dann, wenn es sich um etwas handelt, was die Elite betrifft. Bis vor gar nicht so langer Zeit war das Marathonlaufen eine Art von zwingender Qualifikation für Manager, die es ganz nach oben bringen wollten. So erkannte man angeblich eine ganze Weile die Gleichgesinnten auf den Führungsetagen an den Fitbit-Armbändern.[10] Heute scheint sich die Wirtschaftselite mehr und mehr auf das Radfahren zu verlegen. So berichtet mir ein Freund, mit dem ich einst zusammen studiert hatte und der eine geradezu ungewöhnliche Karriere als Soziologe hinlegte, von den anderen Clubmitgliedern aus einer wirtschaftsnahen Vereinigung. Nun – auch die Manager dort werden älter und klagten heute über die typischen Altersbeschwerden. Die Knie schmerzten nun, so die Beschwerde. Eine Ursache dafür dürfte die ehemals zu starke Beanspruchung beim Langstreckenlauf sein. Das komplexe Gelenk wurde durch die zahlreichen Lauftrainingsrunden und Wettbewerbe zu sehr in Anspruch genommen. Eine Alternative stellt heute das Rennrad dar. Auch hierbei kann man leistungsorientiert Sport treiben. Vorteilhaft ist allerdings bei diesem Sport, dass der Sattel das Gewicht des Radlers trägt. Die kranken, arthritisch schmerzenden Knie werden hierdurch deutlich weniger stark belastet. Er erzählt mir, dass – ganz ähnlich wie beim Laufen – auch hier der Leistungsgedanke im Vordergrund stehe. Es gehe dann nicht um den gemütlichen Ausflug am Wochenende auf einer flachen Strecke. Diese Leute gäben sich vielmehr erst mit Touren von 150–200 km zufrieden. Solche Distanzen übersteht man natürlich nicht ohne drahtigen Körperbau und ziemlich viel Training. Auch gehört ein gewisses Maß an Disziplin zu den Eigenschaften, die notwendig sind, um dabei mitzuhalten. Eine solche Selbstdisziplin freiwillig aufzubringen, das tun nicht alle Menschen. Manche halten dieses Verhalten für eine typische Eigenschaft des Bürgertums im Gegensatz zum Proletariat, welches angeblich weniger hart gegen sich selbst sei.[11]

Zu meiner Überraschung fand sich in der Frankfurter Allgemeinen kurz nach dem Gespräch mit dem beruflich so erfolgreichen Freund ein

Artikel über „Radfahren als das neue Golfen".[12] In dem Beitrag der FAZ wird ebenfalls vom Wettbewerb um die besten Gefährte berichtet. Ein Betreiber einer Institution auf Mallorca, die sich besonders um betuchtere Rennradler kümmert, berichtet, dass manche Kunden Räder mit einem Anschaffungspreis von 100.000 € (sic!)[13] besäßen. Wie so oft werden Begründungen für das Verhalten gesucht: Man strickt sich eine Ideologie rund ums Rennradfahren: „Mit Sport und grundsätzlich dem Rennradsport verbinden wir wichtige Attribute wie Teamgeist, fairen Wettbewerb, Leistungsbereitschaft und das Ziel, gewinnen zu wollen", so wird ein sich in der Mitte seiner fünfziger Jahre befindlicher Manager zitiert. Ein anderer Manager habe gesagt, dass das Leben wie ein Fahrrad sei: „Wenn man aufhört zu treten, fällt man runter." Mit beiden Zitaten habe ich so meine Schwierigkeiten, etwa beim Wort vom fairen Wettbewerb, gerade im Radrennsport, der nach wie vor vom Doping verseucht ist. Das gilt auch für den Amateursport, so berichtete mir jedenfalls ein ehemaliger Kollege, der so gut fuhr, dass sein Material bereits von einem Radgeschäft der Gegend gesponsert wurde. Zwar nahmen er und seine Kameraden keine illegalen Mittel – jedenfalls erzählte er mir das nicht –, aber legal seien beispielsweise Schmerztabletten. Auch bei den Ausfahrten am Wochenende und bei den Jedermannrennen findet man sich im Wettbewerb. Wer nun im Management mithalten will, muss auch körperlich fit sein. Er steigt auch aufs Rad, kauft sich die entsprechenden Klamotten, das Zubehör und am besten auch gleich einen sehr guten neuen zweirädrigen Boliden. Das Engagement ist allerdings auch hier nicht völlig intrinsisch. Es bleibt auch abhängig von den anderen in der Gruppe, die zumeist aus demselben Milieu stammen wie man selbst. Es geht dann um die Anerkennung von den anderen, die einem ähnlich sind.

5.7 Nach welchen Regeln verbreitet sich das Radfahren?

Wie erklärt man die Dynamik der Zunahme des Radfahrens? Über die Diffusionsforschung wurde ja bereits einiges gesagt. Wenn nun wichtige Leute in unserem Umkreis, mit denen wir etwas zu tun haben, mit denen wir befreundet sind oder an denen wir uns in einer Weise orientieren, ein solch neues Hobby beginnen, dann weckt das unser Interesse daran ebenfalls. Das bleibt nicht aus, man muss mitsprechen können, sonst bleibt man bei den Unterhaltungen außen vor. Wenn die maßgeblichen Kollegen oder Vereinskumpels mit dem Rennradfahren beginnen und darüber enthusiastisch berichten, dann läuft einem als Zuhörer in einem übertragenen Sinn ebenfalls das Wasser im Mund zusammen. Man möchte auch vom Vergnügen kosten, auch wenn natürlich damit erst einmal eine Menge Anstrengung verbunden ist, bis man mithalten kann.

Eine weitere soziologische Erklärung für die Weitergabe der Interessen kann man in der sog. Theorie der strukturellen Balancierung finden. Diese wurde in den 1940er-Jahren in der Sozialpsychologie entwickelt und dann von der Soziologie und Netzwerkforschung weitergesponnen. Die ursprüngliche Theorie (Heider 1946) besagt nichts anderes, als dass die Beziehung von zwei Personen davon abhängig ist, wie deren Beziehung zu einem Dritten ausschaut. Als das Dritte wurde damals ein „Objekt" definiert. Übertragen auf das hier betrachtete Phänomen könnte man sagen: Person A, sagen wir ein Manager in einem Unternehmen, ist Radsportfan, hat vor ein paar Monaten damit angefangen und ist nun angefixt von den Erlebnissen. Es macht ihm Spaß, sich der Anstrengung hinzugeben, die man überwinden muss, um sich über die Höhen des Mittelgebirges zu schwingen. Auch die folgenden tollen Abfahrten sind ein Erlebnis, insbesondere das der rasanten Geschwindigkeit. Auf diese Weise fällt etwas vom Radsportmythos auf diese ab. Damit seien nur ein paar Dinge geschildert und zugegebenermaßen sogar etwas bunt ausgemalt. Wenn der Mitarbeiterstamm nun erweitert werden sollte und einer der Bewerber auf eine Stelle im Unternehmen erwähnt, ebenfalls Radfan und Aktiver dieses Sports zu sein, so bringt dies Sympathiepunkte ein. Man weiß ja, dass unter den wenigen Bewerbern, die letztlich zu einem Gespräch eingeladen werden, die Beziehungschemie eine große Rolle spielt. Besitzt man nun einen Balancevorteil gegenüber Mitbewerbern, kann dies den Ausschlag für die Einstellung geben. Die Sympathie entsteht also entlang der geteilten Interessen. Man könnte auch sagen, dass über dieselbe Leidenschaft die Beziehung balanciert wird.

Spinnen wir die Balancetheoriegeschichte noch einen Schritt weiter: Der aussichtsreiche Bewerber erhält die Stelle. Aus einem Radsportler in einer Abteilung werden nun schon zwei. Diese unternehmen vielleicht sogar gemeinsame Ausfahrten. Andere, die eine Beziehung zum Chef

5 Warum Fahrradfahren ansteckend wirkt

haben oder haben wollen, beobachten das. Sie beginnen sich daraufhin ebenfalls für die Sportart zu interessieren und so nehmen die Dinge ihren Lauf: Es wird bald auch bei jenen die Neuanschaffung eines Rennrads fällig. Die Eifersucht, so könnte man es nennen, bringt jemanden dazu, beim Versuch, die Gunst (oder sagen wir weniger despektierlich, die Freundschaft) des Chefs nicht zu verlieren, ebenfalls in den Sattel zu steigen. Ganz rein ist diese Schilderung des sozialen Mechanismus, den die Balancetheorie repräsentiert, leider noch nicht. Später wurde das Objekt (hier das Radfahren) durch eine Person als Drittes ersetzt (Cartwright und Harary 1956; Davis 1977). Das, was ich hier gerade ausspinne, hat aber auch damit zu tun. Man nennt das Phänomen Transitivität. Die Eigenschaften einer Beziehung gehen auf einen Dritten über. Eigentlich würde man sagen, wenn A eine Beziehung zu B und A auch eine Beziehung zu C hat, dann ist die Wahrscheinlichkeit groß, dass auch eine Beziehung zwischen B und C entsteht. Wenn A mit B radelt und C sich auch mit B anfreundet, so kommt der Radelanreiz schon von zwei Auslösenden. Vielleicht kann man den Zusammenhang auch so schildern. Bei starken Enthusiasten kann es sein, dass die Verteilung von Sympathie und Antipathie über solche Mechanismen erfolgt. Das wiederum kann man darüber erklären, dass die Bevorzugung des einen den anderen zurücksetzt oder gar ausschließt.[14] Die Zeit, die man mit dem einen Rad fährt, kann man nicht mehr mit der anderen Person verbringen, es sei denn, man fährt zu dritt. Dann würde man vermuten, wirkt der Ausschluss anderer womöglich sogar noch stärker.

Die Theorie der strukturellen Balancierung argumentiert mit einem Freund-Feind-Schema. Der Freund deines Freundes ist dein Freund; der Feind deines Freundes ist dein Feind usw. Wenn man aber mit den Ausschlussmechanismen argumentiert, braucht man das über die Stränge schießende Feindschema für die Erklärung an dieser Stelle gar nicht. Es reicht der Ausschluss versus die Zugehörigkeit, um etwa Ähnliches herzustellen. Dann ist man sich nicht feind, aber man hat auch nichts mehr oder viel weniger miteinander zu tun. Auf den geschilderten Fall übertragen, bedeutet das, dass man vom Ausschluss bedroht ist, wenn man sich nicht ebenfalls mit einem Rennrad an den Ausfahrten beteiligt.

Etwas weitergesponnen finden wir in einem solchen Mechanismus auch die Erklärung dafür, dass das Geschäft von Unternehmen, die Trainings für Geschäftsleute auf Mallorca oder anderen Inseln anbieten, gerade boomt. Eine gewisse Kondition ist notwendig, aber auch ein Grundwissen über den Sport, den man sich anhand geführter Touren und auf die Person speziell abgestimmter Trainingspläne aneignet.

An dieser Stelle kann ich auch noch einmal auf ein anderes Motiv zurückkommen, welches in diesem Buch immer wieder eine Rolle spielt: Das gerade Geschilderte ist auch ein Teil der Entstehung und der Weitergabe von Kultur. Eine Kultur, die viel mit Verhalten, mit der Integration von Personen, mit dem Wissen in einem bestimmten Bereich der Gesellschaft zu tun hat. Nicht zuletzt ist eine Voraussetzung auch die ökonomische Grundlage. Es muss die entsprechenden Geschäfte geben, die das Equipment verkaufen, und auch die Angebote an Dienstleistungen, die sich rund um den Sport entwickeln. So wird es transparent, wie voraussetzungsreich es ist, dass eine Kultur entsteht. Es sind ziemlich viele Bereiche, die in eine solche Entwicklung mit hineinspielen.

Notes

1. Artikel in der Süddeutschen Zeitung vom 13. November 2016, 13.09 Uhr „200 Jahre Fahrrad: Das klügste Fortbewegungsmittel der Menschheit". Der Artikel beschreibt auch, dass die Erfindung des Fahrrades quasi die Voraussetzung für die Entwicklung von Automobilen bildete. Diese wäre ohne den Rückgriff auf Teile von Fahrrädern angeblich kaum möglich gewesen. https://www.sueddeutsche.de/wissen/technikgeschichte-das-grosse-rollen-1.3244921-0 (abgerufen am 08.11.2022).
2. Siehe auch: http://fahrrad-history.de (08.02.2023). Hier schreibt der Fahrradblogger Jost Pietsch in einem Eintrag unter dem Titel „Der große Tambora-Schwindel", dass es sich sehr wahrscheinlich um eine fehlerhafte Verknüpfung der Hungersnot mit der Erfindung des Rades handelt. Diese Verbindung sei aber vielfach von den großen Medien aufgegriffen worden.
3. Zumindest dann, wenn in den Städten die Voraussetzungen dazu geschaffen wurden. Die Alternative wären laufende Verstöße gegen die Verkehrsregeln, indem man bei Rot die Straße quert oder auch den Bürgersteig benutzt, wenn die Straße verstopft ist. Ansonsten steht man mit dem Rad vor denselben Ampeln wie die anderen Verkehrsteilnehmer.
4. Das ist nicht überall so. Ich war mal zu einer Tagung in Utrecht in den Niederlanden und hatte mein Fahrrad dabei. Dort war es gar nicht ein-

fach, überall einen Parkplatz für das Rad zu finden. Es war notwendig, eine gewisse Zeit für die Parkplatzsuche miteinzukalkulieren.
5. Zwar ändert sich mit der Lokalität auch häufig das Thema (Keppler 1994), aber dennoch wissen die anderen bei Ankunft in der Kneipe schon Dinge, die der Radler nicht weiß. An dieses Gespräch kann dann jederzeit wieder angeknüpft werden, aber nur zwischen denjenigen, die darüber Bescheid wissen.
6. https://tu-dresden.de/bu/verkehr/ivs/srv/ressourcen/dateien/SrV2018_Staedtevergleich.pdf (09.11.2022).
7. Jedenfalls haben wir bei einer Untersuchung von Einstellungen in Gruppen nur selten so viele Personen zusammen angetroffen. Am häufigsten waren es nur zwei, dann drei usw. (Stegbauer 2016, ab S. 168).
8. Hiermit lehne ich mich an Giddens (1988) an.
9. Siehe auch den Bericht „Der Mensch in Beziehungsstrukturen" im Uni-Report der Goethe-Universität in Frankfurt. Nr.5/24: 8, https://www.unireport.info/158922186/unireport-ausgabe-5-2024-vom-10-oktober-2024.pdf (04.12.2024).
10. Weiguny, Bettina, 2014, Das Band der guten Vorsätze. Bunte Plastikbänder sind der neueste Schrei für Fitnessbewusste: Ein eingebauter Chip stachelt zu einem gesunden Leben an. Hollywood-Stars und Manager sind ganz wild darauf. Frankfurter Allgemeine Sonntagszeitung, 16.02.2014, Nr. 7, S. 19.
11. Das konnte man in den 1970er-Jahren in einem von Elisabeth Noelle-Neumann (1978) verfassten Buch lesen. Sie schrieb über den Wertewandel mit der Frage im Titel „Werden wir alle Proletarier?", darüber, dass selbst das Bürgertum nicht mehr genügend leistungsorientiert sei. Die sich sogar während der Freizeit zu Höchstleistungen zwingende angestellte Oberschicht scheint geradezu beseelt davon, die damalige Zeitdiagnose von Frau Noelle-Neumann zu widerlegen.
12. Diemand, Stefanie, 2024, „Radfahren ist das neue Golfen. Manager haben einen neuen Zeitvertreib. Wer heute etwas auf sich hält, fährt Rennrad." Frankfurter Allgemeine Sonntagszeitung. 22. September 2024, Nr. 39, S. 27.
13. Ich habe diese Summe mit meinem Sohn besprochen, der selbst in einem Radgeschäft gearbeitet hatte. Er hielt diese für übertrieben. Allerdings waren wir uns sicher, dass man weit über 10.000 € für ein ganz tolles Rennrad durchaus ausgeben könne. Vielleicht hat sich die Journalistin ja auch um eine Null vertan und das ist selbst dem Korrektorat der Zeitung nicht aufgefallen.

14. Diese Zwangsläufigkeit der Zurücksetzung ist einer der elementaren Prozesse des sozialen Lebens, wie es Karl Otto Hondrich (1999) in seiner soziologischen Theorie formuliert. Allein dies ist schon eine Ursache dafür, dass Personenbeziehungen nicht eine beliebige Größe erreichen können, eine Struktur also immer entstehen muss.

Literatur

Cartwright, Dorwin, und Frank Harary. 1956. Structural balance: A generalization of Heider's theory. *Psychological Review* 63:277–293.

Davis, James A. 1977. Clustering and structural balance in graphs. In *Social networks. A developing paradigm*. Quantitative studies in social relations, Hrsg. Samuel Leinhardt, 27–34. New York: Academic Press.

Giddens, Anthony. 1988. *Die Konstitution der Gesellschaft. Grundzüge einer Theorie der Strukturierung*. Frankfurt a. M.: Campus.

Heider, Fritz. 1946. Attitudes and cognitive organization. *Journal of Psychology* 21:107–112.

Homans, George Caspar. 1960. *Theorie der sozialen Gruppe*. Köln: Westdeutscher Verl.

Hondrich, Karl Otto. 1999. Die vier elementaren Prozesse des sozialen Lebens. In *Ansichten der Gesellschaft. Frankfurter Beiträge aus Soziologie und Politikwissenschaft*, Hrsg. Wolfgang Glatzer, 97–109. Opladen: Leske + Budrich.

Keppler, Angela. 1994. *Tischgespräche. Über Formen kommunikativer Vergemeinschaftung am Beispiel der Konversation in Familien*. Frankfurt a. M.: Suhrkamp.

Lessing, Hans-Erhard. 2013. Fahrräder sind die Überlebenden der Pferde. *Frankfurter Allgemeine Zeitung*. 30.10.2013 (252), N 4.

McPherson, Miller, Lynn Smith-Lovin, und James M. Cook. 2001. Birds of a feather: Homophily in social networks. *Annual Review of Sociology* 27(1): 415–444. https://doi.org/10.1146/annurev.soc.27.1.415.

Noelle-Neumann, Elisabeth. 1978. *Werden wir alle Proletarier? Wertewandel in unserer Gesellschaft*. Zürich/Osnabrück: Edition Interform (Texte + [und] Thesen, 102: Sachgebiet Gesellschaft).

Rogers, Everett Mitchell. 1983. *Diffusion of innovations*, 3. Aufl., 1. print. New York: Free Press.

Stegbauer, Christian. 2016. *Grundlagen der Netzwerkforschung: Situation, Mikronetzwerke und Kultur*. Wiesbaden: Springer-VS.

Stegbauer, Christian. 2023. *Superschwache Beziehungen: Was unsere Gesellschaft kulturell zusammenhält*. Wiesbaden: Springer VS.

Stegbauer, Christian. 2024. *Die zwölf Grundannahmen der Netzwerkforschung*. Wiesbaden: Springer VS.

Swidler, Ann. 1986. Culture in action: Symbols and strategies. *American Sociological Review* 51:273–286.

Tilly, Charles. 2006. *Why? What happens when people give reasons ... and why?* Princeton: Princeton University Press.

Wüst, Christian. 2017. Technik: Schleier drüber. Technikgeschichte Ein Physiker verbreitet die These, ein Vulkanausbruch habe die Erfindung des Fahrrads beflügelt. Historiker glauben ihm – wohl zu Unrecht. *Der Spiegel*, 10/2017, S. 98.

6

Die Entstehung von allgemeinen Verhaltensweisen aufgrund von Verkehrsverstößen

6.1 Solange gegen die Einbahnstraße, bis man es darf

Im Laufe der Zeit wurde immer wieder etwas an den Verkehrsregeln geändert. So ist es in vielen Städten bei fast allen Straßen (zumindest in Wohngebieten) mittlerweile erlaubt, das Fahrrad auch gegen die Einbahnstraße zu benutzen. Bevor dies zugelassen wurde, machten wir das auch, aber teilweise verschämt oder wir wichen stattdessen auf den Bürgersteig aus. Letzteres war und ist immer noch verboten, mit Ausnahmen für Kinder unter 11 Jahren. In Frankfurt gab es einen Typen, der einem, selbst wenn man den Fußgängerweg sehr langsam und rücksichtsvoll benutzte, mit Absicht vor das Rad sprang. Er simulierte einen Zusammenstoß, um das Verhalten des Radfahrers anzuprangern. Das führte so weit, dass dieser Mensch sogar zeitungsbekannt wurde. Mir ist er auch einmal oder vielleicht sogar zweimal absichtlich ins Rad gehüpft, obwohl ich ausreichend Abstand auf dem relativ breiten Gehweg gehalten hatte. Die Alternative wäre es gewesen, die Fahrbahn entgegen der Einbahnstraße zu benutzen oder einen Umweg zu fahren. Bei der Idee, Straßen nur in eine Richtung nutzen zu dürfen, ging es ja um eine Regulierung des Autoverkehrs. Soweit ich weiß, ist dieser Mensch mit seinem unangenehm provozierenden Verhalten nicht sehr weit gekommen – außer in die Zeitung.

Mir hat es nie eingeleuchtet, dass Einbahnstraßen geplant werden, damit Straßen 1. genügend Parkplätze ergeben und 2. diese zu einer Verkehrsberuhigung von Wohnvierteln beitragen. Natürlich ist Autogegenverkehr in schmalen Straßen teilweise tatsächlich nicht möglich – wichtiger beim Ausweisen von richtungsgebundenen Straßen war es jedoch, den Verkehr wegen der Automobile zu regulieren. Dass die Regulierung auch für Radler galt, vielleicht könnte man das als eine Nebenfolge bezeichnen. Ob diese Nebenfolge beabsichtigt oder unbeabsichtigt war, lässt sich aus heutiger Sicht nur schwer beurteilen. In Kriegen, auch wenn es martialisch klingt, entstehen durch unabsichtliche Handlungen Kollateralschäden. Der Zusammenhang lässt sich auch folgendermaßen interpretieren: Radfahrer waren es nicht wert, dass man sich tiefere Gedanken um sie machte, zumal sie nur eine Minderheit ausmachten. Dies hat sich leider bis heute auch noch nicht geändert. An dieser Stelle fällt mir ein Bonmot unseres ehemaligen Gewerkschaftssekretärs ein. Ich war früher, als ich eine Ausbildung absolvierte und eine Weile danach auch noch, in der Gewerkschaft Mitglied und dort auch durchaus aktiv. Als Sprecher für die anderen Auszubildenden und in der Jugendvertretung mussten wir das Betriebsverfassungsgesetz so gut kennen, dass wir jederzeit damit argumentieren konnten. Der Gewerkschaftsfunktionär war der Meinung, dass man das Gesetz an bestimmten Stellen übertreten müsse, damit es irgendwann zu unseren Gunsten geändert wird. So ähnlich dürfte das bei der Einführung des Radgegenverkehrs auch gelaufen sein. Natürlich kann man den Prozess auch als rein politischen begreifen, der an Parteien herangetragen wurde. Für das Herantragen musste es aber natürlich auch Begründungen geben. Dann wurde das Freigeben des Radfahrens gegen die Autofahrtrichtung zunächst in einem Pilotversuch getestet und schließlich in einem demokratischen Prozess eingeführt. Die Einführung erfolgte stufenweise zunächst in einigen Stadtvierteln. Erst als man merkte, dass die Unfallzahlen entgegen der ursprünglichen Erwartung stark zurückgegangen waren, wurde die Regel verallgemeinert. Nicht lange bevor die Radfahrer gegen die vorgegebene Richtung fahren durften, ist bei genau dieser Verkehrsübertretung ein Bekannter schwer gestürzt und musste lange im Krankenhaus liegen. Er war mit einem Auto beim Abbiegen zusammengestoßen.

Es zeigte sich durch die Aufhebung des Verbots gegen die Einbahnstraße zu radeln, dass die Autofahrer stärker gezwungen waren, auf der Hut zu sein. Das Gebot war es, langsamer zu sein, weil sie nun immer mit den potenziellen Hindernissen in Form der entgegenkommenden Radler zurechtkommen mussten. Hier klingt schon ein weiteres soziologisches Motiv an, welches aber in einem anderen Kapitel behandelt werden soll: Da geht es um die Frage der Perspektive, je nachdem aus welcher Position man am Verkehrsgeschehen teilnimmt. Ich selbst kenne auch die Lenkradperspektive aus dem PKW: Wir besitzen immer noch ein Auto, auch wenn sich das eigentlich kaum mehr lohnt und nur selten benutzt wird. Es kommen immer wieder „Standschäden" vor – zum Beispiel das Verrosten von Bremsscheiben und das Entladen der Batterie, weil es so selten gefahren wird. Manches stellt sich aus dem Auto heraus anders dar, als wenn man sich ungeschützt auf zwei Rädern im Straßenverkehr bewegt.

Zurück zur Einbahnstraßenproblematik: Wenn es nicht häufig dazu gekommen wäre, dass Radler trotz Verbots die falsche Richtung eingeschlagen hätten, wären die Regelungen sicherlich nicht verändert worden. Was mich interessiert, ist zwar auch die Konsequenz dieser häufigen Übertretungen der Regelungen der Straßenverkehrsordnung, die natürlich auch zu Unfällen führten. Wichtiger ist für mich aber die Frage, wie es dazu kam, dass die Regelung so häufig nicht beachtet wurde. Eine Idee dafür, wie verordnungswidriges Verhalten zustande kommt, habe ich an anderer Stelle ausgeführt (Stegbauer 2023). Dort überlegte ich am Beispiel des Bei-Rot-über-die-Ampel-Gehens, dass diese Kultur, die gefühlt in Frankfurt stärker verbreitet ist als in vielen anderen Städten, aus einem Moment der Rebellion entstanden sein könnte. Es schien mir plausibel, dass sich zunächst Leute, die diffus kritisch gegenüber dem politischen System eingestellt waren, sich zunächst nicht an die Regel hielten, um damit einem gewissen, freilich nur sehr geringen Widerstand gegenüber den gesetzten Verhaltensregeln Ausdruck zu verleihen. Ich habe dort versucht, zu zeigen, wie sich dieses Verhalten über Beobachtung am selben Ort, quasi über ad hoc entstandene superschwache Beziehung auch in andere Bevölkerungsschichten übertragen haben könnte.

Egal aus welchem Grund es sich zugetragen hat. Eine Übertragung von Verhalten wird wohl bei der Vermehrung der Verstöße ebenfalls auch beim Gegen-die-Einbahnstraße-Fahren eine Rolle gespielt haben. Die Beobachtung, dass andere eine Abkürzung nehmen könnten, während man selbst den Umweg in Kauf nimmt, dürfte einige auf die Idee gebracht haben, es den anderen gleichzutun. Man selbst bevorzugt wie die anderen auch den schnelleren Weg – auch dann, wenn er gegen die vorgeschriebene Fahrtrichtung führt. Wenn es dazu noch eine ideologische Rechtfertigung gibt, die diesen Verstoß bemäntelt, umso besser für eine Regeländerung ist es. Das gilt zumindest für diejenigen, die auf der Seite derjenigen sind, die sich nicht an die Verkehrsregel halten. Die Verstöße finden dann nicht mehr vorwiegend in nächtlicher Dunkelheit statt. Sie werden durch das häufige Unterlaufen der Regel zu etwas sehr weit Sichtbarem. Der langfristig erreichte Erfolg des Gesetzesbruchs ist heute auf den Straßenschildern zu sehen (Abb. 6.1 und 6.2), die das Befahren von Einbahnstraßen für Radler auch in die Gegenrichtung mittlerweile erlauben.

Popitz (hier zitiert nach 2006) hat schon vor einiger Zeit darauf hingewiesen, dass zahlreiche Normen nur deswegen in Kraft sind, weil die Zahl ihrer Übertretungen nicht offenbar wird. Wenn wirklich bekannt wäre, dass sich viele Leute nicht an bestimmte Gesetze halten würden (so ähnlich war ja auch das Argument des Gewerkschaftssekretärs), dann würden diese nur noch schwerlich aufrechtzuerhalten sein. Genau das ist hier der Fall gewesen. Die Delikte wurden so zahlreich, dass die eigentliche Norm nicht mehr überzeugte. Sogar die Polizei war überfordert mit der Ahndung der Radfahrer, die sich nicht an die Fahrtrichtung hielten. Mir ist auch nur ein einziger Fall bekannt geworden, dass ein Radler tatsächlich von der Polizei deswegen verfolgt wurde. Ein Bekannter, der versuchte mit dem Rad zu fliehen, aber gestellt werden konnte und dann trotzdem gerade noch mit einer Ermahnung davonkam.

Anders ergeht es übrigens den radelnden Rotlichtsündern. Auch dies ist ein verbreitetes Phänomen. Vorne habe ich das auch schon angeschnitten. Hier gibt es immer wieder Mal Aktionen an bestimmten Stellen, wo das häufiger auftritt. Solche Verfolgungsaktionen werden aber meist nur an den Orten durchgeführt, an denen es sich für die verfolgende Polizei auch lohnt. Bei solchen Aktivitäten gehen meist zahlreiche Radler in die ihnen gestellte Falle.[1] Auch hier dürfte sich die

6 Die Entstehung von allgemeinen Verhaltensweisen aufgrund …

Abb. 6.1 Wir fahren gegen die Einbahnstraße. Es war ein langer Kampf mit zahlreichen Verstößen gegen die Straßenverkehrsordnung, bis diese endlich geändert wurde und diese Schilder aufgestellt wurden. (Foto: Christian Stegbauer)

Gesamtwirkung in Grenzen halten. Wenn man mal erwischt wird – mir ging es einmal so, das ist aber auch schon mehr als vierzig Jahre her –, hält man sich leicht traumatisiert eine Weile an die Regel. Später schaut man sich vielleicht um, ob ein Polizeiwagen direkt hinter einem steht. Wenn das nicht der Fall sein sollte, traut man sich schon manchmal wieder über die rote Ampel. Dabei halte ich mich in den meisten Fällen an die Rotlichtregel. Jedoch beobachte ich, dass eine große Zahl anderer Radfahrer die Ampel niemals beachten. Diese radeln dann grundsätzlich bis direkt an die zu überquerende Straße heran und schauen von dort aus, wann die Autos stoppen.

Abb. 6.2 Einbahnstraßen können von Rädern in beide Richtungen befahren werden. Die geänderten Regeln sind eine große Erleichterung für die Radfahrer. Sie haben außerdem dafür gesorgt, dass der Verkehr sich verlangsamte und weniger Unfälle passieren. (Foto: Christian Stegbauer)

Kommen wir zurück zur Problematik der Einbahnstraße vor der Erlaubnis für Radler, diese auch gegen die Richtung zu nutzen: Wenn nun viele gegen die Fahrtrichtung radeln, dies aber nicht dürfen, dann setzen sie sich erstens einer Gefahr durch die Autofahrer aus (vielleicht auch durch die Fußgänger, die beim Überqueren der Straße nur in die Richtung schauen, von der aus sie den Verkehr vermuten). Zweitens tun sie etwas, das durch die Polizei geahndet werden könnte und zu einem Strafzettel führen könnte. Drittens kürzen sie eine Strecke ab, was das Radfahren attraktiver macht, weil es weniger Umwege oder genauere Ortskenntnis erfordert. Viertens aber – und das liegt nicht in ihrer eigenen Hand – sind sie beobachtbar durch andere Verkehrsteilnehmer. Durch die Beobachtung können sie entweder als abschreckendes Beispiel verwendet werden oder sie dienen als Vorbild für die anderen, die sich die Regelübertretung bislang nicht trauten. Wie nun werden sich die anderen entscheiden? Lassen diese sich mitreißen? Offenbar gibt es genügend andere, die sich damals ebenso zum Verstoß hinreißen ließen. Wenn diese Orientierung an den anderen Erfolg hatte, führte dies zu einem Mitwirken an der Änderung der Verkehrsregularien.

Ich selbst bin nie dafür bestraft worden, dass ich gegen die Einbahnstraße gefahren bin. Allerdings hatte ich mehrmals Auseinandersetzungen mit Polizisten. Einmal ist mir das in Hofheim passiert. Bei der Stadt handelt es sich um eine Art Vorort von Frankfurt im sogenannten Speckgürtel gelegen. Es kam zu einem Wortgefecht mit einem Stadtpolizisten, der mich auf das regelwidrige Verhalten hinwies. Nach meiner Erinnerung hatte ich mir das nicht gefallen lassen. Ich weiß gar nicht mehr so genau, ob ich ihn damals etwas despektierlich „Hilfspolizisten" nannte. Jetzt, im Moment des Schreibens, überlege ich mir, ob, wenn es so war, ich mich dessen schämen sollte. Eigentlich bin ich nicht dafür, dass der Respekt vor den Personen in solchen Funktionen verloren geht. Allerdings sollte eine Ermahnung zumindest auch so weit gerechtfertigt sein, damit man sie akzeptieren kann. Leider hatte auch ich damals nicht genügend Respekt. Dafür wäre allerdings auch ein Einsehen meines Fehlverhaltens notwendig gewesen. Das war bei mir aber nicht der Fall. Ich finde nämlich das Pochen auf eine Verordnung nur um der Regel willen problematisch, zumindest dann, wenn die Regel nicht sinnvoll ist. Das aber ist natürlich interpretations- und situationsabhängig. Damals ging es um den Weg von etwa zehn Metern von einer Eisdiele in die nächste Abbiegung. Es ist für einen Radfahrer jedoch kaum einsehbar, dass man diese Strecke schieben soll, wenn einem auf so einem kurzen Stück tatsächlich niemand entgegenkommt.

Ein anderes Mal war es notwendig, ein kleines Stück über eine Radwegmarkierung und einen Bürgersteig zu fahren, um nicht in die vielbefahrene Straße einmünden zu müssen. Stattdessen war es so möglich, dadurch den Weg durch den Park zu benutzen und den vielen Autos und damit auch einer eigenen Gefährdung aus dem Weg zu gehen. Diese Strecke benutzte ich damals häufiger. An jenem Tag aber hatte ich das Pech, dass gerade ein älterer Uniformierter einer Klasse von jungen Grundschülern (wahrscheinlich waren es sogar Erstklässler) just an diesem Ort die Verhaltensregeln im Verkehr beibringen sollte. Er hielt mich also an, um den Kindern an meinem Beispiel zu erklären, was ich falsch gemacht hätte. Formal hatte er zwar recht, aber die formale Regel war an dieser Stelle auf keinen Fall praxisgerecht. Vielleicht war es auch ein Dilemma, in dem sich der Polizist befand, weil ich zwar eindeutig gegen die Regel verstieß, diese dort aber nicht sinnvoll war. Was hätte er den Kindern anderes erklären können, als mich anzuklagen? Ich sagte darauf den Kindern, dass es manche Situationen gebe, in denen man die Verkehrsregeln missachten müsse. Hätte ich mich korrekt verhalten wollen, hätte ich an dieser Stelle absteigen müssen um den Fußgängerweg schiebend zu überqueren. Es handelte sich um eine absurde Forderung, der kein vernünftig agierender Radler nachgekommen wäre. Irgendwie tut es mir ja hier auch leid, in dieser Situation etwas patzig geworden zu sein. Mit meinem Verhalten habe ich auch hier die Autorität des Ordnungshüters in Frage gestellt. Mehr noch, er bemühte sich, den Kindern das korrekte Verhalten beizubringen, und ich erlaubte mir, den Kindern zu sagen, dass man dieses manchmal unterlaufen müsse. Zwischen den beiden Vorfällen liegen mehr als dreißig Jahre.

Hinsichtlich der Ermahnung und der Auszeichnung von mir als schlechtem Vorbild muss man hier aber sagen, dass es sich um eine Stelle handelte, die tatsächlich kaum ohne Regelverstoß zu bewältigen wäre. Auch Kinder müssen das lernen, dass man in Sackgassen gerät, wenn man sich immer 100 % an die Normen hält. Wir halten sie jedoch im besagten Grundschulalter für zu jung, das zu verstehen. Wahrscheinlich können sie es wirklich noch nicht verstehen. Aus diesem Grund weiß ich ja grundsätzlich auch, dass die Regeln erst einmal vermittelt werden müssen. Und zunächst ist es auch sinnvoll von den Erwachsenen, darauf zu bestehen, dass die Kleinen diese Regeln auch einhalten.

Wir machen das an der Uni ja auch, wenn wir den Studierenden beispielsweise Forschungsmethoden beibringen. Es werden meist die Methoden aus den Lehrbüchern vermittelt. In der Forschungspraxis dann aber, wenn wir einige Erfahrung besitzen, umgehen wir einen Teil der Regeln bewusst. Damit dies auch von den anderen Gutachtern und Lesern verstanden wird, sind wir dann allerdings auch in der Begründungspflicht. So kreativ je nach Anforderung mit den methodischen Regeln der Wissenschaft umzugehen, unterscheidet die Anfänger von den Profis.

Diese Ausnahmen gleich zu Beginn zu lehren, überfordert aber die jungen Studierenden. Diese sind mit dem Erlernen der grundlegenden Methoden zunächst einmal genügend beschäftigt. Zur Übertretung der Regeln gehört aber auch ihre Kenntnis. Ohne um diese zu wissen, wäre es schwierig zu argumentieren, warum an dieser oder jener Stelle die Regeln umgangen werden oder dies sogar eine Notwendigkeit darstellt, um überhaupt zu einem Forschungsergebnis zu gelangen.

Das, was ich hier als Regel schildere (das Gegen-die-Einbahnstraße-Fahren), wurde in Frankfurt für die meisten Straßen eingeführt. Es gilt aber nicht überall. Noch handelt es sich um eine Ausnahmeregelung. Tatsächlich muss man für das Fahren entgegen der Einbahnstraßenrichtung mit einem Bußgeld von 35 € rechnen, wenn dies nicht durch Schilder, die unter dem Einbahnstraßenschild angebracht sind, ausdrücklich erlaubt ist.[2] So jedenfalls der offizielle Bußgeldkatalog.

6.2 Wie die Langsamkeit von anderen Radlern zum Überfahren roter Ampeln führt oder wie die Verkehrsplanung die Einhaltung von Regeln torpediert

In Frankfurt gibt es eine Straße, die von der Innenstadt nach Bockenheim, dem örtlichen und ehemaligen Quartier Latin, also dem früheren Universitätsviertel, führt. Vorne habe ich das bereits angeschnitten, hier soll es aber noch einmal genauer behandelt werden. Es handelt sich um die Bockenheimer Landstraße (in manchen lokalen Kreisen auch schlicht BoLa genannt). Früher fuhr dort eine Straßenbahn, vorbei an den so ziemlich letzten besetzten Häusern aus einer anderen Zeit. Die Zeit, die ich meine, war die der Immobilienspekulation im Frankfurter Westend, als Mieter mit ziemlich rüden Mitteln zum Verlassen ihrer Wohnungen gezwungen wurden. Die erteilten Baugenehmigungen wurden für die Gewinne der Spekulanten regelmäßig missachtet. Diese Periode war schon fast vorbei, als der U-Bahn-Bau unter der Straße endlich vollendet war. Die Straßenbahn wurde dadurch überflüssig und dennoch kam es zur Stilllegung der Straßenbahn zu Protesten.

Gegen diese Proteste wurde argumentiert, dass die U-Bahn zu einer Verbesserung für alle Verkehrsteilnehmer führen würde. Es stünde danach mehr Raum für alle anderen Verkehrsteilnehmer zur Verfügung. Es war die Rede von allen die sich im Verkehr bewegten, also sowohl von Fußgängern und Autofahrern als auch von Radlern. Schön fand ich jedenfalls, dass Kastanienbäume gepflanzt wurden. Diese fügen sich heute zu einer Allee zusammen, die tatsächlich zu einer Verschönerung des Stadtbildes beiträgt. Zudem binden die Bäume einen Teil des vom Verkehr stammenden Feinstaubs. Bei den damals geplanten Radwegen allerdings konnte man sich des Eindrucks nicht erwehren, dass diese angelegt wurden, um die für den Autoverkehr lästigen Radler von der Straße zu schieben. Weil die Radwegebenutzungspflicht besteht, ist das gar nicht nur ein Eindruck, es ist objektiv so, dass die Räder von der Fahrbahn der Autos dann zu verschwinden haben, wenn ein Schild mit dem Radwegsymbol aufgestellt wird. Hierzu eine Nebenbemerkung im Text (und nicht als Endnote): Demselben Eindruck kann ich mich bis heute nicht erwehren. Wenn man die vielen Radwege sieht, die holprig sind, von ihrer Anlage nicht durchdacht und die umständliche Umwege an Kreuzungen verlangen, so wird klar, dass die Velozipädisten unter den anderen Verkehrsteilnehmern nur ganz am Rande Beachtung gefunden haben. Manchmal muss man auf den Radwegen Bäume umkreisen, wenn es um Kreisverkehre geht, wird man gezwungen, jede abbiegende Straße ein Stück entlangzufahren, um endlich an die vorgesehene Stelle zur Überquerung zu gelangen. Auf anderen Straßen steht plötzlich eine Haltestelle auf dem Radweg oder ein Pfeiler für die Halterung der Oberleitung der Straßenbahn.

Durch die Radwegebenutzungspflicht spielt man dem Autoverkehr in die Hände und sichert einen reibungslosen Durchfluss des motorisierten Verkehrs. Die Devise ist, alles zu tun, um die Durchfahrt mit dem PKW zu beschleunigen. Dieses Anliegen bremst jedoch die viel gesündere und deutlich umweltfreundlichere Variante des Verkehrs aus. Es behindert nicht nur den einzelnen Radler, es zeigt vielen, die an der Schwelle zum Umstieg sind, dass nicht genug dafür getan wird, das Radeln attraktiv zu machen. Die Rücksichtnahme auf den motorisierten Verkehr ist einseitig, zumindest auf weiten Strecken.

Von der Nebenbemerkung von eben zurück zur BoLa: Den neu erbauten Radweg sollten wir Radler als Geschenk ansehen. So jedenfalls war damals die Mitteilung aus der Stadt zu verstehen. Er wurde wie die Mehrheit der Radwege mit den typischen H-förmigen und gefasten Verbundsteinen belegt. Die Fasung bedeutet, dass jeder dieser Steine zu allen Seiten hin abgesenkt ist. Ihr Charakter ermöglicht das Stehenbleiben einer geringen Menge Wassers und das folgende Einsickern von etwas des darauf fallenden Regenwassers. Das ist im Prinzip wichtig, weil in den Städten weite Flächen komplett versiegelt sind. So könnte man die Verwendung dieser Betonsteine interpretieren. Es ist aber nicht gesagt, dass das überhaupt der Grund für diesen Radwegbelag ist. Die Steine sind wohl außerdem sehr beliebt, weil die Fasung ein Abplatzen der Ränder vermindert. Dadurch wird der Belag haltbarer. Ferner sei er billiger und es entstünden keine Frostschäden, denn durch die Lücken zwischen den Steinen gleicht sich die Ausdehnung des Wassers bei Frost aus. Die Steine sind allerdings mit einem bedeutenden Nachteil für die Radfahrer verbunden: Diese sorgen für eine nicht ebene Fläche. Wenn man mit dem Rad darüber rollt, beginnt dieses auf unangenehme Weise zu vibrieren. Räder nutzen sich durch die Überfahrt solcher Ruckelbeläge stärker ab, der Rollwiderstand ist größer und dadurch wird es anstrengender, solche Wege zu nehmen.

Zur Begründung der Versickerung für das Verlegen der elenden Betonsteine könnte man hier natürlich auch argumentieren, dass die Radler für das Manko der Versiegelung, den die Autofahrbahn mit sich bringt, leiden müssen. Bei den Radlern versucht man sozusagen den Nachteil der Versiegelung der ebenen Straße, die für den Autoverkehr angelegt wurde, wieder wettzumachen. Dabei dürfte das Wasser, welches durch diese Spalten versickern kann, nicht allzu erheblich sein. Zur bereits während der Konstruktion erstellten Holprigkeit kommt eine weitere Schikane: Die Absenkung des Weges an jeder Einfahrt. Der Weg wurde nämlich nicht auf der Höhe der Fahrbahn angelegt, sondern so wie der Fußgängerweg einen Bordstein höher. Das führt dazu, dass jede Einfahrt – und davon gibt es auf der Strecke ziemlich viele – zu einem Auf und Ab der Strecke führt. Die Konstruktion selbst verlangsamt und verunangenehmt also den Radverkehr auf diesem „städteplanerischen Glanzstück", welches den Radlern und somit dem ökologischeren Verkehr zugeneigt wurde.

Das ist aber nicht das einzige Problem des Radweges. Die Trennung von der Fahrbahn durch den Bordstein behinderte zunächst die Autofahrer keineswegs, dort kurz anzuhalten. Anfangs war dieser Bereich, der eigentlich den Rädern vorbehalten war, eine beliebte Möglichkeit für haltende Autos, den fließenden Verkehr zu schonen. Geschont wurde nur der fließende Autoverkehr, auf Kosten der Radler. Diese Autos hielten mit zwei Rädern auf dem Radweg für schnelle Besorgungen oder für die Lieferung von irgendetwas, was die anliegenden Geschäfte benötigten. Natürlich wurde dabei der Radweg an dieser Stelle komplett blockiert. Damit war die den Autoverkehr flüssig machende Funktion des Weges für die Zweiräder natürlich auch ausgehebelt. Irgendwann erfand man dann spezielle Gummihöcker, um zumindest diesen Teil der dauernd auftretenden Behinderung der Zweiradler in den Griff zu bekommen. Allerdings erhöhten diese Hindernisse nun auch wiederum die Sturzgefahr und man konnte nicht mehr auf die Fahrbahn ausweichen, um einen zu langsamen anderen Radler zu überholen (siehe Abb. 6.3).

Abb. 6.3 Man sieht die beschriebenen Eigenschaften: Die gefasten Betonpflastersteine, die Begrenzungen aus der Gummimischung, welche das kurzzeitige Parken und Blockieren der Straße durch den Kfz-Verkehr verhindern soll. Die Markierung auf der Straße deutet an, dass die Radwegebenutzungspflicht wegen der unzureichenden Breite des Radwegs aufgehoben wurde. Leider nutzt diese Aufhebung wenig: Kaum einer der Radler benutzt die Straße, obwohl dies mittlerweile legalisiert wurde. (Foto: Christian Stegbauer)

6 Die Entstehung von allgemeinen Verhaltensweisen aufgrund ...

Schildern wollte ich aber eigentlich etwas anderes. Insbesondere war der neu gebaute Radweg nämlich nicht breit genug, um das Überholen anderer Zweiräder zu ermöglichen. Die vielfach an diesem Ort selbst erlebte Geschichte geht nun folgendermaßen: Wenn ich an der Ampel stehen bleibe, werde ich von anderen Radfahrern, die sich grundsätzlich nicht ums Rotlicht scheren, überholt (Abb. 6.4). Diese rollen bis an den Straßenrand vor und überqueren die einmündenden Straßen, sobald es die Verkehrslage zulässt. Wenn nun die Ampel für mich auf Grün springt, brause ich los. Spätestens zur Mitte der Strecke zur nächsten Einmündung befinde ich mich wieder direkt hinter den deutlich langsameren Ampel-

Abb. 6.4 Hier ein Beispiel für den geschilderten Fall: Ich werde an der roten Ampel von einem anderen Radler überholt, der anschließend bummelt und mich zwingt auf die Straße auszuweichen. (Foto: Christian Stegbauer)

sündern. Dieser Schneckengang – von deren Geschwindigkeit traue ich mich hier (zugegeben etwas polemisch) gar nicht zu reden – „zwingt" mich dazu, an der nächsten wegen einer Einfahrt errichteten Absenkung auf die Fahrbahn auszuweichen. Das bedeutet, ich muss mich in den fließenden Autoverkehr einordnen, um mich dann bei der nächsten Absenkung wieder auf den Radweg vor die Schneckenpedaleure zu begeben. Bleibe ich erneut vor der nächsten roten Ampel stehen, werde ich abermals überholt und das Spiel beginnt auf dem nächsten Abschnitt von Neuem.

Um nicht hinter diesen mitradelnden Zeitgenossen hängen zu bleiben, muss ich also gegen die Verkehrsregel handeln und mich gegebenenfalls der Gefahr des Straßenverkehrs aussetzen. Die Übertretung besteht darin, dass die Radwegepflicht mich eigentlich auf den Radweg zwingt. Die Gefahr ergibt sich daraus, dass die Autofahrer wegen des Radwegs nicht damit rechnen, dass sich Radler auf die Fahrbahn begeben. Entsprechend schnell sind sie unterwegs und gelegentlich benutzen sie auch ihre Hupe. Sie wollen schließlich nicht von einem Verkehrsteilnehmer, der aus ihrer Sicht nicht dorthin gehört, von ihrem Recht abgehalten werden, ihre Geschwindigkeit frei zu wählen. Gehen wir davon aus, dass diese sich dabei an die für sie gültige Geschwindigkeitsregel halten und sie nicht schneller fahren, als das, was die Höchstgeschwindigkeit innerhalb der Stadt erlaubt und vielleicht ein wenig darüber. Wenn ich mich also nicht der sich dauernd erneuernden Gefährdung aussetzen will, bleiben mir nur zwei Möglichkeiten: Entweder ich gewöhne mich an die schleichende Fahrweise oder ich setze mich der Unsicherheit aus. Die Gefährdung erwächst ja nicht nur daraus, beim Überholmanöver eine Lücke im laufenden Verkehr zu finden, in die ich mich einfädeln kann. Um diese zu erspähen, muss ich mich öfters umdrehen und den Autoverkehr hinter mir beobachten. Die Lücke muss genau dann erkennbar sein, wenn gerade eine Einfahrt naht, denn nur dort kann ich den Radweg verlassen. Wie bereits geschildert, sind am größten Teil der Strecke die besagten Gummihöcker montiert. Die Idee dafür war zumindest insofern gut, als sie wirklich die zuvor auf dem Radweg anhaltenden Autofahrer abschreckte, dies weiterhin zu tun. Allerdings wird durch diese Barriere das Beobachten des von hinten nahenden Verkehrs gefährlicher als notwendig. Wenn man sich umdreht und dabei nicht trotzdem ganz genau geradeaus fährt, läuft man

6 Die Entstehung von allgemeinen Verhaltensweisen aufgrund …

Gefahr, an die Gummibegrenzung zu stoßen. Der Radweg ist eigentlich zu schmal, um sich auch noch während der Fahrt umzudrehen. Das ganze Überholmanöver benötigt also eine Menge an Koordinationsfähigkeit, Konzentration und sehr oft mehrere Versuche, bis die richtige Einfahrt sich mit der Verkehrslage in Einklang bringen lässt.

Als irgendwie rational denkender Mensch erfordert diese Situation eine Reaktion: So kann es nicht weitergehen! Die Fahrt auf dieser Straße, die allen so viel mehr an Raum und Aufenthaltsqualität bieten sollte, ist so anstrengend und nervig, dass ich mir eine Ausweichroute ausdenke, um der BoLa mit einem kleinen Umweg ausweichen zu können. Das ist die eine Reaktion. Allerdings kommt es darauf an, wohin man möchte. Direkt von Bockenheim in die Innenstadt oder umgekehrt findet sich kaum eine andere Möglichkeit, als dort entlangzuradeln. Meine Reaktion – und die vieler anderer auch – lässt nicht lange auf sich warten. Als Ergebnis nehme ich mir die regelverstoßenden Langsamfahrer als Vorbild: Irgendwann beginne ich die Ampeln zu ignorieren, lasse mich bis an den Fahrbahnrand vorrollen und überquere die Fahrbahn, sobald es der Verkehr zulässt, damit ich nicht mehr überholt werden kann. Ich passe mich also – obwohl ich es eigentlich gar nicht wollte – der Fahrweise der Regelbrecher an. Radler, die mir persönlich unbekannt sind, bringen mich dazu, meine Verhaltensweise zu ändern. Seither verstoße ich, zwar gefühlt immer noch weniger als die meisten anderen, aber dennoch annähernd regelmäßig, gegen Ampelregelungen, wenn ich auf dem Rad sitze. Das, was ich hier geschildert habe, lässt sich soziologisch erklären. Es handelt sich um einen sozialen Effekt, eine eher mehr als weniger aufgezwungene Verhaltensanpassung, der man nur unter großen Mühen entgehen kann. Mit der Zeit entstehen auf diese Weise Regeln, die vielleicht irgendwann Gesetz werden.

Natürlich ist das Dilemma für die Radfahrenden durch die Gestaltung dieser Straße entstanden. Es ist aber auch ein Thema für Geschichten. Geschichten haben ja jenseits des Mechanismus, den ich gerade geschildert habe, ebenfalls eine Orientierungsfunktion. Sie sagen uns etwas darüber, wie sich andere in der Situation verhalten. Sie stärken durch ihre Interaktivität, insbesondere bei nicht zu großer Abweichung der Meinungen, auch die Beziehungen derjenigen, die diese miteinander austauschen. Nachdem ich einer Freundin von dem Vorhaben berichtete, etwas über Beziehungswirkungen beim Radfahren zu schreiben, erzählte sie mir ihre Geschichte von der BoLa. Diese Gemeinsamkeit jenseits der eigenen Beobachtung und der Schlüsse, die ich daraus ziehe, verstärkt eben jenes Verhalten, mit dem ich dem Dilemma begegne. Wenn andere auf die gleiche Idee kommen, dann kann die eigene Auslegung nicht so falsch sein. Mit einem meiner Söhne sprach ich ebenfalls darüber und auch er merkte das Problem an. Anders gesagt: Das Gespräch über die Situation an diesem Ort hilft dabei, das Problem zu definieren und eine mögliche Lösung bereitzustellen und hinsichtlich der notwendigen Übertretung der Verkehrsregeln sich gegenseitig Dispens zu verleihen.

Eine andere Freundin berichtete davon, dort angehalten worden zu sein, weil sie das Rotlicht missachtet hatte. Sie war empört von der Höhe des Bußgeldes, welches ihr für das dort doch so „normale" Verhalten, welches man bei den anderen ja auch regelmäßig beobachten kann, aufgebrummt wurde. Genau diese Tatsache, dass fast alle Radler es dort für normal halten, über die rote Ampel zu fahren, lädt auf der anderen Seite die Polizei nachgerade ein, dort öfters mal Kontrollen durchzuführen. Schade, dass das Dilemma nicht auch von der Ordnungsmacht gesehen wird. Man könnte aufgrund der baulichen Mängel dort schließlich ein Auge zudrücken. Vielleicht funktioniert das aber gerade auch nicht, denn das Verhalten, zu dem man in einer solchen Straße gezwungen wird, färbt womöglich auch auf andere Straßen ab, in denen der Druck zum Ordnungsverstoß weniger groß ist.

Zurück zu den Geschichten. Ich denke, dass das Reden über solche Situationen ein gutes Mittel zur Erkenntnis sein kann. Gerade heute, an dem Tag, an dem ich das schreibe, habe ich ein Gespräch mit einer Beamtin eines Bundesministeriums gehabt. Ich berichtete ihr von den Überlegungen und davon, wie sich die Änderung der Norm in der Bockenheimer Landstraße vollzieht (die lokalen Erlebnisse sollen ja nur als Beispiele für die Problematik dienen). Daraufhin schilderte sie mir ein ähnliches Erlebnis aus Berlin. Sie war auf einer Allee am Prenzlauer Berg in einem Pulk von ca. 20 anderen Radfahrern unterwegs. Ich muss dazu sagen, dass sie auch mitteilte, erst kürzlich dort eine Wohnung gefunden zu haben. Sie war also mit der Strecke noch nicht so gut vertraut gewesen.

An einer roten Ampel blieb sie stehen. Die Folge davon war, dass es beinahe zu einem Auffahrunfall kam, weil niemand der hinter ihr Radelnden damit rechnete, dass noch irgendjemand diese Ampel beachten würde. Sie musste sich wüste Beschimpfungen dafür gefallen lassen, dass sie durch die Beachtung der allgemeinen Regel beinahe einen Unfall verursacht hatte. Auch dort war das Ausbilden neuer Normen offenbar schon abgeschlossen. In solchen Formen des Miteinanders erziehen wir uns gegenseitig. Ungeachtet dieses sozialen Mechanismus finden auf der Straße, unter der ich oft gelitten habe, ab und zu Verkehrskontrollen statt. Man muss aufpassen, wenn da irgendwo jemand mit einer Videokamera steht. In diesem Fall sollte man sich dringend an die StVO halten. Obwohl die „neue" Regel lokal ausgehandelt wird, dann kollektiv gilt und es schwerfällt, sich dagegen zu wehren, muss doch jeder individuell nach Erwischen die Strafe von mehr als 100 € und den Punkten in der Flensburger Datei tragen.

In einer Art Epilog zu diesem Kapitel möchte ich mitteilen, dass mittlerweile der Radwegzwang auf der Bockenheimer Landstraße aufgehoben wurde. Ferner wurden weiße Fahrräder auf die Autofahrbahn gemalt. Es ist zumindest jetzt legal möglich, die normale Straße zu benutzen. Nach meiner Beobachtung trauen sich das aber nur wenige. Es gibt auch einige Autofahrer, die kein Verständnis dafür haben, dass Leute nicht diesen Radweg benutzen (der offiziell keiner mehr mit einer Benutzungspflicht ist). Dieses Unverständnis führt des Öfteren zum unangemessenen Anhupen und manchmal dazu, dass die Radler bedrängt werden. Gleichzeitig zeigt es aber auch, dass kontinuierliche Missachtung von Regeln dazu führt, dass die ihnen zugrunde liegenden Verordnungen angepasst werden. An diesem Punkt treffen sich die beiden Beispiele wieder – das zu Beginn des Kapitels, wo es um die Benutzung von Einbahnstraßen in umgekehrter Richtung ging, und auch hier, wo es zumindest legal ist, auf die Straße zu fahren und zu überholen oder gar von Anfang an auf der Fahrbahn mit ihrem angenehmeren Belag zu bleiben.

Auch wenn es sich um die Schilderung einer lokalen Beobachtung handelt, steht diese stellvertretend für viele andere Beispiele einer nicht radgerechten Verkehrsplanung. Ähnliche Wege finden sich in zahlreichen anderen Städten auch. Der holprige und geschwindigkeitsreduzierende Belag des Weges ist in nahezu allen anderen Städten ebenfalls zu finden. Falls das nicht zutrifft, handelt es sich um eine Ausnahme. Worum es mir im vorangegangenen Abschnitt des Buches ging, war, den Mechanismus aufzuzeigen, der zu Verkehrsübertretungen führt. Die Klage, Radler würden sich über alle Regeln hinwegsetzen, hat also nicht zuletzt auch in solchen verfehlten Planungen und nichtfunktionalen Ausführungen ihren Ursprung. Eigentlich handelt es sich um nahezu notwendige Reaktionen auf eine falsche Stadtplanung.[3]

6.3 Sprache und das Fahrrad

Auf einen interessanten Umstand wurde ich durch einen Leserbrief an die Frankfurter Allgemeine Zeitung am 07.08.2023 aufmerksam. Die Autorin des Briefes monierte darin die Berichterstattung der Zeitung zu einem Unfall, bei dem ein Radfahrer schwer verletzt wurde. In dem Artikel ging es darum, dass ein Laster einen Radfahrer beim Abbiegen übersehen hatte. Der Radler stürzte und kam unter die Räder. Das, was die Leserbriefschreiberin stört, ist die Sprache: Es sei kein Laster gewesen, sondern der Mensch, der den Brummi steuerte, welcher den Unfall verursacht habe. Das ist richtig – sie kritisierte die Wortwahl in der Zeitung und meinte, dass man ja auch nicht schreiben würde, dass ein Fahrrad über die rote Ampel gefahren sei. Wodurch kommt diese Differenz zustande? Mir scheint, als habe dies etwas mit der Maschinenvermittlung zur Welt zu tun. Der Lastwagenfahrer war schließlich mit einem größeren technischen Gerät unterwegs. Er saß auf einem hohen Sitz, unter ihm ein großer Motor und die Lenkung funktioniert eben auch nur durch maschinelle Kraft. Dies nimmt dem Fahrer die Unmittelbarkeit, die beim Fahrrad noch gegeben ist. Der nur über eine technische Vermittlung steuerbare Laster ist viel abstrakter. Gleichwohl hat die Leserbriefschreiberin mit ihrer Kritik nicht unrecht. Es sind ziemlich viele Radler, die auf diese Weise in Mitleidenschaft gezogen werden. Das lässt sich vermeiden, denn es gibt bereits technische Einrichtungen, die den Fahrer warnen, wenn es zu so einer Situation kommt. Traurig ist nur, dass es etlicher totgefahrener Radler bedarf, bevor so etwas eingeführt wird. Mit den Regelungen um die Einbahnstraßen hat dies gemein, dass auch hier die Verordnungen sich erst ändern, wenn etwas passiert.

6.4 Wie schlau sind die Planer in Deutschland?

Ich habe mal in einer Reportage über das Radland Niederlande ein Interview mit einem Radwegeplaner im TV gesehen. Es war eine Dokumentation in einem der öffentlich-rechtlichen Programme. Er sagte, dass man dort schlau sei: Wenn man merke, dass die Radler an einer bestimmten Stelle über den Rasen führen würden, um sich einen Weg abzukürzen, so ändere man den Radweg auf eine Weise ab, die der Praxis entspreche. Schön so, dachte ich. Wäre doch toll, wenn so auch in Deutschland verfahren würde. Aber hier zieht man es vor, die weniger sachgemäße Überlegung der Planung durchzusetzen. Dabei versucht man die Abkürzungen, welche sich die Radler nehmen, zu unterbinden.

An einer Stelle in einem großen Park in Frankfurt, wo die radelnden Mitmenschen und auch ich immer so eine Abkürzung nahmen, liegen jetzt dicke Baumstämme. Diese Stämme erzwingen nun einen Umweg und das Durchfahren einer scharfen Kurve. Die scharfe Kurve ist unangenehm, weil man dazu seine Geschwindigkeit stark reduzieren muss. Nimmt man die Aussage des Niederländers zum Maßstab, kann man behaupten, dass die Behörden in Deutschland nicht so besonders schlau sind. Möglich auch, dass es die Verordnungen erzwingen, in solchen Fällen bürokratisch zu handeln. Mein Eindruck ist aber vielmehr, dass das Amt, welches für den Park zuständig ist, keinen Sinn für die Benutzung der Wege dort hat. Man fragt sich dann natürlich auch, für wen eigentlich die Parks angelegt wurden. Ging es darum, Ideen einer Landschaftsplanung zu verwirklichen, oder sind solche Grünflächen eher für die sie benutzenden Bürger gedacht? Abb. 6.5 zeigt einen Fall, in dem die Intention der Planung, man solle sich an die vorgegebenen Wege halten, unterlaufen wurde.

Abb. 6.5 Die Baumstämme, welche die Nutzung einer Abkürzung verhindern sollten, das Ziel aber offensichtlich nicht erreicht haben. (Foto: Christian Stegbauer)

Notes

1. Öfters werden die Kontrollen in der lokalen Zeitung sogar angekündigt. Wenn wirklich jemand die Zeitung vor Antritt der Fahrt liest, könnte sich diese Person entsprechend wappnen und das Rotlicht tatsächlich beachten.
2. https://www.bussgeldkatalog.org/einbahnstrasse-fahrrad/ (17.10.2022).
3. Mittlerweile gibt es Pläne, die hier ausführlich behandelte Straße radfreundlicher zu machen, indem man eine Spur für die Radler von der Fahrbahn abtrennt. Allerdings gibt es auch in der Frankfurter CDU Bedenken, dass den Autos zu wenig Platz übrigbliebe. Siehe Artikel: „Neuaufteilung für Radfahrer. CDU sieht Autoverkehr auf Bockenheimer Landstraße zu wenig berücksichtigt". Frankfurter Allgemeine Zeitung vom 04.12.2024, S. 5. Auch die FDP hat mittlerweile ihre Zustimmung für den radfreundlichen Umbau zurückgezogen und wieder erteilt, nach-

dem von den Grünen klargestellt wurde, dass der Vorrang für den Autoverkehr erhalten bleibt. Eine der Begründungen für das Nein zum Umbauplan lautete, dass es nicht sein könne, dass die Grünen so viele Projekte durchsetzen könnten. Siehe Artikel von Bernhard Biener und Mechthild Harting „Neuer Streit um Verkehr. Die Bockenheimer Landstraße ist diesmal der Anlass für Zwist in der Koalition" Frankfurter Allgemeine Zeitung vom 10.12.2024, S. 4.

Literatur

Popitz, Heinrich. 2006. *Soziale Normen*. Frankfurt a. M.: Suhrkamp.
Stegbauer, Christian. 2023. *Superschwache Beziehungen: Was unsere Gesellschaft kulturell zusammenhält*. Wiesbaden: Springer VS.

7

Aufeinander einstellen – die Orientierung an anderen

Wir stellen uns andauernd auf andere ein: Etwa dann, wenn wir anderen Leuten begegnen, wenn wir zu Fuß unterwegs sind. Wir zeigen auf dem Gehsteig mit unserem Körper an, an wem wir an welcher Seite vorbeigehen möchten. Das tun wir sogar meist gar nicht bewusst und danach gefragt, könnten wir wahrscheinlich gar keine Auskunft darüber geben, wie wir das machen. Groß ist die Unsicherheit immer dann, wenn das mit der Koordination einmal nicht klappt. Dann steht man plötzlich vor einer fremden Person, will links ausweichen, die andere Person hat den gleichen Gedanken und schwenkt in die gegenteilige Richtung, die nun aber auch die eigene ist. Um sich aus dieser Lage zu befreien, geht das noch eine Weile auf diese Weise mehrmals hin und her. Es dauert etwas, bis ein Ausweg gefunden wird. Manchmal wird das dann sogar richtig lustig und man lacht wegen des Problemchens miteinander. Ein anderes Mal ärgert es uns vielleicht, wenn wir es eilig haben. Normalerweise deutet man an, an welcher Seite man passieren möchte. Die anderen nehmen die Bewegung wahr und begeben sich ebenfalls etwas zur Seite, damit wir nicht kollidieren. Dieses Arrangement mit den Fremden findet meist bereits in einigen Metern Entfernung statt.

Das Ganze klappt dann nur erschwert, wenn eine beteiligte Person nicht die übliche Aufmerksamkeit dem Verkehrsgeschehen zwischen den Fußgängern widmet. Das ist beispielsweise dann der Fall, wenn jemand in sein Handy schaut oder gar telefoniert. Dann ist es zwar noch möglich zu laufen, aber gleichzeitig zu beobachten, was um einen herum geschieht, ist schwierig. Entsprechend klappt das vorausschauende Ausweichen nicht mehr gut genug. Wenn einem Leute mit Handy an der Wange begegnen, muss man also sehr vorsichtig sein. Etwas ganz Ähnliches begegnet uns aber auch, wenn wir auf dem Rad sitzen. Diejenigen im Auto versuchen vorzuahnen, wie man sich verhält, und umgekehrt. Das gilt aber nicht nur für die Autofahrer, genauso machen es sowohl die Fußgänger als auch die anderen Radfahrer. Irgendwie arrangieren wir uns ständig miteinander. Wir müssen das, um das totale Chaos zu vermeiden.

Dieses Verhalten ist extrem wichtig, weil wir alle Fehler machen und manche Dinge im Straßenverkehr nicht ganz korrekt einschätzen. So passt der andere meist auf, wenn ich ihm mal versehentlich die Vorfahrt nehme. Letztens ist mir so etwas passiert, nach einer Lehrveranstaltung noch voller Eindrücke von den letzten eineinhalb Stunden, stand ich an einer roten Ampel. Als das Verkehrslicht auf Grün wechselte, fuhr ich unvermittelt los. Was ich aber übersehen hatte, war, dass es sich nicht um das Licht für mich und meinen Weg geradeaus handelte, sondern um das für die Rechtsabbieger. Wenn der Mopedfahrer mir nicht ausgewichen wäre und der nachfolgende Autofahrer nicht stark gebremst hätte, wäre ich wahrscheinlich von beiden erwischt worden. Es tat mir leid, ich war einen Moment unkonzentriert und schon entstand Gefahr. Zum Glück waren die anderen in diesem Moment aufmerksam und ich muss mich bei diesen beiden Verkehrsteilnehmern bedanken. Mir unterlief ein Fehler und sie konnten diesen für mich mit ausbügeln. Sicherlich ärgerten sich beide, vielleicht waren sie sogar leicht geschockt. Wir kennen solche Situationen aber alle. Wie häufig kommt es zu solchen Beinaheunfällen, bei denen es gekracht hätte, wenn der andere genauso unkonzentriert gewesen wäre wie man selbst. Ich nenne das eine doppelte Absicherung, die dabei hilft, das Fehlverhalten von den anderen auszugleichen. Dieses Prinzip hat mich schon öfters gerettet und somit vor Unfällen bewahrt – und natürlich habe ich auf diese Weise auch immer mal andere davor bewahrt, dass so etwas passiert.

7 Aufeinander einstellen – die Orientierung an anderen

7.1 Andere denken für uns mit

Ein damit zusammenhängendes Phänomen beobachte ich öfters einmal: nämlich, dass sich manche krass gefährlich fahrenden Radler dieses Aufeinanderachtgeben zunutze machen und sich auf das Mitdenken der anderen verlassen. Da kann es sein, dass man schnell rechts überholt wird, obwohl der Platz dazu eigentlich nicht ausreicht. Das ist mir jedenfalls selbst schon so passiert. Wieder andere unserer Zeitgenossen möchten uns im Verkehr disziplinieren, indem sie klingeln, hupen, etwas sagen oder schreiend schimpfen. Mir hat schon mal ein entgegenkommender Radfahrer zugerufen, dass meine Lampe, die, seit es die Nabendynamos gibt, immerzu leuchtet, zu steil eingestellt sei und blende. Eigentlich muss die Lampe so positioniert sein, dass sie nicht zu weit vor dem Rad auf den Boden scheint und nicht die anderen mit ihrer Helligkeit beeinträchtigt. Natürlich habe ich meine Lampe danach ein wenig verstellt. Seitdem stört es mich noch mehr als früher, wenn ich von anderen Rädern geblendet werde. Ich überlege mir jetzt immer, beim Vorbeifahren etwas zu diesen zu sagen. Mittlerweile ist die Leuchtkraft der Fahrradbeleuchtungen viel stärker geworden, sodass das Blenden wirklich zum Problem werden kann. Die Lampen helfen tatsächlich mit, dass man sich im Dunkeln nicht mehr so verloren vorkommt. Leider gibt es immer noch zu viele Radler, die gänzlich ohne Beleuchtung unterwegs sind.

Früher war es mir schon passiert, dass ich im Dunkeln auf einer Autostraße so schnell gefahren bin, dass der Dynamo eigentlich zu viel Strom produzierte. Es handelte sich um ein Lichtmaschinchen, welches man hinter dem Tretlager an der Unterseite des Rades festschraubte. Es lief in der Mitte des Reifens und nicht an der Seite, wie das bei den gewöhnlichen Dynamos damals meist der Fall war. Möglich, dass dieses Teil etwas mehr Elektrizität erzeugte als die normalen Stromerzeuger. Es wurde damit für die zu dieser Zeit üblichen Verhältnisse ordentlich hell. Leider geschah es auf dieser Landstraße letztlich auch, dass der dünne Glühfaden der Minibirne durchbrannte. Der Rest des Weges wurde dann ziemlich gefährlich, weil die Landstraße, auf der ich unterwegs war, natürlich nicht von einer Straßenbeleuchtung erhellt wurde. In der nächsten Stadt, meinem eigentlichen Ziel, wollte mich dann tatsächlich noch ein Polizist deswegen anhalten. Allerdings bin ich einfach weitergefahren, ich ärgerte mich ja schon selbst über das Malheur. Mir war das Problem schließlich klar, aber ich hatte auch keine Idee für eine andere Lösung. Zum Schieben war der Weg, den ich vorhatte, eindeutig zu weit. Ich denke auch, dass das nicht ungefährlicher gewesen wäre. Ich hätte mich viel länger im Gefahrenbereich aufgehalten. Eine Alternative zum Radeln gab es also nicht. An der Uni in Frankfurt ist vor einigen Jahren ein Radfahrer ums Leben gekommen. Er hatte offenbar in der Dunkelheit auf einem der abschüssigen Wege nicht mit einigen Treppenstufen gerechnet. Ein weißes Rad erinnert auch noch nach mehreren Jahren an den tragischen Vorfall.

7.2 Schwimmnudel als Abstandhalter

Wie manche Radfahrer mit dem Problem des zu dichten Überholens umgehen, wurde uns in einem Interview erzählt: Es gibt wohl ein paar Radler, denen die Autofahrer bei ihren Überholmanövern zu dicht auf die Pelle rücken. Aus eigener täglicher Erfahrung kann ich sagen, dass das einem viel zu häufig passiert. Es wird der eigentlich vorgesehene Überholabstand nicht eingehalten. Bisher ist es immer gut gegangen, es erschreckt einen aber. Eigentlich fühlt man sich auch bedroht. Man atmet dann auf, wenn das Auto vorbei ist, und der Schreck sitzt einem danach noch eine Weile in den Gliedern. Es kommt selten vor, aber es gibt die Radler, die sich eine Schwimmnudel auf dem Gepäckträger befestigen und diese so ausrichten, dass sie links 1,5 m herausschaut und den Autos den gesetzlich vorgeschriebenen Mindestabstand markierten. Zumindest wurde uns in einem Interview von einer solchen Person berichtet. Auf diese Weise sollen die Fahrer der Blechkisten vom Überholen auf zu engen Straßen abgehalten werden. Nach dieser Regelung sind fast alle Anliegerstraßen, in denen auch geparkt werden darf, zu eng, um einen Radfahrer zu überholen.

Erst kürzlich wurde in einem Urteil zu einem Dooring-Unfall gerichtlich festgestellt, dass Radler keinen Mindestabstand mehr zu den parkenden Autos einhalten müssen. Dooring-Unfälle passieren, wenn die Autoinsassen nicht auf die Radler aufpassen und die Tür in ihrem Auto plötzlich öffnen. Bis dahin wurde den Radfahrern im Falle solcher Unfälle

7 Aufeinander einstellen – die Orientierung an anderen

sogar eine Mitschuld aufgebürdet. Es wurde argumentiert, sie seien zu eng an den parkenden Autos vorbeigefahren. In solchen Straßen wird man allerdings von, auf Überholung drängelnden, Autofahrenden häufig an den Rand gedrängt. Wenn man nun die 1,5 m Überholabstand auf der linken Seite des Fahrrades nehmen und dazu noch die mindestens 75 cm Abstand – besser einen Meter – zu den parkenden Autos und dann noch die Breite der Autos und ihren Sicherheitsabstand nach links miteinberechnet, dann sind in den Wohngebieten der Städte eigentlich gar keine Überholvorgänge zwischen den unterschiedlichen Arten von Verkehrsteilnehmern mehr möglich. Dazu sind die Straßen einfach zu schmal, zumal diese durch die parkenden Autos, oft an beiden Seiten, noch weiter verengt werden. Die Möglichkeit für Räder, die Einbahnstraßen in beide Richtungen zu benutzen, tut ihr Übriges. Die Folge davon ist, dass mehr und mehr Autofahrer in diesen Gebieten die Geduld aufbringen müssen, hinter den langsamen Radlern herzutuckern. Öfters müssen sie außerdem anhalten, um entgegenkommende Radler vorbeizulassen.

Zwischendrin, während ich das schreibe, bin ich zu einem Meeting an die Uni gefahren. Tatsächlich überholte mich eine Autofahrerin in einem Kleinwagen mit minimalstem Abstand. An der nächsten Ampel musste sie stehen bleiben, sodass ihr das riskante Überholmanöver nicht einmal einen Vorteil brachte. Meine Reaktion? Ich zeige den Abstand nach dem Überholen mit dem linken Arm an und hoffe, dass die Autofahrerin meine Geste im Rückspiegel sieht. Ich ärgere mich über ihre Ungeduld. Andererseits habe ich nun für diese Stelle des Buches eine Anekdote mehr, die ich hier aufschreiben kann. Allerdings kommen solche Situationen so oft vor, dass ich diese konkrete Situation sicherlich bald wieder vergessen werde. Dafür addieren sich neue Beispiele hinzu, die alle am guten Miteinander zwischen den unterschiedlichen Verkehrsteilnehmern nagen. Man ist nun mal völlig ohne Knautschzone unterwegs. Man kommt schneller in Nöte als im geschützten Auto. Im Gegensatz dazu sind die Pkws über die Zeit durch Crashtestoptimierung für die Insassen ziemlich sicher geworden.

Einmal an einem Tag im Winter war der Radweg an manchen Stellen glatt. An einer Einfahrt zur Tiefgarage eines Bürogebäudes achtete ein Autofahrer nicht auf den Radweg, er schnitt mich, was mich schließlich auf der eisglatten Oberfläche zu Fall brachte. Das war ihm offenbar egal oder er nahm den Vorfall nicht einmal wahr. Er hielt nicht an und verschwand in der Tiefgarage, während ich mich mühsam wieder aufrappelte. Ich war auf einem Fahrradweg unterwegs, der leicht erhöht, aber direkt an der Straße entlangführte. Der Autofahrer bog rechts ab und ich musste versuchen mich mit einer Notbremsung zu retten. Es misslang; also kam es zum anschließenden Sturz. Zum Glück passierte mir nicht viel, mir blieben von diesem Vorfall ein paar Hämatome an den Beinen und eine mehrere Tage schmerzende Hand. Ein unglücklicherer Sturz hätte schlimmer ausgehen können. Abgesehen davon, dass manche Autofahrer sich bewusst radfahrerschädigend verhalten, etwa indem sie die Möglichkeit ihrer Überholung auf der rechten Seite an der Ampel verhindern, indem sie ganz rechts an den Straßenrand heranfahren. In den meisten Fällen klappt das Aufeinandereinstellen aber ganz gut. Nach meinem Eindruck ist das in der Stadt in den letzten Jahren etwas besser geworden. In manchen, unglücklichen Fällen reicht aber ein einziger rücksichtsloser Fahrer aus, um für einen Radfahrer eine Katastrophe auszulösen. Die Fahrzeuglenker kommen bei diesem Kräftemessen in aller Regel maximal mit einem minimalen Blechschaden davon. Für den Radler jedoch haben solche Kollisionen oft schwerwiegende, wenn nicht sogar tödliche Folgen.[1]

Sehr freundliche Autofahrer bleiben auch mal stehen, damit es nicht zu eng wird. Bei diesen bedanke ich mich meistens, indem ich ihnen winke oder zunicke. Wenn ich gut drauf bin, auch mal mit einem Lächeln. Wenn dann zurückgelächelt wird, hebt dies die Laune beider. Das schöne Gefühl hält oft sogar noch eine ganze Zeit danach an. Ich frage mich dann, warum wir nicht freundlicher miteinander umgehen, mehr gegenseitig aufeinander Rücksicht nehmen. Dennoch enden Situationen im Verkehr viel zu oft mit Aggressionen.

7.3 Poleposition an der Ampel

Als aufmerksamer Leser bzw. Leserin haben Sie bemerkt, dass ich es nicht gerne habe, wenn jemand langsamer als es meiner Normalgeschwindigkeit entspricht, vor mir herfährt. Ich versuche also, langsame Radler zu überholen. Das ist im laufenden Verkehr oft nicht leicht. Besonders

7 Aufeinander einstellen – die Orientierung an anderen

dann, wenn Autos entgegenkommen. Besser ist es, solche Situationen schon im Vorhinein zu vermeiden. Das geht am besten, wenn die anderen gar nicht fahren, sondern stehen, etwa an der Ampel. In dieser Situation schaue ich mir die anderen genau an. Hm, das klingt jetzt so, als würde ich mir beim Warten lange Gedanken über die anderen machen. Das stimmt nicht ganz, denn das, worauf es ankommt, geht ganz schnell. Ich schätze also ab, auf welchen Arten von Rädern diese sitzen. Wie sind sie gekleidet? Sind sie sportlich bekleidet, sodass ich sie als routinierte Radler identifiziere? Sind es gar Leute auf Rennrädern? Handelt es sich um Radkuriere? Sind sie mit einem E-Bike ausgestattet? Wie ist ihre Physiognomie? Wie ist ihr Alter? Welchem Geschlecht gehören sie an? Mit Hilfe der superfixen Überprüfung solcher Kriterien versuche ich mich zwischen den anderen einzuordnen. Wem traue ich es zu, genauso schnell zu fahren wie ich selbst oder gar schneller? Hinter wem von den Wartenden würde ich wahrscheinlich herfahren und viel Geduld bis zur nächsten Überholmöglichkeit beweisen müssen? Die Einordnung geschieht sehr schnell, sodass ich auch manchmal danebenliege. Ich versuche nun eine Position zu finden, die es mir erlaubt, an der Ampel relativ zügig loszukommen und nicht langsamer als die anderen zu sein.

Zusammen mit Studierenden haben wir in einem Forschungsseminar solche Konstellationen an Ampeln beobachtet. Natürlich hängt das Verhalten auch von den Gegebenheiten im Bereich der Verkehrslichter ab. Haben die Radler viel Platz oder geht es eng zu, weil gleich daneben Autos zum Stehen gekommen sind? Manchmal wird den Radfahrern ja Raum vor den anderen Fahrzeugen eingeräumt, in dem diese sich aufstellen können. Wenn wenig Platz vorhanden ist, so unsere Beobachtungen, passiert das, was wir auch aus dem Autoverkehr kennen. Diejenigen, die zuerst die Ampel erreichen, stehen vorne, den Nachfolgenden bleibt nichts anderes übrig, als sich dahinter einzureihen. Wenn der Radweg schmal ist und auf der Straße viel Verkehr ist, dann disziplinieren die Umstände die Velozipedisten und zwingen sie, in der Reihe zu bleiben. Es bildet sich dann eine Schlange.

Je nach Situation stellt sich die Lage manchmal auch etwas anders dar. Dort etwa, wo vor der Ampel auf der Straße ein breiter Raum für die Radler vor den Autos angezeichnet ist und sich dadurch eine Verbreiterung ergibt. Dieser Raum nun steht für die Positionierung im Verhältnis zu den anderen zur Verfügung. Dann fahren manche schon mindestens gleichauf mit älteren Radlern, so haben wir es beobachtet. Diese Bejahrteren starten dann langsam und die Sich-fitter-Fühlenden versuchen auf der Kreuzung noch möglichst schnell an ihnen vorbeizuflitzen, damit sie nicht auf dem bereits antizipierten schmalen Radweg hinter den Gemächlichen gefangen sind.

Ganz ähnlich ist es an einer bestimmten Stelle in der Innenstadt. Dort erwischt man die Grünphase der nächsten beiden Ampeln nur dann, wenn man zügig losfährt und dann relativ schnell bleibt. Nach der Ampel gibt es keine Möglichkeit für ein Überholmanöver, weil der von der Fahrbahn abgetrennte Radweg zu schmal dafür ist. Damit die Autos nicht den eingezeichneten Radweg mitbenutzen, wurde dieser dort von der Fahrbahn so abgeteilt, dass Autos die Begrenzung nicht überfahren können. Die Konsequenz davon, sich nicht in die gewünschte Reihung bringen zu können, ist also, dass man kurz nach der ersten Wartezeit erneut vor einer roten Ampel stehen bleiben muss. Etwas, was nicht nötig gewesen wäre, wenn die anderen etwas mehr auf die Tube gedrückt hätten oder man den richtigen Ausgangsplatz hätte erwischen können. Wenn man die Situation kennt und öfters dort entlangfährt, fühlt sich die nächste oder übernächste rote Ampel schlimmer an, als das in Wirklichkeit ist.

Einige Radler fahren in Voraussicht darauf, dass sie blockiert werden könnten, auf die rechte Abbiegespur, obwohl sie danach geradeaus weiterfahren möchten. Auf diese Weise gelingt es ihnen, die Warteschlange an Radlern zu umfahren und bei schnellem Starten, wenn die Ampel auf Grün springt, vor den Radlern der Schlange in dem schmalen Teilstück zu sein. Solche Radelnde trauen sich zu, flinker als der Rest zu sein. In solchen Fällen müssen die anderen gar nicht auf die beschriebene Weise begutachtet werden. Diese Leute sind fix unterwegs und das wissen sie. Es kann natürlich vorkommen, dass auch Radler in der Schlange so schnell fahren würden, die haben aber, einmal aufgereiht, kaum noch eine Chance, nach vorne zu kommen. Allenfalls im Bereich der Fahrbahn auf der Kreuzung ist es möglich, einen Langsamfahrenden noch schnell hinter sich zu lassen. Die Situation mit der Engstelle ist natürlich auch nicht ganz ungefährlich, wenn daraus solches Verhalten entsteht. Dennoch haben wir solche Positionierungen nicht nur dort beobachtet. Im Prinzip findet das an jeder Ampel statt, an der mehr als ein Radler wartet.

7.4 Wissen vermeidet Stürze

Es ist aber nicht nur das Verhalten im ruhenden Verkehr an der Ampel und auf dem Weg zu ihr hin und von ihr weg, wo die Einzelnen sich auf die anderen einstellen und mit ihnen zurechtkommen müssen. Ein extremes Beispiel ist die Tour de France, bei der 176 Fahrer sich auf engstem Raum bewegen. Zwar kommt es auch hier immer wieder zu Stürzen, aber die Fahrer wissen, wie man sich verhält, um Unfälle im extrem gefährlichen Umfeld möglichst zu vermeiden. Sie besitzen Kenntnis davon, wie sich der Abstand in verschiedenen Situationen reguliert. In schnellen Rennsituationen zieht sich das Feld auseinander, wenn es gemächlich angegangen wird und die Straße ist breit genug, dann fahren zahlreiche Profis nebeneinander. Sie tun das sehr, sehr dicht und orientieren sich dabei immer an den Fahrern neben und vor ihnen. Kommt es tatsächlich mal zu einem Unfall, dann sind die Nachfolgenden immer mitinvolviert, in einer solchen Masse gibt es kein Entrinnen. Für solche Profis sind Stürze normal und es gibt am Ende der drei Wochen kaum Fahrer, die nicht mindestens einmal in ein solches Ereignis verwickelt waren. Der Rennsport ist gefährlich.

Viele Mannschaften versuchen, sofern sie die Kraft besitzen, die für sie wichtigsten Fahrer, ihre Kapitäne, zu schützen. Das geht dadurch, dass sie sich an die Spitze des Feldes setzen und so den Dominoeffekt vermeiden. Wenn vor einem kein anderer mehr oder nur noch der eine Teamkamerad fährt, kann man auch nicht vom Sturz anderer in Mitleidenschaft gezogen werden. Dennoch ist es ein Wunder, dass nicht mehr solcher Unfälle passieren. Es wird gesagt, dass das an der langen Erfahrung der beteiligten Profis liege, die wissen, wie man mit solchen Massenrennsituationen umgeht.[2] Zwar mögen die Fahrer bis zu einem gewissen Punkt Auskunft geben über die Art und Weise, wie man sich im Feld verhält, darüber, was man nicht tut, wie man einen Richtungswechsel anzeigt oder wie mitgeteilt wird, wenn man überholen möchte. Ein Großteil dieses Wissens entsteht durch Erfahrung in vielen, vielen Rennen. Ein gar nicht so kleiner Teil der Kenntnisse ist nicht explizierbar. Es handelt sich um sogenanntes implizites Wissen, welches man auch „tacid knowledge" nennt (Polanyi 2016). Gleichzeitig ist das ein gutes Beispiel für die sich im Verhalten widerspiegelnde Kultur, welche der Radsport mit der Zeit hervorgebracht hat.

7.5 Die Fachsprache

An manchen Stellen können wir als Beobachter etwas von der Kultur rund um Radrennen aufschnappen. Ein Merkmal dieser Kultur sind Fachbegriffe, die nur denjenigen kennen, die mitmachen oder wirkliches Interesse daran haben. So hat sich als Term für das rote Tuch, welches den letzten Kilometer anzeigt, „Teufelslappen" für den französischen Begriff „flamme rouge" eingebürgert.[3] Wenn beim Sturz größerflächig Haut abgeschürft wird, so benennen die Fahrer das mit dem Begriff „Tapete verlieren" (Seaton 2003, S. 300). Wenn ein Rennradler im Verlauf des Wettbewerbs zu wenig gegessen hat und dadurch einen Leistungseinbruch erfährt, so kämpft er mit einem „Hungerast". Diesem kann man durch rechtzeitige Kalorienaufnahme entgegenwirken.

Das sind nur einige der Begriffe, die anzeigen, dass rund um solche Rennen eine Kultur besteht. Kultur ist aber immer etwas Soziales, was über Gespräche, über Beobachtungen und natürlich in den Teams weitergegeben wird. Die Tatsache, dass die sportlichen Leiter, die Trainer, die Masseure und viele andere Zugehörige zum Rennbetrieb früher auch schon einmal um die Siege mitgefahren sind, stellt sicher, dass solche Begriffe von Generation zu Generation übertragen werden. Die Angehörigen in den Rennställen (auch das ist schon so ein Begriff) kann man als Zeremonienmeister der Rituale rund um den Radsport ansehen. Sie sagen den jungen Aktiven, wo es langgeht, wie man sich in bestimmten Situationen zu verhalten hat. Das bezieht sich auf das Verhalten rund um die Rennen, aber auch auf die Rennen selbst. Sie motivieren die Fahrer, sie geben taktische Anweisungen, sie entscheiden über die Stallorder, etwa, ab wann ein Helfer auf einen eigenen Etappensieg fahren darf oder ob der Fahrer sich zurückfallen lassen muss, obwohl er in einer aussichtsreichen Position war. Das kann dann passieren, wenn der Kapitän Unterstützung benötigt.

Zu den Fachbegriffen gehört aber auch das Benennen können von Radteilen, beispielsweise dann, wenn sie defekt sind. Nun haben alle Berufe eine Fachsprache hervorgebracht. Wenn ich da an die eigene Profession denke, so gibt es Soziologen, die so kompliziert reden, dass ich es selbst kaum verstehe. Das gilt natürlich auch für die Leute, die sich mit

7 Aufeinander einstellen – die Orientierung an anderen

Autos beschäftigen. Als ich einmal mit einem Freund einen Silvesterabend auf einer öffentlichen Party in Hamburg verbrachte, sang die Stimmungsband auf einen lateinamerikanischen Rhythmus „Verteiler-Verteilerfinger, Verteiler-Verteilerfinger – und Auto ist kaputt". Früher wussten alle Autofahrer, was damit gemeint war. Nun, die Party liegt sicherlich auch schon weit über 40 Jahre zurück. Bei neueren Autos muss man oft gar nicht mehr wissen, wie die Motorhaube aufgeht. Aber bei Fahrrädern? Worüber muss man dort Bescheid wissen? Meine Frau hat sich jahrelang über den Begriff für den am Rad unbedingt notwendigen „Sattelstützklemmbolzen" lustig gemacht. Schließlich handelt sich ja um ein ähnlich zusammengesetztes Wort, wie wir dies von der berühmten „Donaudampfschifffahrtskapitänsmütze" her kennen. Wobei dieser Begriff sogar aus noch einem Wort mehr gebildet wird. Aber so spaßig ist das gar nicht, jedenfalls nicht für alle Beteiligten: Wenn jemand, der sich gar nicht auskennt, in die Fahrradwerkstatt kommt und dem Mechaniker erklären möchte, was für ein Defekt vorliegt, wird es manchmal schwer.

Wir (also meine Studierenden im Seminar) haben ja Interviews in Fahrradgeschäften durchgeführt, um etwas über den Radmarkt zu lernen. Ein Student beobachtete die Szene, von der hier die Rede ist. Der Mechaniker grinste genussvoll bei dem vergeblichen Versuch einer Kundin, das vorliegende Malheur zu beschreiben. Der Radexperte ließ sie auflaufen. Vielleicht auch, weil der Student anwesend war und dadurch die Aufführung sogar vor Publikum stattfand. Erst nach einer Weile, nachdem er genug vom dreisten Spaß hatte, ließ er sich herab und schaute sich das Rad vor der Tür des Ladens an. Wenn man also nicht in eine solche Falle tappen möchte, sollte man zumindest einige Teile des Fahrrades kennen. Man muss sich also auch hier an jemandem orientieren, obwohl man es vielleicht gar nicht möchte. Alternativ sucht man sich eine Fahrradwerkstatt mit freundlicherem Personal. Allerdings muss ich an einer Stelle den Mechaniker doch noch in Schutz nehmen. Der Student berichtete nämlich, dass der Inhaber des Radladens einen sehr kostengünstigen Reparaturvorschlag machte und nicht auf den Austausch des defekten Teils bestand. Nun, auch die günstige Reparatur hatte offenbar einen Preis, wenn auch in einer anderen Dimension.

7.6 Orientierung an anderen über das Navi

Noch einmal zum Rennen zurück: Es gibt auch Rennen, die ohne Mannschaft gefahren werden. Dazu zählen Triathlons oder Weitstreckenrennen. Ein Beispiel dafür sind Wettbewerbe, die mit Gravelbikes bestritten werden und manchmal über irre Distanzen führen. Hierzu zählt das Transcontinental Race, welches von Roubaix nicht nach Paris führt, wie der berühmte Klassiker der Frühjahrstagesrennen. Nein, dieses Rennen, von dem ich hier berichte, reicht bis nach Istanbul[4] über eine Strecke von 4000 km. Die Fahrer sind zwar im Rennen auf sich gestellt. Sie können jedoch auf ihren Radcomputern nachverfolgen, wo sich die anderen Teilnehmer gerade befinden. Dieses Wissen kann in unterschiedliche Richtungen wirken. Einerseits mag es motivieren, sich noch mehr anzustrengen, die Nacht durchzuradeln oder nur eine ganz kurze Pause einzulegen. Andererseits kann es aber auch das Gegenteil bewirken, zu wissen, dass schon etliche andere vor einem liegen. Die Kenntnis, diese kaum mehr einholen zu können, kann demotivieren und einem Blei in die Beine schießen lassen. Also selbst dann, wenn die anderen im Feld gar nicht sichtbar sind, wenn man nicht deren Windschatten nutzen kann, wenn man keine Helfer zur Verfügung hat, sorgt hier die Technik dafür, dass eine Orientierung an den anderen erfolgt.

Das Soziale wirkt hier direkt auf den Einzelnen, indem es je nach Situation Flügel verleiht oder für eine bleierne Schwere der Muskulatur sorgt. Die Auswirkung der Technik ist sehr direkt nachvollziehbar. Aber wenn man so ein Rennen fährt, sind die anderen auch ohne Technik immer präsent. Man orientiert sich an diesen, auch wenn sie nicht sichtbar sind. Man überlegt sich, auf welcher Position man sich ungefähr befindet und ob man noch ein paar Plätze gutmachen kann. Ein Leistungsvergleich, zu dem hier angesichts der gar nicht geringen Wahrscheinlichkeit einer Reifenpanne, eines anderen Defekts oder anderer Widrigkeiten auch ein gewisses Maß an Glück kommen muss, um einen der vorderen Plätze zu belegen, ist ja per se schon etwas Soziales.

Das Interessante ist hier jedoch, dass die anderen im Moment der Leistungsabgabe gar nicht anwesend sind. Man kann sich solche Wettbewerbe noch etwas extremer vorstellen. Beim Versuch, einen neuen Stundenweltrekord aufzustellen etwa. Dabei geht es darum, innerhalb

7 Aufeinander einstellen – die Orientierung an anderen

einer Stunde auf der Radbahn so viel Strecke wie möglich zurückzulegen. Man fährt also gegen die Uhr. Der alte Rekord markiert das Level, welches überboten werden soll. Das bedeutet aber, dass man sich nicht wirklich mit der Uhr misst, sondern mit den vorhergehenden Rekordhaltern. Womöglich geht es dabei nicht alleine darum, einen Eintrag im Guinness-Buch zu erhalten, in der Presse mit den Sponsoren genannt zu werden oder eine Prämie zu bekommen. Es handelt sich auch hier um einen Wettbewerb, bei dem man diejenigen schlagen will, die zuvor den Rekord gehalten haben. Möglicherweise möchte man es den Vorgängern persönlich zeigen. Es ist dann zu beweisen, dass man besser ist als die alten Weltmeister.

Nun, um einen solchen Rekord bin ich natürlich noch nie mitgefahren und dies wäre mit Sicherheit auch aussichtslos. Indem ich mich aber versuche in die Rekordversuchsteilnehmer hineinzuversetzen, kann ich etwas davon nachfühlen. Diese Idee orientiert sich an dem theoretischen Modell von Alfred Schütz (1971, S. 12) zur Reziprozität der Perspektive. Erst diese macht es möglich, andere überhaupt zu verstehen. Wir nehmen dabei an, dass wir, wenn wir den Platz des anderen einnehmen würden, in derselben Distanz zu den Dingen stehen und die typischen Dinge sehen, die der andere auch sieht. Die Dinge des anderen würden darüber hinaus für uns in Reichweite kommen, also solche Dinge, die für uns vom momentanen Standpunkt aus nicht erreichbar wären. Das gilt etwa für die Erreichbarkeit eines solchen Rekords wie der, von dem gerade berichtet wurde.

Eine zweite Annahme zu dieser Erklärung muss noch hinzukommen. Sie nennt sich die „Kongruenz der Relevanzsysteme". Damit ist gemeint, dass uns dieselben Dinge wie dem anderen wichtig sind (oder wir das glauben). Voraussetzung dafür ist, dass wir die biografische Situation des anderen, all das, was uns sowieso nicht zugänglich ist, für den Moment des Tausches der Perspektiven ausblenden.[5] Hier haben wir also eine soziologische Begründung dafür, dass es möglich ist, etwas über andere anzunehmen, ohne selbst in der Situation zu stecken und ohne genaue Auskunft von den Personen über deren Motive zu bekommen. Dabei wären die geäußerten Motive sowieso skeptisch zu betrachten, hätte doch ein Interview auch eine soziale Komponente. Wir wissen, dass sich Interviewte durchaus in ihren Begründungen nach den Fragenden richten (oder einer Annahme darüber, was die Fragenden hören wollen). So sind Begründungen, wie wir sie in Motivabfragen erhalten, immer auch sozial und müssen mit dem tatsächlichen Verhalten nicht unbedingt übereinstimmen.[6]

Persönliche Konkurrenz etwa würde man in einem Interview wahrscheinlich gar nicht angeben, schließlich könnte das bedeuten, dass die damit verbundenen negativen Gefühle gegenüber jemand anderem offenbar würden. Das wiederum könnte mögliche zukünftige Kooperationen ausschließen. Angenommen, man würde für die Mitarbeit in einem Rennstall verpflichtet, der die andere Person auch unter Vertrag hat. Hierbei geht es nicht einmal nur um persönliche Animositäten. Eine negative Beziehung zu einer bestimmten Person kann durchaus weitere Beziehungen in Frage stellen. Wissenschaftlich wissen wir das etwa aus der Theorie der Strukturellen Balancierung (Cartwright und Harary 1956; Davis 1977). Über diese Regel wissen aber auch diejenigen Bescheid, die sich nicht für die Sozialwissenschaft interessieren. Sie kennen sich intuitiv damit aus oder haben bereits einmal Bekanntschaft damit gemacht. Auch das gehört zum tacid knowledge (siehe oben), zum impliziten Wissen von erwachsenen Menschen, weswegen sie in bestimmten Situationen vorsichtig sind, über Abneigungen zu reden. Das Fachwort hierfür ist Beziehungsambiguität (Collins 2005; Stegbauer 2010).[7] Damit ist gemeint, dass wir uns anderen direkt gegenüber nur selten dazu verleiten lassen, die Beziehung genau zu bezeichnen. Wichtiger noch als die Scheu, die Zuneigung dem anderen zu offenbaren, ist die Abneigung davor, negative Beziehungen bloßzulegen. Stattdessen lassen wir lieber die Beziehung im Ungefähren.[8]

Nun wollen wir nicht bei der Tour mitfahren. Dabei wäre der Wunsch vielleicht sogar vorhanden, die Masse der Leserinnen und Leser und auch der Autor selbst sind dafür leider zu schlapp. Vielleicht sind Sie auch (wie ich selbst) zu alt oder fühlen sich so. Auf jeden Fall sind Sie, sind wir nicht trainiert genug, um teilzunehmen. Wir können nicht mehr tun, als die Fahrer zu bewundern. Eine kurze Bitte zwischendrin: Sollte ein Profi, der schon einmal die Tour gefahren ist, den Text hier lesen, bitte ich um die Übermittlung einer Autogrammkarte! Rennen fahren ist eine sehr harte Sache. Einer meiner Cousins begann mal in sehr jungen Jahren damit, hörte dann aber nach dem ersten Sturz gleich wieder auf und kon-

7 Aufeinander einstellen – die Orientierung an anderen

zentrierte sich dann aufs Autorennen, wo er in einer sehr speziellen Subdisziplin sogar Europameister wurde.

Nun, selbst wenn es nicht das Ziel ist, Rennen zu fahren, auch im Alltag macht Radfahren Spaß. Und um den Alltag mit seinen Millionen kleinen Rennen geht es mir hier viel mehr als um die Profis. Mir geht es um die Orientierung an den anderen. Beispiele habe ich auch aus eigener Anschauung aus Holland. Ich war mehrere Male in Holland. Zum Beispiel war ich einmal zu einer Konferenz in Utrecht. Dazu brachte ich das Fahrrad im Auto mit. Ich war überwältigt von der großen Anzahl an Radlern und ehrlich gesagt fiel es mir ziemlich schwer, mich morgens im Gewusel des Berufsverkehrs zurechtzufinden. Wie die Richtung angezeigt wird, wie man wo fährt, all das war neu und ich konnte nicht in der gleichen Selbstverständlichkeit und auch nicht in derselben Schnelligkeit wie die anderen reagieren. In dieser Stadt sind so viele Radler unterwegs, das ist unglaublich. Auch hier gibt es eine Kultur, die sich mit der Zeit entwickelt hat und an die sich alle halten. Wenn man etwas falsch macht, wird man gemaßregelt. Neben dem Erlernen der dort spezifischen Richtungsanzeige ist es auch wichtig zu wissen, an welchen Stellen man überholen kann. Ich habe gelernt, dass auch auf schmalen Radwegen entlang von Autostraßen überholt wird. Dabei geht es teilweise sehr eng zu.

In Kopenhagen gab es wiederum andere Zeichen, eine Art lampenloses Bremslicht stellt beispielsweise der gehobene Arm dar. Auch hier wusste ich zunächst nicht, wie man im Verkehr mit den anderen umgeht. Allerdings waren wir im Hochsommer dort. Zu diesem Zeitpunkt war die Radlerdichte nicht ganz so hoch wie sonst im alltäglichen Berufsverkehr. Zudem waren wir noch nicht so früh unterwegs, konnten also die Rushhour umgehen. In Utrecht haben die Radler noch mit einem anderen Problem zu kämpfen, was man als Autofahrer ebenfalls kennt. Das gilt für praktisch alle größeren Städte: Es gibt nicht genug Parkplätze für das Rad. In der Innenstadt waren alle Möglichkeiten zum Anketten mit riesigen Mengen an Rädern belegt. Ähnlich wie beim Auto ist es dort auch nicht mehr möglich, ganz nah am Zielort zu parken, man muss einige Schritte in Kauf nehmen, sofern man in der Innenstadt etwas zu erledigen hat.

Ich merke, dass ich mich schon wieder verzettele, und entschuldige mich dafür. Die Berichte von der Tour de France und den Radrennen kommen hier nur vor, weil es zum einen um die Herausbildung einer

Kultur und zum anderen um gegenseitige Orientierung geht. Auch lassen sich daran ganz gut ein paar soziologische Prinzipien demonstrieren. Im Sommer ist die Radlerdichte auch in deutschen Großstädten gelegentlich sehr hoch. Dann ist eine solche gegenseitige Orientierung ebenso notwendig, insbesondere vor der roten Ampel, wenn mehrere Radler zum Stehen kommen. Beim Anfahren entsteht dann ein eigenes Hauptfeld, ein Pulk, der ganz ähnlich wie im Rennen danach verlangt, gegenseitig aufeinander aufzupassen. Das Problem hier, insbesondere in der wärmeren Jahreszeit, ist, dass nicht unbedingt Profis wie bei der Tour unterwegs sind. Viele der Radler im Sommer gehören viel eher zur Kategorie der an dieser Stelle einmal scherzhaft geschmähten „Sonntagsfahrer". Diese Menschen treten natürlich nicht nur an Wochenenden auf. Der Name der Kategorie reflektiert lediglich, dass es sich um wenig erfahrene Radler handelt. Sie besitzen nicht den gleichen lange trainierten Sinn für das Gleichgewicht. Sie sind nicht so versiert mit der Technik ihres Rades. Daraus resultiert, dass man nicht weiß, wie diese sich in brenzligen Situationen verhalten. Bei den selten Radelnden brauchen wir schon gar nicht von einer Routine zu reden, wie man sie im Feld der Profis findet. Das bedeutet, im Alltag müssen (müssten) die Abstände deutlich größer sein als bei der Tour. Trotz der großen Zwischenräume, die gelassen werden wollen, sollten die Beteiligten dennoch höllisch aufpassen, weil das Verhalten der selten Radfahrenden dem unsrigen in den Niederlanden oder in Dänemark ähnelt. Das Wissen in diesem Pulk verteilt sich vor allem unter den erfahreneren Alltagsradlern und es gilt auch für das Verhalten gegenüber den weniger erfahrenen Radwegbenutzern. Letztlich müssen die Erfahrenen auch noch auf die Unerfahrenen aufpassen und Fehler, die von diesen begangen werden, ausbügeln.

7.7 Paradox? So ganz alleine sitzen wir gar nicht im Sattel

Wir sehen also, dass wir gar nicht so alleine sind, wenn wir im Sattel sitzen und mit der Pedalkraft rollen. Die anderen Menschen um uns herum sind bedeutsam dafür, wie auch wir uns verhalten. Das betrifft natürlich die anderen anwesenden Radfahrenden besonders. Auf diese müssen wir

7 Aufeinander einstellen – die Orientierung an anderen

uns direkt einstellen. Wir sind darauf angewiesen, uns mit diesen zu arrangieren, möglichst so, dass es zu keinen Unfällen kommt. Aber wir orientieren uns auch aneinander, wir können gar nicht anders. Ein Grenzfall stellt das wirklich einsame Radeln dar, sei es in einem Langstreckenwettbewerb, bei dem aber die anderen Teilnehmer ebenso eine Orientierung darstellen. Wenn ich aber alleine im Vogelsberg auf Tour bin, gilt das dann auch? Na klar, ich bleibe eingebunden in die familiäre Gemeinschaft, indem ich zuvor bekanntgebe, was ich vorhabe und wann ich zurückkomme. Daran bin ich dann auch gebunden. Es wirken also auch hier Beziehungen aufs Radeln ein, auch wenn die zugehörigen Personen sich in einiger Entfernung befinden und nicht gemeinsam an einem Rennen teilnehmen.

Um rechtzeitig an Wochenenden zum Mittagsbrot zu Hause zu sein, checke ich während der Fahrt, wie lange ich noch brauche, um vor 13.00 Uhr zurück zu sein. Wenn ich von unserer Wohnung aus nicht direkt eine kleine Rundtour fahre, benötige ich möglicherweise einen Zug für den Rückweg. Auch diese Recherche lässt sich während der Fahrt vom Smartphone aus erledigen. Zumindest dann, wenn man sich in der Reichweite des Mobilfunknetzes befindet. Manchmal überlege ich vorher genau, von welchem Ort aus ich die Rückfahrt antrete, oder ich denke darüber nach, ob sich in der Nähe der Strecke Bahnstationen befinden, mit denen ich wieder zurückkommen kann. Einmal ist mir auf einer Tour eine Tretkurbel abgebrochen. Mit der Navigationsfunktion des Smartphones war es möglich, den nächsten Bahnhof herauszufinden. Allerdings waren es dreieinhalb Kilometer, die ich dann auf dem anderen Pedal stehend rollte oder wenn die Strecke bergauf führte, schob. Ich schaffte es dennoch, rechtzeitig zu Hause zu sein.

Warum ich hier davon berichte? Es geht mir darum, zu zeigen, dass die technischen Gadgets, der Fahrplan der Bahn, die Bahnen selbst, aber auch die Wege, all das rund ums Radfahren in einen sozialen Zusammenhang integriert wird. Der soziale Zusammenhang bestimmt die Entfernung, die Länge der Ausfahrt und vielleicht auch die Gefährlichkeit, die man sich zumutet, mit. Materielle Dinge spielen also ins Soziale hinein. Man könnte auch sagen, dass Technik beim Radfahren eine besondere Rolle spielt. Da ist es erst einmal das Rad selbst, welches die Grundlage für das Fortkommen bildet. Das technische Gefährt wäre aber nichts ohne die Infrastruktur, in die es eingebunden ist. Hiermit sind die genannten Voraussetzungen gemeint, die das Radeln erst ermöglichen. Gäbe es keine Straßen, Brücken, Einrichtungen für das Radfahren, könnten wir uns gar nicht auf diese Weise fortbewegen.

Damit hat sich das Soziale längst materialisiert. Etwa in Form des Fahrradtyps, das wird aber in einem anderen Kapitel verhandelt. Es hat sich auch materialisiert durch die Radwege, von denen es natürlich immer noch viel zu wenige in ausreichender Qualität gibt. Die Radwege, denen wir folgen, sind ebenfalls Ausdruck der Forderung, solche anzulegen. Sie folgen Vorbildern in anderen Regionen und Ländern, wenn wir etwa an die Umnutzung von alten, stillgelegten Bahnlinien denken. Sie dienen dazu, den Autos nicht in die Quere zu kommen. Ein schöner Nebeneffekt ist, dass die Sicherheit der Radler dadurch erhöht wird. Mit anderen Worten: Wer wie und warum Radwege anlegt, wie diese beschaffen sind, wo diese entlanggeführt werden, hinter all dem stehen soziale und auch politische Prozesse (die natürlich sich auch nicht rein aus einer Betrachtung der politischen Konstellationen erklären lassen). Auch bei solchen Entscheidungen, die mit Verordnungen und der Förderpolitik Europas, des Bundes, der Länder und Gemeinden zu tun haben, spielen gegenseitige Orientierungen eine Rolle. Nur orientieren sich hier nicht so sehr die Radler aneinander, sondern es sind eher die Verwaltungsleute und die Entscheider in der politischen Sphäre, die sich wiederum andere Lösungen als Vorbilder nehmen. Bei solchen Vergleichen spielen auch die Medien eine Rolle, die anstelle von Bürgern, aber prominenter die Erstellung von Trassen für die Radler einfordern.

Auch die Ungleichzeitigkeit von Kultur spielt dabei eine große Rolle. Die Entwicklung in Radländern wie den Niederlanden und Dänemark ist weiter als die hiesige. Dort wird mehr Geld für die Einrichtung von Radwegen ausgegeben, viel mehr Geld und das auch schon seit längerer Zeit. Ein Blick über diese Grenzen hilft dabei, Forderungen zu stellen. Mit diesen müssen sich dann die Politiker auseinandersetzen und ihnen zumindest in Teilen nachkommen. Zumindest dann, wenn es gelingt, diesen genügend Dampf zu machen. Das, was in den anderen Ländern geschaffen wurde, stellt eine Art Vorbild für die zurückgebliebenen dar. Durch den Fernblick lassen sich auch wiederkehrende Argumente widerlegen: Etwa, wenn gesagt wird, die Radwege lohnten sich nur für die warme Jahreszeit. Dabei stimmt es, dass im Sommer viel mehr Radler unterwegs sind als im Winter. Es fahren aber zahlreiche auch den Winter durch. In den besagten Ländern sind es noch mehr, die sich nicht von niedrigen Temperaturen, von Regen oder ähnlichen Widrigkeiten davon abbringen lassen, ihre täglichen Wege mit dem Fahrrad zu bestreiten. Aber das wird vorrangig an einer anderen Stelle im Buch behandelt. Kommen wir nun noch einmal auf Unterschiede anderer Art zu sprechen.

7.8 Hat Geschlecht etwas mit dem Zweirad zu tun?

Letzten Samstag habe ich eine Tour zusammen mit meiner Frau unternommen. Was mir dabei auffiel, war ein Paar an einer Ampel, die miteinander sprachen. Ich bin mir nicht sicher, ob sie sich nicht auch dabei stritten. Einige Fragmente ihrer Auseinandersetzung bekam ich mit. Er meinte zu ihr: „… wenn du gemütlich auf deinem Gaul herumgaloppierst"; sie antwortete darauf scharf: „… wenn ich nur schon das Wort ›g-e-m-ü-t-l-i-c-h‹ höre …". Sie hatte ein E-Bike, er ein gut ausgestattetes Trekkingbike, dem ich ansehen konnte, dass es oft benutzt wird. Es handelte sich um eine Ampel mit einer sehr langen Rotphase für die Radler und Fußgänger, weil eine wichtige Einfallstraße in die Stadt gekreuzt wird. Zudem treffen dort zwei Hauptstraßen zusammen. Der Schwerpunkt der Ampelführung liegt an dieser Stelle darauf, den starken Autoverkehr flüssig zu halten. Als die Autos der einen Straße gerade stehenbleiben mussten, beorderte lautstark der Mann die begleitende Frau mit dem Befehl „j-e-t-z-t" loszufahren. Sie nutzten den kleinen Moment aus, bis der Verkehr der anderen Zubringerstraße Grün bekam. Allerdings erfolgte die Ansprache der Frau in einer Weise, die keinerlei Widerspruch zuließ. Diese Begebenheit ist mir ein Anlass, mir ein paar Gedanken zu den Geschlechterverhältnissen auf den Rädern zu machen. Ich habe dazu sogar sogleich eine Sprachnotiz mit Siris Hilfe vom Sattel aus auf unserer eigenen Tour angefertigt, die ich aber jetzt nicht zum Schreiben nutzen muss, weil mir der Zusammenhang noch präsent ist.

Wenn ich den kurzen Ausschnitt der mitgehörten Konversation des Paares richtig deute, spiegelte sich in der scharfen Replik der Frau eine Missbilligung des Radfahrens, der damit verbundenen Anstrengung oder der Länge der Strecke. Natürlich kam mir dabei auch gleich der Film „Männer auf Rädern" von Thomas Carle in den Sinn, der 1993 als Komödie gedreht wurde. Der Film spielt hauptsächlich in Frankfurt und handelt von einem ausgebrannten Lehrer, der nach und nach seine Leidenschaft für den Radsport entdeckt. In der Nähe seiner Wohnung befindet sich ein Geschäft. Vom äußeren Eindruck her eine Mischung aus Boutique und Juwelier, die mit edelsten Rennradteilen handelt. Die Teile waren einzeln in Vitrinen unter Glas ausgestellt. Nachdem er auf den Geschmack am Radfahren gekommen ist, versucht er seine Freundin ebenfalls von der Leidenschaft zu überzeugen. Allerdings ohne Erfolg. Im Gegenteil, sie trennen sich wegen der neu erglühten nebenbuhlenden Leidenschaft des Lehrers. Im Film kommt auch die Autorallyegröße Walther Röhrl zu Wort. Nach dem Ende seiner Rennfahrerkarriere wurde er zum Radler. Er schildert, wie er seine Frau dazu bekommen hat, mit ihm nun auch Touren zu unternehmen, wie er die Dosis, die Streckenkilometer und die Höhenmeter für sie langsam steigerte und wie lange es dauerte, bis sie einigermaßen mithalten konnte. Ich finde den Film wirklich witzig und es werden menschliche Konflikte gezeigt. Diese spielen sich zwischen den Geschlechtern ab, aber auch der Wettbewerb zwischen den Radlern selbst und die Probleme im Verkehr und wie man damit umgeht, spielen eine Rolle. Aus diesen Gründen hatte ich den Film auch in meinem Seminar zur empirischen Untersuchung des Radphänomens den Studierenden gezeigt. Die teilnehmenden Studentinnen befanden aber, dass der Film frauenfeindlich sei. Vielleicht hatte ich nicht genug Sensibilität, das so auch wahrzunehmen, jedenfalls stimmt das aus heutiger Sicht nämlich mindestens an den Stellen, an denen Tipps gegeben werden, wie die Männer die Frauen zum Mitfahren auf den Touren bewegen könnten. Allerdings bekommen im Film vor allem die Männer ihr Fett weg, denn ihr Verhalten als Radler, die Bekleidung, die damals in den buntesten Trikots öffentlich unterwegs waren, die mit Papageienfarben sich nicht einmal ausreichend beschreiben lassen. Neben dem Rallyemeister wird auch noch ein Redakteur einer großen Fahrradzeitschrift befragt, der über die Kleinanzeigen in seiner Zeitschrift berichtet, dass es

7 Aufeinander einstellen – die Orientierung an anderen

sehr viele Männer gebe, die über Anzeigen gleichgesinnte Frauen suchten, diese aber nicht finden könnten. Grund dafür sei, dass es damals praktisch keine Frauen gab, welche die Leidenschaft der Männer teilten.

Die Frage, die ich mir angesichts des mitgehörten Dialogs stellte, war, ob das immer noch so ist oder ob die Zeit einen Wandel brachte. Zwar sehe ich immer öfters auch Frauen auf Rennmaschinen, aber die Zahl der Männer übertrifft diese immer noch deutlich. Ich bekam letztens, nachdem ich einen langsamen Rennradler überholt hatte und mich danach entsprechend anstrengte, die über etwa zwei Kilometer leicht ansteigende Straße mit zumindest gleichbleibender Geschwindigkeit hochzufahren, an einer Ampel von einer Rennradlerin sogar ein Kompliment dafür, dass ich mit so viel Speed unterwegs war. Darüber hatte ich mich natürlich gefreut, aber das ändert nichts an der Tatsache, dass es in diesem Sport keine Geschlechterparität gibt.

Mir ist aber an diesem Sonntag auf dem Radausflug nach dem geschilderten Dialog wirklich etwas aufgefallen. Es wurde mir erst jetzt offenbar, weil ich explizit wegen der geschilderten Ampelepisode darauf achtete: Dort, wo Paare unterwegs sind, fährt meistens der Mann voneweg und die Frau hinterher. Das ist in den allermeisten Fällen so. Überschlägig dürfte das mindestens 90 % der Paare betreffen. Tatsächlich habe ich an diesem Tag nur ein Paar gesehen, bei dem die Frau voneweg fuhr. Wenn ich jetzt darüber nachdenke, würde ich der Beobachtung aber noch hinzufügen, dass es auch zahlreiche Paare gibt, die nebeneinander her radeln. Wenn man es aber kategorisieren wollte, so sähe die große Mehrheit der Paare so aus, dass die Männer vornewegfahren und die Frauen hinterher. Als Nächstes kämen die nebeneinanderfahrenden Teile der Paare und als Letztes diejenigen, bei denen die Frauen die Führung haben. Letztere Formation konnte ich aber nur sehr selten beobachten.

Jetzt fragt man sich als Soziologe natürlich, was die Ursachen für diese Ungleichverteilung sein könnten. An anderer Stelle im Buch berichte ich über die Kultur in einem Laden für den Rennradbedarf, in dem ich als junger Student kaum Beachtung fand. Aber in diesem Laden waren nur Männer, das betraf die Kunden und auch die Verkäufer. Ich glaube, ich liege nicht falsch, wenn ich die Atmosphäre dort als „Machokultur" bezeichne. Ein anderes Beispiel aus einem Laden habe ich schon im Buch beschrieben: den Inhaber, der gleichzeitig Mechaniker ist, der sich über die Unkenntnis der Fachausdrücke einer Kundin belustigte. Er ließ die Frau, die einen Schaden repariert haben wollte, aber Probleme hatte, diesen zu beschreiben, zunächst auflaufen.

Wir haben in den Läden ja auch nach den Geschlechterverhältnissen gefragt. Wenn Frauen ein Rad kaufen wollen, nehmen sie auch heute noch häufig einen Mann für die Beratung und die Expertise mit. Dieser fachsimpelt dann mit dem Verkäufer, will manche Dinge genau wissen, etwa wie viele Zähne und welche Abstufungen der Zahnkranz genau hat und wie das Übersetzungsverhältnis dann aussehe. Der Verkäufer erzählte uns im Interview, dass er das nicht genau wüsste, es aber im Alltag und insbesondere für die weibliche Kundin, für die ein Rad ausgesucht werden solle, ziemlich unerheblich ist. Manche Verkäufer finden solche Gespräche aber auch ganz gut, weil am Ende die Männer die Frauen von einem Modell überzeugen würden. Ich war einmal mit einer Freundin in einem Radladen, weil sie sich ein neues Gefährt zulegen wollte. Das war aber auch das einzige Mal, an das ich mich erinnere, dass eine Verkäuferin uns beriet. Ansonsten sind Frauen selten in den Radläden. Auf der Verkäuferseite gibt es sie noch in Familienbetrieben, in denen sie als Familienmitglieder mitwirken, aber als angestellte Verkäuferinnen oder Mechanikerinnen sind sie kaum zu finden.

Das bedeutet aber, dass das Geschäft nach wie vor männlich dominiert ist. Die Tatsache, dass Frauen häufig in Begleitung von Männern nach einem neuen Rad schauen, bedeutet ja auch, dass es eine gewisse Unsicherheit gibt. Es deutet auch darauf hin, dass die Frauen den Verkäufern nicht komplett vertrauen. Im Rennsport gilt das Radrennen als eine sehr extreme Tätigkeit. Die Fahrer der Tour de France etwa setzen sich den Unbilden des Wetters aus und sind unter allen Bedingungen zu Höchstleistungen gezwungen. Sie müssen die steilsten Berge überwinden und mit extremen Geschwindigkeiten Abfahrten meistern. Das klingt keineswegs nach dem, worunter man sich Damensport vorstellt. Auch werden die großen Rundfahrten im Fernsehen live übertragen. Das spornt die Zuschauer an, allerdings nur diejenigen, die sich mit den Fahrern in irgendeiner Weise identifizieren können. Dort kommen keine weiblichen Rollenvorbilder vor. Seit wenigen Jahren wird zwar auch eine Tour de Femme durchgeführt,[9] allerdings mit viel weniger Etappen und bei wei-

7 Aufeinander einstellen – die Orientierung an anderen

tem nicht mit derselben Medienpräsenz. Es ist also momentan immer noch nur mit wenig Beflügelung des Sportsgeistes durchs Anschauen von bedeutenden Rennen für die potenziellen weiblichen Radsportfans zu rechnen. Immerhin werden von einem auf Radrennen spezialisierten Geschäft in Frankfurt auch Ausfahrten mit dem Rennrad für Frauen organisiert. In den frühen 1990ern als ich ab und zu in der Gruppe mitgefahren bin (ich habe davon bereits erzählt), musste der mit uns radelnde Italiener weinen (so seine Aussage hinterher), weil er von einer Frau überholt wurde. Bei der Radtouristikfahrt, bei der wir mitgemacht hatten, schob er in der Ebene noch generös und auch ein wenig übergriffig eine der anderen wenigen Frauen an, die damals dabei waren. Als die Strecke jedoch in den Odenwald führte und wir uns auf dem ersten Anstieg befanden, flog eine junge Fahrerin förmlich an uns vorbei. Keiner unserer Gruppe konnte mithalten und für mich war das damals natürlich kein Problem. Aber das sahen offenbar nicht alle so wie ich.

Schuld an der Geschlechterungleichverteilung unter den Radenthusiasten könnten also klassische Felder der Zuständigkeiten sein. Diese sind offenbar bis heute noch nicht überwunden. Für die technischen Aspekte sind die Männer zuständig und für den harten sportlichen Teil offenbar auch, obwohl auch Frauen in solchen Sportarten zu finden sind. Manche sind auch in ziemlich extremen Bereichen unterwegs. Denke man nur an die Boxerinnen oder eben auch an die Fahrerinnen, die sich an Extremrennen beteiligen. Wahrscheinlich spielen noch weitere Aspekte familialer Arbeitsteilung mit hinein. Besagter Italiener hatte ein Kleinkind, auf das seine Frau aufpasste, wenn er zum Training im Taunus unterwegs war. Für mich war die Zeit, die notwendig ist, um längere Touren zu unternehmen, ebenfalls ein Problem für die Vereinbarung mit der Familie. Wir hatten damals einen kleinen Sohn. Dort, wo also weitere Familienmitglieder vorhanden sind, dürfte die ungleiche Geschlechterverteilung beim Radsport auch anzeigen, dass die Arbeitsteilung in der Familie nicht gleichverteilt ist. Man könnte also die Ausführungen in diesem Unterkapitel dahingehend interpretieren, dass die Geschlechterverteilung im Radsport auch ein Indikator dafür ist, wie es um das Verhältnis der Geschlechter insgesamt in der Gesellschaft bestellt ist. Es finden sich immer noch bedeutende Ungleichheiten.

Solche Ungleichheiten sind ferner zu beobachten, wenn die Lastenräder für den Kindertransport eingesetzt werden. Hier nun, besonders nachmittags, wenn die Kleinen aus den Einrichtungen abgeholt werden müssen, wird die Mehrzahl der Lastenräder von den Müttern gelenkt. In Situationen, die pragmatisches Verhalten im Alltag erfordern, nähert sich der Unterschied also an oder verkehrt sich sogar. Allerdings ist die Differenz beim Lastenradfahren nicht ganz so deutlich wie beim Rennradfahren oder bei der Formation von Paaren auf Tourenfahrten.

Notes

1. Ein drastisches Beispiel aus Paris. https://www.tagesschau.de/ausland/europa/frankreich-paris-suv-toetet-radfahrer-anklage-mord-100.html (21.01.2025).
2. Eder, Michael, 2023, Der Schwarm. Wer verstehen will, wie das Peloton der Tour de France meist unfallfrei über Frankreichs Landstraßen jagt, muss in den Himmel schauen – zu den Zugvögeln. Frankfurter Allgemeine Zeitung, 09.07.2023, Nr. 27.
3. Nach dem zugehörigen Wikipedia-Artikel „Teufelslappen" prägten Journalisten, Kommentatoren diesen Begriff. Allerdings muss ein solcher Begriff über eine gewisse Qualität (also Attraktivität) verfügen, damit er weitergegeben wird. Dieses Weitergeben nennt man Diffusion. Etwas, was häufig in der Sozialwissenschaft untersucht wurde. Der Klassiker hierzu stammt von Rogers (1983). https://de.wikipedia.org/wiki/Teufelslappen (30.07.2024).
4. Vergl. Westhof, Alex, 2024, Überleben auf dem Rad. Frankfurter Allgemeine Sonntagszeitung 28.07.2024, Nr. 30. In dem Artikel geht es um den Gravelbiker Kristian Buljan, der an diesem Rennen teilnehmen möchte.
5. Für eine genauere Beschreibung der Idee der Reziprozität der Perspektiven siehe entsprechendes Kapitel in Stegbauer (2011, S. 99 ff.).
6. Dies wissen wir spätestens seit der Studie von LaPierre (1934). Er hat beobachtet, dass in Restaurants und Hotels ein chinesisches Paar keinerlei Diskriminierungserfahrungen machte und fast überall wohlwollend aufgenommen wurde, obwohl die Diskriminierung zu dieser Zeit in den USA verbreitet war. Eine Umfrage in Restaurants und Hotels erbrachte das genau gegenteilige Resultat: Praktisch keine einzige der Einrichtungen, die besucht wurden, gab an, Chinesen aufnehmen zu wollen.

7. Eigentlich geht der Begriff auf White (1992) zurück, der den Begriff jedoch leicht anders konnotiert, der diesen neben Decoupling und Social Ambage als die wesentlichen Elemente des Tie-Managements benennt. Um das zu übersetzen: Mit Decoupling ist die Möglichkeit des Lösens von Beziehungen gemeint; Social Ambage hingegen benennt, dass man Einfluss auf jemanden Dritten über eine andere Person nehmen kann. Also beispielsweise jemanden danach fragt, doch einmal mit dem gemeinsamen Bekannten über eine bestimmte Verhaltensweise zu reden.
8. Das, was hiermit gemeint ist, bezieht sich nicht nur auf negative Beziehungen, es kann beispielsweise auch für „beste Freundschaften" gelten. Wir haben das einmal in einer Umfrage erfahren, welche die Studierenden in ihrem eigenen Umkreis durchführen sollten. Die erste Frage zur Erfassung des Netzwerkes war, die Vornamen der drei besten Freunde aufzuschreiben. Die Befragten waren aber unsicher, ob sie die Studierenden, die mit dem Fragebogen zu ihnen kamen, als beste Freunde benennen sollten. Offenbar war die gegenseitige Erwartung in diesem Moment nicht geklärt.
9. Hier ist der Link zur Webseite: https://www.letourfemmes.fr (05.08.2024).

Literatur

Cartwright, Dorwin, und Frank Harary. 1956. Structural balance: A generalization of Heider's theory. *Psychological Review* 63:277–293.
Collins, Randall. 2005. *Preface zu: The general sociology of Harrison C. White: Chaos and order in networks (with a foreword written by Randall Collins)*, 11–16. London: Palgrave Macmillan.
Davis, James A. 1977. Clustering and structural balance in graphs. In *Social networks. A developing paradigm*, Hrsg. Samuel Leinhardt, 27–34. New York: Academic Press. (Quantitative studies in social relations).
LaPiere, Richard T. 1934. Attitudes vs. actions. *Social Forces* 13(2): 230–237. https://doi.org/10.2307/2570339.
Polanyi, Michael. 2016. *Implizites Wissen*, 2. Aufl. Frankfurt a. M.: Suhrkamp.
Schütz, Alfred. 1971. *Gesammelte Aufsätze. Band 1. Das Problem der sozialen Wirklichkeit*. Den Haag: Nijhoff.
Seaton, Matt. 2003. Dritte Etappe. In *Die besten Rad-Geschichten*, Hrsg. Bettina Feldweg, 288–302. München: Piper.

Stegbauer, Christian. 2010. Weak und Strong Ties: Freundschaft aus netzwerktheoretischer Perspektive. In *Netzwerkanalyse und Netzwerktheorie. Ein neues Paradigma in den Sozialwissenschaften*, Hrsg. Christian Stegbauer, 2. Aufl., 105–119. Wiesbaden: VS Verlag für Sozialwissenschaften.

Stegbauer, Christian. 2011. *Reziprozität. Einführung in soziale Formen der Gegenseitigkeit*, 2. Aufl. Wiesbaden: VS Verlag für Sozialwissenschaften. https://doi.org/10.1007/978-3-531-92612-4.

White, Harrison C. 1992. *Identity and control. A structural theory of social action*. Princeton: Princeton University Press.

8

Prestige und Wettbewerb ums beste Bike

Als ich noch Student war und im Frankfurter Gallusviertel wohnte, gab es in der Nachbarschaft einen Typen, der als Rennradenthusiast bekannt war. Als ich mal bei seinem Mitbewohner zu Besuch war, konnte ich den herumliegenden Brügelmann-Katalog zur Hand nehmen und durchblättern. Bis dahin war mir überhaupt nicht bewusst, was für eine Welt sich um Fahrräder, Teile, Möglichkeiten der Ausstattung etc. aufgespannt hatte. Brügelmann hatte seinen Stammsitz in Frankfurt und es war damals der wichtigste Laden für die Freunde des Radsports. Der Katalog war damals schon am Kiosk zu erwerben und er ermöglichte Einblicke in diese für mich ganz neue Welt. Die Lektüre begann mit ein paar Komletträdern, dann kamen die Rahmen für die Leute, die sich das Rad selbst zusammenstellen wollten. Es dominierten edle Rahmen aus Stahlrohren italienischer Herkunft. Der Versand hatte sein Ladengeschäft in einem Industrieviertel in einem Frankfurter Stadtteil.

Nachdem ich mir danach selbst einen Katalog besorgte und in diesem wochenlang geschmökert hatte, war ich so weit. Ich wog alle Möglichkeiten genau ab (insbesondere, was ich mir davon leisten konnte) und stellte mir schließlich aus dem Katalog ein Rad zusammen. Allerdings hatte ich nicht lange Freude daran, denn es wurde mir sehr bald nach der

Anschaffung an der Uni leider gestohlen. Ich gab aber nicht auf und habe mir in diesem Laden auch noch ein schon fertiges neues Rad gekauft.[1] Als Student mit schmalem Geldbeutel hatte man in dem Brügelmann'schen Rennsportladen nicht viel zu melden. Überhaupt musste man immer lange warten und bekam dabei einige Verkaufsgespräche mit anderen Kunden mit. Der Kunde vor mir wollte sein neues Rad mit einer Teilegruppe[2] von Campagnolo auszustatten. Campagnolo-Record waren aus meiner Sicht schon sündhaft teure Teile für ein Rennrad. Ich hörte den Verkäufer sagen, er könne ja auch das Kettenblatt[3] tauschen, dann habe er „optisch ein Super-Record". Dieses stand preislich und hinsichtlich des Prestiges noch einmal deutlich über der Record-Gruppe. Das waren die besten Teile, denn bis dahin ließen sich die besten Profirennfahrer damit ausstatten. Angeblich war bis dahin noch nie eine Tour de France von jemandem gewonnen worden, dessen Rad mit Teilen eines anderen Herstellers ausgestattet war. Der Satz fiel etwa vor 40 Jahren, ich habe ihn bis heute nicht vergessen.

8.1 Leider nur optisch hochwertig

Es handelt sich um ein Prinzip, welches sich bis heute wiederholt – die optische Prestigeaufrüstung, wenn man das so nennen möchte. In Kaufhäusern und Radsupermärkten werden verhältnismäßig billige Räder mit Schaltungen verkauft, die im Verhältnis zum Rest der Ausstattung viel zu gut sind. Eigentlich wäre es für die Langlebigkeit des Rades besser, bei anderen Teilen etwas mehr zu investieren. Man kann sich nun fragen, warum die Hersteller so tolle Schaltungen an die weniger tollen Bikes schrauben. Viele Leute wissen, dass es sich bei der XT-Gruppe von Shimano um hochwertige Bauteile handelt. Ich denke mir, dass die Unternehmen, welche die Räder zusammenstellen, überlegen, dass die potenziellen Käufer glauben, dass, wenn die Schaltung so hochwertig ist, es sich insgesamt um ein gutes Fahrrad handeln müsste. Durch die sichtbar exzellente Schaltung erscheint der Händler (respektive der Hersteller) sehr günstig. So in etwa dürfte das Kalkül beim Vertrieb solcher Fahrräder sein. Die Nebenwirkung eines solchen Kaufs ist, dass die Freunde und andere, die ein solches Rad zu Gesicht bekommen, auch nicht anders denken. Wow, ein Rad mit XT-Schaltung! Mit einem analytischen Blick betrachtet, handelt es sich hierbei um nichts anderes als Posing: Es scheint nach etwas, was es gar nicht ist.

Ähnlich wie bei Autos auch gibt es prestigeträchtigere Fahrradmarken und solche mit einem weniger guten Image. Die Zahl der Fahrradmarken übersteigt die von Autos deutlich. Es ist ungleich viel weniger Kapital nötig, Rahmen herzustellen oder deren Herstellung in Auftrag zu geben, als das bei Autos der Fall ist.[4] Insofern ist der Markt prinzipiell offener. Allerdings hat zumindest bei den großen Marken ebenfalls eine Konzentration stattgefunden. Ehemals unabhängige Hersteller sind mittlerweile unter dem Dach eines größeren Verbundes oder gar von Finanzinvestoren gekauft worden.

8.2 Was tatsächlich als gut gilt

Im Prinzip ist es aber nicht so schwer, Rahmen in Taiwan oder China fertigen zu lassen und diese in Deutschland mit Komponenten zu bestücken, die dann aus viel mehr Ländern bezogen werden. Welche Marken haben einen größeren Prestigefaktor? Das kommt darauf an, welche Art von Bike man sich anschaut. Der Reiseradhersteller Patria hat beispielsweise ein gutes Image und ist sehr teuer. Dort kann man u. a. Rahmen bestellen, die extra nach den Körpermaßen der Kunden produziert werden. Bei Rennrädern hat Canyon gute und günstige Bikes insbesondere für den Sportbereich angeboten. Da es sich um einen Versandhändler handelt, zieren sich manchmal die Radwerkstätten, diese Fahrräder zu warten. Mir scheint es auch, dass Canyon nach dem Verkauf aus Familienbesitz an einen Finanzinvestor etwas an Prestige eingebüßt hat. Wenn man nicht nur auf die Marke schaut, blickt man auf die Teile, die angeschraubt werden. Eine Rohloff-Nabe ist gut, teuer und steigert das Ansehen desjenigen, der so etwas an seinem Rad hat. Diese Schaltnabe wurde von einem Kettenhersteller aus dem Hessischen entwickelt. Sie gilt bzw. galt lange als das Nonplusultra für Vielfahrer. Ein Freund von mir, ehemaliger ziemlich bekannter Netzwerkforscher, fuhr im vorletzten Jahr rund 8000 km mit so einer Nabe. Einen speziellen Rahmen benötigt man für das Pinion-Getriebe, welches von ehemaligen Porsche-Mitarbeitern entworfen wurde. Dieses hat hinsichtlich seiner Wirkung bei Kennern wahrscheinlich schon zu Rohloff aufgeschlossen. Beide Schaltungen gehören zu den Topausstattungen für Räder, die noch überwiegend mit Beinkraft angetrieben werden; man findet sie aber auch gelegentlich an E-Bikes. Bei den E-Bikes kennt man beispielsweise Riese und Müller aus einem Vorort von Darmstadt für seine gute Qualität. Kenner sehen sofort, ob das Fahrrad etwas „Gutes" ist oder nicht. Vielleicht kann man noch hinzufügen, dass Leute, die noch nerdiger sind als ich, wahrscheinlich ganz andere Marken nennen würden. Dabei handelt es sich dann um spezielle Nischenanbieter, die vor allem Insidern ein Begriff sind.

8.3 Wer konkurriert eigentlich mit wem?

Der gemeine Mensch ist aber auch nicht der Sparringspartner für den Wettbewerb, denn dieser ist in der Raddisziplin überhaupt nicht satisfaktionsfähig. Jemand, der keine Ahnung hat, mit dem ist ein Battle um das beste Bike sinnlos. Vergleiche gebieten sich nur unter denjenigen, denen dieselbe Sache wichtig ist. Hierzu müsste jemand selbst ein gutes Rad besitzen oder zumindest wissen, wovon er träumt. Um miteinander in Konkurrenz treten zu können, muss man in dieser Beziehung auf eine bestimmte Art gleichwertig sein. Der Mechanismus sieht in etwa so aus: Zunächst einmal muss man in den Kreisen der Radkenner mithalten können. Mithalten bedeutet, in etwa gleichwertig mit den anderen zu sein, welche die eigene Vergleichsgröße darstellen. Übertreffen wollen ist dann aber nicht mehr weit. Das kommt als Nächstes. Es gibt Soziologen, etwa Harrison White, die halten eine solche Art von Konkurrenz für ein universelles Prinzip. Bei White wird das unter dem Begriff der „Pecking Order", der Hackordnung also, eingeführt. Andere Soziologen, etwa Pierre Bourdieu, belegen dieses Prinzip mit dem Begriff der Distinktion.

Das Bessere verleiht mehr Ansehen. Allerdings entsteht die Frage, was Prestige eigentlich sein soll. Zumal man in der Regel nicht vor allen angeben kann. Dabei ist „Angeben" der Alltagsbegriff, der den dahinterstehenden Mechanismus nicht beschreiben kann. Ich meine, das was mit Angeben bezeichnet wird, ist etwas, was durch eine soziale Dynamik entsteht, der wir uns nur schwer entziehen können. Dazu aber später mehr. Wir haben eben festgestellt, dass es viele Leute gibt, die keine Ahnung von Rädern und Technik haben. Diese Personen haben vielleicht schon einmal im Internet geschaut und festgestellt, dass die vorne bereits erwähnte XT-Gruppe von Shimano typischerweise zu teureren Rädern gehört. Diejenigen, die noch nie recherchiert haben, die sich noch nie für Zweiräder interessiert haben, die wird auch kein noch so gut ausgestattetes Rad hinter dem Ofen hervorlocken. Für diese Leute spielt vielleicht die Farbe eine Rolle, vielleicht auch die Form oder andere leicht erkennbare Merkmale. Ist der Sattel schön? Besitzt das Fahrrad auch eine Federgabel? Glänzt die Kette oder der Zahnkranz möglicherweise sogar golden oder handelt es sich um eine schwarze Felge, die besonders gut zur Lackierung des Rahmens passt? Das sind Dinge, die Nichtfachleuten ins Auge springen. Um die Güte der gesamten Ausstattung abzuschätzen, ist aber mehr Expertise notwendig. Wenn man ein Fahrrad kaufen will, könnte man jemanden mit mehr Ahnung, als man selbst hat, mitnehmen oder auf den Verkäufer vertrauen. Allerdings haben viele potenzielle Käufer auch keine Vorstellung davon, wie viel man für ein gutes Fahrrad im Fachhandel ausgeben muss.

Ich will aber eigentlich gar nicht über Käufe von tollen Bikes reden, was uns an dieser Stelle interessiert, ist ja etwas anderes: Wieso kann man eigentlich von Prestige reden, wenn so viele Menschen einfach keine Ahnung haben und Gutes nicht von weniger Gutem unterscheiden können? Das Gesagte jedenfalls macht klar, dass diese Personen nicht gemeint sein können, wenn es darum geht, mit dem Rad zu protzen. Diese Leute sind nicht Adressaten des wettbewerblichen Großtuns.

8.4 Von Bikes, Sportwagen und Armbanduhren

Ich habe mich das schon einmal in einem anderen Zusammenhang gefragt. In der Nobeleinkaufsstraße in Frankfurt gibt es einen Uhrenhändler, der tagsüber Armbanduhren ausstellt, von denen einzelne mehr als 300.000 € kosten; nachts marschieren diese wertvollen Zeitmesser allerdings in den Safe. Falls eine solche Uhr überhaupt getragen wird, könnte ich nicht ansatzweise erkennen, wie hoch ihr Wert ist. Das dürfte wahrscheinlich auf mehr als 99 % der Bevölkerung ganz ähnlich zutreffen. Allerdings stelle ich mir vor, dass es Kreise gibt, die erkennen, was eine solche Uhr bedeutet. Einem Käufer einer solchen Uhr werden die meisten der anderen Ahnungslosen egal sein, aber die 1 %, die er mit diesem Symbol erreicht, auf die dürfte es ihm ankommen. Diese Kenner dürften selbst zu einem großen Teil mindestens einen oder sogar mehrere solcher Schätze besitzen. Wenn man diesen Kreisen angehört, sollte man mindestens mithalten können. Beim Uhrenbeispiel dürfte es so ähnlich sein wie beim Radkauf. Auch andere Menschen, die den Gegenwert einer Wohnung in eine Uhr investieren, dürften Gefallen an einem ebensolchen Zeitmesser finden. Der Käufer der Preziose wählt sie aus, weil sie in seinen Augen schön ist, und vielleicht auch, weil sie von einer bestimmten besonders edlen Marke stammt. Möglich sogar noch, dass eine bestimmte Wertsteigerung mitintendiert ist. Die mit der Uhr verbundene Anerkennung gibt es obendrauf. Die Wirkung ist hier subtil, jedenfalls subtiler, als wenn jemand mit einem offenen roten Ferrari durch die Stadt fährt. Ich habe das auch vor ein paar Jahren mal beobachtet. Vor meinem Kollegen und mir liefen zwei junge Frauen, die spontan dem Fahrer des roten Cabrios zuwinkten und jubelten. Hier war nicht zu übersehen, dass der Wagen Eindruck auf sie machte. Ich kann mich leider nicht mehr an das Aussehen des Fahrers erinnern, um abschätzen zu können, ob dieses ebenfalls Eindruck machte oder ob es nur der Sportwagen war. Damals schrieb ich die Wirkung auf das feminine Geschlecht nur dem Auto zu, aber es kann schon sein, dass das gesamte Paket die in diesem Moment beobachtbare Wirkung erzielte.

Mit einem Fahrrad hingegen könnte man bei denselben jungen Frauen wahrscheinlich keine besondere Reaktion hervorrufen. Das gelänge allenfalls in Kreisen, die sich mindestens ein wenig mit der Materie auskennen. Man muss aber auch sagen, dass diese Aussage nicht ganz stimmt, denn es gibt Räder, die explizit für die Zurschaustellung gefertigt wurden. Solche Räder werden mit demselben Ziel gebaut wie offene Sportwagen. Sie sollen maximalen Eindruck schinden. Das Fahrverhalten hingegen ist nicht entscheidend und auch nicht die Praktikabilität. Während ich das schreibe, denke ich gerade an die sogenannten Cruiserbikes. Diese ähneln in ihrer Form der von Motorrädern. Es gibt sie sogar mit aus Blech angedeutetem Benzintank. Sie suggerieren eine lässige Fahrweise, eignen sich allerdings keineswegs für längere Fahrten. Sie sind konstruiert, um sich mit dem Rad in der Stadt allenfalls auf dem Weg zur nächsten Eisdiele auffällig in Szene zu setzen. Wahrscheinlich galt das auch für die früher mal bekannten Bonanza-Bikes mit ihrem charakteristisch langen Bananensattel und einer an den Oberrohren montierten Schaltung, die auch an die von Autos erinnerte.

Dennoch bleibe ich dabei, dass ein Rad zwar auffälliger als eine Uhr ist, von der eben die Rede war, aber das, was die Güte davon ausmacht, ist doch nicht vielen Leuten bekannt. Die meisten Sportwagenmarken dürften deutlich bekannter sein. Eigentlich stellt sich die Wirkung des Rades wirklich nur zwischen Gleichgesinnten her. Allerdings wissen die anderen Radfahrer auch zu unterscheiden zwischen jenen Herrschaften, die einfach nur viel Geld ausgeben, weil sie ein Markenbewusstsein ihr Eigen nennen, und solchen, die tatsächlich Aficionados sind. Entschuldigen Sie bitte, wenn ich an dieser Stelle noch einmal eine Analogie bemühe. Die tollste Radmarke verhält sich zu der, die Kenner zu schätzen wissen, wie ein Premier Cru Bordeaux, etwa Chateau Mouton Rothschild, zu einem nahezu ebenso guten Cru Bourgeois aus derselben Gegend, der schon für ein Zehntel des Preises zu erwerben ist und gleichzeitig den Geschmack des Konsumenten genau trifft. Abfällig sprechen echte Weinliebhaber bei denjenigen, die den Premier Crus hinterherlaufen, von Etikettentrinkern. Das benennt diejenigen, die keine große Ahnung haben und daher den Wein eines bekannten und teuren Gutes kaufen. Bei den Rädern findet man solche Verachtung auch manchmal in Internetforen, in denen so etwas diskutiert wird. Dort steht etwas darüber, dass man ein Schnäppchen gut in den Kleinanzeigen erwischen kann, weil wohlhabendere Leute ein gutes Rad erwerben, es dann aber kaum benutzen. Das mag auch der Grund sein, dass viele Radaficinados sich entweder gebrauchte Spitzenräder kaufen oder sich ein sog. Custombike zusammenstellen. Es gibt einige Händlerwerkstätten, die sich auf diese Art von Rädern spezialisiert haben.

8.5 Leben retten auf zwei Rädern und die Frage des Stils

Das, was wir hier tun, nur allgemein über Räder nachdenken, ist eigentlich viel zu unbestimmt. Das Radgeschäft und auch der Style, der mit den Rädern einhergeht, ist mittlerweile sehr ausdifferenziert. Es gibt Markt- und Style-Nischen, die jeweils ihren eigenen Wettbewerb erzeugen. Während unserer Interviews in den Fahrradläden wurde beispielsweise davon berichtet, dass es einen Kurierfahrer gebe, der heute nicht mehr zu den ganz armen seiner Zunft gehöre und es gar nicht mehr nötig habe, in diesem Geschäft tätig zu sein. Wesentliche Komponenten seines Fixies seien der Titanrahmen und eine spezielle Kassette (das Zahnrad, welches für den Antrieb am hinteren Rad sorgt), die sogar an so einem sehr einfachen Rad ohne Freilauf und mit nur einem Gang selbst schon deutlich über 500 € koste. Solche Titanrahmen sind am oberen Ende dessen, was man für so ein Rad ausgeben kann.[5] Wenn man nun überlegt, dass die Kurierfahrten nicht viel Geld einbringen und diese zudem unter prekären Arbeitsbedingungen stattfinden, dann lässt sich die Investition in ein solches Rad eigentlich nicht wirklich amortisieren. Warum leistet man sich dann so ein Fahrrad?

Dies ist kaum zu erklären, wenn wir nicht versuchen, einige soziologische Überlegungen ins Spiel zu bringen: Kurierfahren selbst könnte man als eine Art von urbanem Mythos beschreiben. Harte Kerle und teilweise auch abgebrühte Ladys, die bei jedem Wetter ihren Dienst tun und dabei sämtlichen auftretenden Widrigkeiten zu trotzen gelernt haben. Solche, die es schaffen, Organe, die für eine Transplantation in maximal zehn Minuten in der Uni-Klinik sein müssen, rechtzeitig dort abzuliefern. Das gelingt halt nur mit dem Zweiradkurier – dem richtigen Rad und einem Fahrer, der alles dafür gibt. Alle anderen stecken im Stau und der Kurier radelt immer mit einer leicht lebensmüden Attitüde zwischen den anderen gestauten blechernen Fahrzeugen hindurch und rettet auf diese Weise das Leben eines Menschen. Dieselbe Erzählung mit ein paar Abwandlungen des Transportes von Blut, Herzen und Nieren kam mehrmals in den Interviews vor. Wir waren uns bei der Interpretation nicht sicher, inwiefern die Story tatsächlich stimmt. Vielleicht handelte es sich auch nur um so eine Geschichte, die den Mythos der Kurierfahrten weitergibt und diese als eine Art letztes Abenteuer ausgibt, welches sich im Dschungel der Großstädte erleben lässt.

Warum ich das hier schreibe? Um zu zeigen, dass es sich bei den Kurieren um ein eigenes Segment handelt. Kuriere bilden eine Gruppe, bei der sich zahlreiche, wenn auch nicht alle, Beteiligten untereinander kennen. Sie sind nicht nur bei Agenturen, es gibt auch Treffpunkte für die Fahrer. Einer davon ist in Frankfurt die Alte Oper, wo sich diese Spezies von Menschen häufiger trifft. Sich an diesem zentralen Platz auszutauschen, während die Fahrer auf einen Auftrag warten, ist etwas Besonderes. Dieser Austausch ist nämlich auch eine Gelegenheit, sich die Räder der anderen anzuschauen und darüber zu reden. Welche Teile hast du, welche sind die besten, was für Erfahrungen hast du gemacht? Dieser Austausch begründet aber auch etwas, was wir in allen Bereichen der Gesellschaft beobachten: Wettbewerb oder Distinktion. Davon wurde bereits berichtet. Man kann aber sagen, dass diese Art des Wettbewerbs sich nicht auf alle beziehen kann. Das ist unmöglich. Wir haben es hier mit einer ganz kleinen Gruppe sehr stark spezialisierter Lebens- und Arbeitseinstellung zu tun. Das, was sich hier abspielt, wirkt nur in einem bestimmten Bezugssystem. Wir wissen das von der besonderen und besonders teuren Ausstattung des wahrscheinlich nicht so sehr am Hungertuch nagenden Kurierfahrers deswegen, weil es einem der Interviewten wert war, darüber zu berichten. Nicht nur das, der Interviewte mokierte sich sogar über die Verrücktheit, die in der tausende Euro verschlingenden Ausrüstung zu finden ist. Bedeutung besitzt das tolle Kurierrad vor allem im Verhältnis zu den anderen, die sich in der gleichen Lage finden. White et al. (1976) hätte diese als strukturell äquivalent bezeichnet. Die Bemerkung des Interviewten macht aber noch etwas anderes deutlich: Man muss in seinem Bezugssystem bleiben. Dieses stellt den Rahmen bereit, in dem man sich bewegt. Wenn man es mit dem Angeben übertreibt, setzt man sich der Gefahr aus, sich zumindest an den Rändern derjenigen, die man zu übertreffen trachtet, der Lächerlichkeit preiszugeben.[6]

8.6 Warum selbst der Dreck am Rad von Bedeutung ist

Ein anderer Interviewter besitzt, neben den zahlreichen anderen Rädern, ein Lastenrad – die interviewten Personen aus den Radläden besaßen bis zu zehn Fahrräder. Für ihn war es besonders, es handelte sich eben nicht um eines der 08/15-Industrieräder. Er hat ein sehr seltenes aber gutes Rad, welches von einem weniger bekannten, nicht industriell fertigenden Hersteller aus einem benachbarten europäischen Land kommt. Wenn er damit durch die Straßen fährt, fühlt er sich eben entsprechend auch besser, weil er weiß, dass es ein tolles Rad ist. Und das, obwohl er darüber reflektiert, dass die anderen Verkehrsteilnehmer, etwa Fußgänger oder „normale" Radler, die Besonderheit gar nicht wahrnehmen können. Auch hier handelt es sich um einen solchen Wettbewerbseffekt, der vielleicht weniger direkt ausgetragen wird wie im Gespräch und im Vorzeigen zwischen den anderen Kurieren.

Als ich mir ein Mountainbike kaufte – das war in der Zeit als wissenschaftlicher Mitarbeiter –, hatte ich einen Kollegen, der sich neben mir ebenfalls für diesen Sport interessierte und sich dann genauso wie ich mit so einem Rad ausstattete. Wir sind leider nie zusammen ausgefahren, aber wir haben uns immer unterhalten, wenn wir uns trafen, und sind auch oft zusammen Mittagessen gegangen. Irgendwann einmal simpelten wir wieder fach, als wir uns vor den Radstellplätzen an der Uni trafen. Wir betrachteten die Räder, sprachen über letzte Ausfahrten und auf einmal sagte er: „Aber an meinem Rad ist mehr Dreck!"

Nun – was bedeutet der Schmutz? So unglaublich es auch klingen mag, es handelt sich dabei ebenfalls um eine Wettbewerbsdimension. Diese spielt bei Mountainbikern offenbar gar nicht so eine kleine Rolle. So erinnere ich mich an eine Radzeitschrift, in der eine Abbildung von zwei Personen in England zu sehen war, die komplett von oben bis unten voller Schlammspritzer waren. Man konnte die beiden nicht mehr erkennen, allein die hellen Augen strahlten aus dem Dunkel der Schlammkruste hervor. Der Dreck stellte auf dem Foto eine Art Qualitätsausweis dar – für die schöne, gemeinsam unternommene, wenn auch schmutzige Fahrradtour.

Von einem anderen Freund wurde ich in einer ähnlichen Situation als „Angeber" bezeichnet. Der Grund: Am Lenker und an der Lampe fanden sich verklebte tote Insekten. Etwas, was im Sommer die Windschutzscheiben der PKWs mit einem nur schwer zu entfernenden Film von Biomasse überzieht – jedenfalls früher, als es noch mehr Insekten bei uns gab. Genau das fand sich nun an meinem Fahrrad. Natürlich kann wohl kein Radler so schnell fahren, dass diese Lebewesen an der Lampe kleben bleiben. Obwohl, das würde mich jetzt wirklich interessieren, ob das bei den Rennprofis der Fall ist, wenn sie sich mit bis zu 100 km/h die Berge hinunterstürzen. Bei mir war die Ursache um einiges profaner: Wir hatten die Räder nicht lange zuvor auf dem Dach unseres Autos transportiert. Dabei waren wir schnell genug, um damit einige der Insekten einzufangen. Was ich sagen will: Höher, schneller, weiter, die Vergleichsmaßstäbe aus den meisten Sportarten, gelten zwar auch beim Radfahren. Die Menschen handeln untereinander aber auch andere Genres des Vergleichs miteinander aus. Um welche es sich dann handelt, das kann man gar nicht ohne Weiteres vorhersagen. Manche dieser Vergleichsinstanzen entwickeln sich spontan in Gesprächen, sind vielleicht in der Situation gar nicht so ernst gemeint und ab und an persiflieren sie auch den Wettbewerbsgedanken. Diese Art von Humor würde aber nicht wirken, wenn auch in diesen zunächst abseitigen Äußerungen nicht auch ein Körnchen Wahrheit steckte.

8.7 Zu gut für den Besitzer?

Wenn jemand sich ein sehr gutes Rad kauft, es aber kaum benutzt, könnte es sein, dass diese Person gar nicht um seinen Drahtesel bewundert wird. Vielleicht wird die Person sogar „verachtet" (das ist wahrscheinlich ein zu starkes Wort dafür). Besser ausgedrückt, könnte man sagen, dass ihm die Anerkennung versagt bleibt – das ist vielleicht die bessere Formulierung. Kenner behaupten dann, dass dieser Mensch eigentlich gar nicht so ein gutes Bike benötige, weil es eben nur selten bewegt werde. So ähnlich dürfte auch die Distanz zwischen Neureichen und „Altreichen" sein. Während die Altreichen eine gemeinsame Kultur entwickelt haben, wie sie mit ihrem Reichtum umgehen, fehlt diese den Neureichen. Sie besitzen nur das Vermögen, sich die entsprechende Kultur anzueignen hingegen, fällt deutlich schwerer bzw. stellt sich sogar als Unmöglichkeit heraus (Imbusch 2009).

Hier findet sich eine strukturelle Ähnlichkeit: Neureiche im Bereich des Radfahrens erkennt man daran, dass sie die Codes der Fahrradkenner nicht beherrschen. Ihnen wird eine mangelnde Praxis zugeschrieben. Unter den Enthusiasten können sie mit keiner großen Sympathie rechnen. Es ist zwar nicht nur nicht auszuschließen, sondern sogar sehr wahrscheinlich, dass dabei auch eine Portion Neid eine Rolle spielt, aber es geht um mehr. Es geht um Zugehörigkeit, um Mitgliedschaft zu einer imaginierten Community:[7] Diese erwirbt man nicht einfach mit dem Kauf eines Bikes, auch wenn die Werbung einem genau das zu suggerieren vermag. Der Zubehörverkauf ist genau darauf ausgerichtet und es drängt sich einem der Eindruck auf, dass insbesondere ältere Personen auf ihren superteuren E-Bikes, mit dem letzten Schrei der Radmode ausgestattet, in einer Gruppe Gleichgesinnter gerade auf ihrem jährlichen gerade mal 25 km weit reichenden Trip unterwegs sind. Man kann auch sagen, dass Zugehörigkeit manchmal über ziemlich subtile Codes angezeigt wird. Auch solche Zugehörigkeiten sind Ausdruck von Kulturen, die sich innerhalb der Kreise der Eingeweihten angeeignet werden und die man gemeinsam weiter verfeinert.

Noch ein anderer Gedanke dazu: Vielleicht ist es von außen nicht zu erkennen, aber die Gruppe der älteren E-Biker mit optimaler Textilausstattung gehört vielleicht nicht zu einer der vielfältigen Communitys, die bisher erwähnt wurden, nein, sie bildet eine eigene kulturelle Gemeinschaft. Auch in dieser Gemeinschaft müssen sich ihre Mitglieder anpassen, um als zugehörig angesehen zu werden. Ich glaube eigentlich auch gar nicht, dass man von dort aus mit den anderen Biobikern konkurrieren möchte. Vielmehr findet der Vergleich dort wie in den anderen Gruppierungen vornehmlich untereinander statt. Aus der Distanz betrachtet bilden sich immer mehr Nischen, die alle in einer ähnlichen Weise funktionieren. Soziologisch ausgedrückt würde man die sich ständig wiederholenden Muster als „selbstähnlich" bezeichnen. Dieselben Strukturen treten immer wieder auf. Man kann also behaupten, dass die Struktur unabhängig von ihren Inhalten ist.

Die Tatsache, dass sich dasselbe in unterschiedlichen Bereichen immer wieder zeigt, liegt darin begründet, dass wir als Menschen sehr beschränkte Wesen sind. Wir haben Schwierigkeiten, uns in sehr großen sozialen Organisationen zurechtzufinden. Auch benötigen wir es, dass wir zu etwas dazugehören. Eine solche Zugehörigkeit gibt uns Sicherheit. Das gilt sogar dann, wenn man sich die Integration nur vorstellt. Zu wissen, wohin man gehört, sorgt dafür, dass wir uns orientieren können in einer komplexen Welt, deren Unübersichtlichkeit scheinbar immer noch weiter zunimmt. Das dürfte zumindest eine Ursache dafür sein, dass sich das Errichten von sozialen Begrenzungen, von innen und von außen, immer wieder auf eine ähnliche Weise zeigt. Die genannte Begründung hört sich wie eine anthropologische Konstante an, also etwas, was man immer wieder findet.

8 Prestige und Wettbewerb ums beste Bike

Ich möchte das aber nicht als das einzige Argument an dieser Stelle stehen lassen. Ich vermute, dass man noch andere Gründe für die Abgrenzungsmechanismen finden kann. Wir haben diese Arten der Grenzziehung in vielen anderen Bereichen des Sozialen gelernt. Auf ähnliche Weise schließt man Andersdenkende aus. Oft sind die anderen gar nicht so unterschiedlich zu uns selbst. Sie besitzen aber Merkmale, die man ihnen zuschreibt, etwa ihre Herkunft, die nicht mit den unseren komplett übereinstimmen. Das reicht oft schon aus, um daran eine Abwertung festzumachen. Klassische Soziologie hat solche Mechanismen aufgezeigt, wie die Konstruktion solcher Abwertungen funktioniert und welche Konsequenzen daraus folgen.[8] Auf das Argument der Selbstähnlichkeit komme ich im nächsten Kapitel noch einmal zurück.

Ich habe über dieses Thema – zu gute Bikes für das, was ihre Eigentümer damit tun – mit jemandem gesprochen, der sich in der Szene auskennt und selbst in einem Radladen arbeitet. Er hat mir dies bestätigt. Wenn ein solches großartiges Rad in Reparatur ist, wird in der Werkstatt manchmal darüber gesprochen, dass es eine Schande ist, dass ein Bike wie dieses kaum bewegt wurde. Man hört das Urteil heraus, dass das Gefährt nicht angemessen für seinen Besitzer sei. Tatsächlich werden gute Teile insbesondere dafür gebaut, dass sie stärkeren Beanspruchungen standhalten. In den beschriebenen Bike-Besitzer-Beziehungen ist eine solche besondere Güte der Teile jedoch kaum gefordert. Gerade dort, wo die Räder nur wenig gefahren werden, ist auch nicht ganz klar, ob die Besitzer überhaupt das richtige Zweirad für sich gekauft haben. Es kann schon vorkommen, dass jemand ein Rennrad erwirbt und dann feststellt, dass es sich gar nicht für die Bedürfnisse eignet. Für die tägliche Fahrt zur Arbeit ist es nicht konstruiert. Hierfür wären Schutzbleche, Beleuchtung und vielleicht ein Gepäckträger viel wichtiger als die Leichtigkeit des Rennrads und seiner verbauten edlen Teilegruppe. Auch auf die sportliche Haltung (den tief gebeugten Rücken), die das schnelle Bike fordert, werden viele im Alltag lieber verzichten wollen. Ein ehemaliger Kollege aus einer zentralen Abteilung unserer Universität, der ein sehr gutes Rennrad besaß, bestätigte mir das ebenfalls. Er hatte es mit seiner Frau ausgehandelt, dass er mehr Geld als eigentlich budgetiert ausgeben durfte, damit es ein richtig tolles Bike von einem bekannten Hersteller wurde. Er selbst war übergewichtig und klagte darüber, dass besonders im Frühjahr der Bauch doch arg störe bei der gestreckten tiefen Haltung, die sein Renner erforderte. An sich würde ein gutes Trekkingbike einem solchen Besitzer bessere Dienste leisten. Auch das ist ein Merkmal von Kennern und Engagierten: Viele von ihnen besitzen mehrere Räder, über deren Gebrauch die Angemessenheit des Anlasses entscheidet.

Diejenigen, welche dieselbe Art von Bikes besitzen, denken auch ähnlich. Es gibt Typen von Radnutzern, bei denen das offensichtlich ist bzw. ich mir das so vorstelle – die BMX-Leute z. B., die sich an einer Anlage mit Halfpipes und anderen Schikanen treffen, in der diese den Umgang mit dem Rad lernen und Kunststücke damit üben. Man muss eigentlich schon Leute kennen, die sich ebenfalls mit diesem Thema auseinandergesetzt haben. Diese Bekannten stehen in irgendeiner Weise mit einem in Beziehung. Sie gehören damit auch zum personalen Netzwerk. Vielleicht stehen die Freunde, die man damit gewinnt, ebenfalls miteinander in Kontakt. Es würde sich somit um ein dichtes Netzwerk handeln. Dann wird darüber geredet, was für ein tolles Rad sich der Maximilian da gerade angeschafft hat. Die Ausstattung kann also auch Gegenstand von Klatsch in der jeweiligen Community werden.

8.8 Vergleich und besser sein wollen

Aber diese anderen sind nicht nur für die Hardware der eigentlichen Räder von Bedeutung; sie spielen auch eine Rolle dabei, welche Kunststückchen die Anwesenden sich anzueignen versuchen. Sie sind sich gegenseitig Vorbilder bei dem Ausprobieren von neuen Fertigkeiten. Gleichzeitig begleiten sie sich bei Stürzen und dem Erleiden der Schmerzen, bis ein Trick klappt. Vielleicht beneiden sie sich auch gegenseitig. Aber das Geschilderte, die Zugehörigkeit, die Freundschaft und der Neid sind alles verschiedene Facetten der Beziehungen an solchen Plätzen. Beziehungen sind nun mal nicht eindimensional. Im Gegenteil, sie vereinen, besonders wenn sie intensiver geworden sind, es sich also um sogenannte „strong ties" handelt, zahlreiche Dimensionen. Man kann sich mögen und sich gegenseitig im Verhalten folgen und trotzdem findet man manche Aspekte am anderen weniger gut, möglicherweise hasst man einige Eigenschaften sogar (Stegbauer 2010). Was ich sagen will:

8 Prestige und Wettbewerb ums beste Bike

Solche Treffpunkte mit BMX-Bikern sind hinsichtlich der Örtlichkeit und der Wirkung deutlich sozialer als die meisten anderen Arten des Radfahrens. So begibt sich der Trekkingbiker meist alleine oder zu zweit auf die Feierabendrunde oder seinen sonntäglichen Ausflug.

Vielleicht geht es an dieser Stelle hauptsächlich darum, mithalten zu können. Es könnte sein, dass ich auch so ein gutes Fahrrad haben möchte wie diejenigen, denen ich mich für sonntägliche Ausfahrten angeschlossen habe. Vielleicht lasse ich mich von ihnen beraten. Die Jungs, mit denen ich früher manchmal Rennradtouren machte, haben sich Rahmen in Italien bauen lassen. Einer von ihnen kam aus dem Veneto, wo er sich früher sogar an Rennen beteiligte. Er beeinflusste die anderen, dahingehend, dass auch sie dieselbe Manufaktur in Venetien mit einem auf Maß gefertigten Rahmen beauftragten. Der körperlich größte von ihnen erzählte mir einmal, dass die anderen ihm zu verstehen gegeben haben, dass sich das für ihn lohne, auch wenn es teuer sei. Er fahre häufig genug, um die Anschaffung zu rechtfertigen. Die drei hatten blaue Rahmen und auch alle die gleichen blauen Trikots einer italienischen Rennradmannschaft mit dem Werbelogo des damaligen Sponsors auf unseren Touren übergestreift. Ich war wahrscheinlich zu selten dabei, als dass dieses Verhalten auf mich abgefärbt hätte. Sie hatten sich dadurch jedenfalls nicht nur äußerlich einander angepasst, sie hatten auch eine gemeinsame Kultur entwickelt. Die Art, wie sie redeten, ähnelte sich. Die Touren waren auch insofern gleich, als nach der Ausfahrt von Frankfurt aus in den hinteren Taunus fast immer in einer Apfelweingaststätte am alten Markplatz im Stadtteil Höchst eingekehrt wurde. Das war eine Gewohnheit, die gar nicht mehr ausgesprochen werden musste.

Was wir offensichtlich beobachten können, ist die Angleichung in der Gruppe. Die soziale Gesetzmäßigkeit besagt jedoch, dass gegenüber der Bezugsgruppe – manchmal reden wir im soziologischen Jargon auch von „strukturell äquivalenten Personen" – neben der Anpassung auch immer Wettbewerb bestehe. Strukturell äquivalent sind Personen, die in einem Netzwerk untereinander die gleichen Beziehungen besitzen und auch nach außen mit denselben anderen in Kontakt stehen (White et al. 1976). Grob dürfte das für die Mitglieder der Gruppe stimmen. Nach außen jedoch bleiben Unterschiede bestehen. Das scheint aber auszureichen, um einen gewissen Wettbewerb in der Gruppe anzufachen. Aus diesem Wettbewerb entspringt schon einmal die Notwendigkeit, mit den anderen gleichzuziehen. Wenn das neue Rad dann ausgestattet wird, liegt es nicht fern, sich für noch bessere Teile zu entscheiden.

Wir sind mehrere Male im selben Hotel in Südtirol gewesen. Das Haus war auch das Feriendomizil der Radmannschaft einer Feuerwehr aus einer belgischen Stadt. Sie kamen dorthin, um ihre Höhenmeter zu absolvieren. Einer der Feuerwehrleute blieb etwas länger als die anderen und so trafen wir mit diesem und dem Hotelier in dessen Kellerbar zu einem abendlichen Plausch zusammen. Der Hotelbesitzer, selbst passionierter Bergsteiger mit Bergführerprüfung und Rennradler erzählte verschiedene Begebenheiten, die sich u. a. auf Mallorca zugetragen hatten. Zu eiliges Fahren führte etwa zu einem Beinaheunfall, weil er sich nach einem Ritt durch einen abschüssigen Tunnel zu schnell einer Ampel näherte. Er konnte nicht mehr rechtzeitig vor dem Rotlicht bremsen. In seiner Not nahm er seine Schuhe zu Hilfe. Am Ende war die Sohle fast „durch". Durch diese Maßnahme kam er einigermaßen ungeschoren davon. Schon in der Erzählung über solche Radsportereignisse spiegelt sich der Wettbewerb. Diese eine Story muss von der folgenden möglichst getoppt werden. So wusste der belgische Feuerwehrmann von einer Situation zu berichten, die dazu führte, dass sein teures GPS-Gerät auf der Fahrbahn lag (zum Glück nicht er selbst) und von einem Laster erfasst und auf Briefmarkendicke zusammengestaucht wurde.

8.9 Es ruhig angehen und ausgepowert enden

Eigentlich wollte ich an dieser Stelle gar nicht über diesen verbalen Wettbewerb erzählen, sondern über das, was der Hotelier auch noch zum Besten gab: Er sagte, dass bei gemeinschaftlichen Ausfahrten man fast immer vorher abmachen würde, es dieses Mal langsamer angehen zu wollen. Das bedeutet, dass der Wettbewerb gebremst ist und man darauf achtet, die weniger schnellen mitzunehmen und sich nicht allzu sehr zu verausgaben. Das Resultat sei jedoch regelmäßig ein anderes. Alle seien hinterher total ausgepowert und an diesem Tag zu fast nichts mehr zu gebrauchen. Ich finde, das ist ein interessantes Beispiel für die Dynamik des Wettbewerbs, die in solchen Gruppen steckt. Selbst der gute Vorsatz ist nicht einzuhalten, während der Fahrt schaukelt sich der Eifer so hoch, dass am Ende ein anderes Ergebnis steht als zunächst angestrebt. Ich kann mir das so erklären, dass selbst eine ungewollte Verbesserung eines Gruppenmitglieds,[9] etwa bei einem Anstieg, den Ehrgeiz bei den anderen weckt, mindestens genauso schnell, besser aber schneller zum Scheitelpunkt des Passes zu gelangen. Es entsteht also eine Dynamik, die bis zum vollständigen Auspowern am Ende der Tour führt.

Das, was dort besprochen wurde, ist mir mit der eigenen Gruppe (von der bereits berichtet wurde) ebenfalls nicht fremd. Es ließ sich aber auch der Erzählung einer zufällig neben mir zum Stehen gekommenen Radlergruppe entnehmen. In einem vor einigen Jahrzehnten im Frankfurter Norden eingemeindeten ehemaligen Dorf befand sich ein beschrankter Bahnübergang. Mittlerweile gibt es diesen Übergang nicht mehr. Die Wartezeit vor den Schranken war immer sehr lang, weil die Zugdichte an der Stelle hoch ist und sich die Schranken immer nur für einen kurzen Augenblick öffneten. Außer mir warteten noch mehrere Radler des Triathlonteams der Frankfurter Eintracht. Sie unterhielten sich über einen ihrer Kameraden, der aber nicht selbst anwesend war. Schließlich redet man nicht über Anwesende. Offenbar stellte der Abwesende die anderen sehr leicht in den Schatten und holte mehr Kraft als die anderen aus den durch Streuselkuchen zugeführten Kalorien während einer Rast auf der Tour. So wie diese Geschichte erzählt wurde, schien es, als habe man diese Person gar nicht so gern in der Gruppe. Seine Schnelligkeit führt wohl beim Versuch, ihm zu folgen, bei den anderen zu Stress und übermäßiger Anstrengung.

Mein altes Rennrad benutzte ich irgendwann kaum noch. Es stand die meiste Zeit herum. Ich verwandelte es schließlich in ein Tourenrad. So fuhr es noch eine ganze Weile und nachdem es sehr heruntergerockt war, verschenkte ich es. Motiviert, mich wieder auf einen Rennradsattel zu schwingen, hat mich ein Kollege, der mir einst während der Fahrt zu einer Tagung im Auto davon berichtete, dass er sich kürzlich ein Rennrad gekauft habe. Bei ihm kam die Anregung aus seiner Fußballmannschaft, mit der er regelmäßig in einem Park kickte. Das weckte in mir den Wunsch, auch mal wieder auf dem Rennrad zu sitzen. Ich recherchierte also und schlug bei einem etwas verbilligten zu. Es handelte sich um ein sogenanntes Auslaufmodell, was zum Ende der Saison, kurz vor Erscheinen der neuen Räderkollektion für das kommende Jahr, reduziert worden war. Außerdem war es deswegen weniger teuer, weil es noch einen, inzwischen in diesem Genre, bereits veralteten Alurahmen besitzt.

Das animierte wiederum einen meiner Söhne, ebenfalls Interesse am Rennradfahren zu entwickeln. Wir fuhren also zum selben Hersteller, wo er sich ein deutlich teureres Modell als meines aus Carbon aussuchte. Es ist nochmals leichter, hat bessere Laufräder, eine bessere Sattelstütze (die sogar leicht federt) und teurere Pedale. Gleich war am Ende, dass wir beide Besitzer eines Rennrades waren; mein Sohn hatte mich aber mit seiner Anschaffung übertrumpft. Tatsächlich haben wir dann auch ein paar wenige Touren gemeinsam gemacht. Er hängte sein Rennrad schließlich auch über sein Bett. Das tut er allerdings nur, wenn er es vorher geputzt hat. Diese selbst gesetzte Anforderung reduziert etwas die Zeiten, in denen er unter dem Rad schläft – ich berichtete bereits davon. Ich glaube aber auch, dass der Wettbewerb gar nicht so bewusst ausgetragen wird, wie sich das bei meinen zahlreichen Schilderungen davon anhört.

Eine weitere Erkenntnis lässt sich hieraus ableiten: Die Anschaffungen der Rennräder stehen miteinander in Verbindung. Sie folgen den Beziehungen der Personen, über die gerade berichtet wurde. Der Kollege ließ sich von seinen Mannschaftskameraden, mit denen er in einem Park regelmäßig kickte, anstecken. Wahrscheinlich könnte man die Erzählung auf seiner Seite noch weiter spannen. Für den Bereich, den ich wahrnehmen kann, handelt es sich um das erste Kettenglied, was dazu führte, dass ich mich ebenfalls anstecken ließ. Das nächste Glied war dann mein Sohn. Tatsächlich weiß ich sogar noch von einem weiteren Freund von ihm, der sich danach ein schickes gebrauchtes Rennrad zulegte. Wahrscheinlich erfolgt die Verbreitung eines solchen Trends entlang solcher Ketten, von denen ich nur in der Lage bin, jetzt die vier Verbindungen zwischen den vier Personen und meinem Kollegen und den für mich anonymen Fußballfreunden wahrzunehmen. Das erscheint mir eigentlich schon als ein relativ weiter Blick auf diesen Ausschnitt aus der Landkarte unserer Netzwerke.[10] Mehr ist leider kaum drin, wenn wir auf das Wissen über uns und unsere Bekannten zurückgreifen. Man kann annehmen, dass die Beziehungen sich wie ein Myzel von Pilzen über bestimmte

Bereiche der Gesellschaft legen. Die Metapher des Myzels wähle ich an dieser Stelle, weil es uns meist verborgen bleibt. Die Ansteckung wird uns also allenfalls in Ausschnitten gewahr. Deswegen unterschätzen wir gerne die Wirkung von Beziehungen in Netzwerken. Ich weiß, dass ich schon an anderer Stelle über die Ansteckung geschrieben habe. Hier aber wird es noch einmal besonders schön deutlich, insbesondere, dass die Netzwerke die Bereiche, die man gerne in der Netzwerkforschung untersucht, überschreiten: Mit der Fußballmannschaft meines Kollegen hat der Freund meines Sohnes ja gar nichts gemein. Zwischen ihnen stehen vier Schritte im Netzwerk. Vier Schritte, ist das viel? Na ja, es wird gesagt, dass im Prinzip sechs Schritte ausreichen würden, um alle Personen auf der Welt zu erreichen.[11] Zwar geht es bei dieser Überlegung um Potenzen, die wir nur schwer ohne mathematische Modellierung mit unserem begrenzten Verstand erfassen können, aber der Sprung zwischen voneinander entfernten und kaum forscherisch zusammenzubringenden Netzwerken wird doch an diesem Beispiel offenbar.

8.10 Eine Radlergruppe und ihre Kultur

Betrachten wir daher an dieser Stelle noch einmal die sozialen Mechanismen, die dabei eine Rolle spielen: Wir haben gesehen, dass Beziehungen zwischen Personen bedeutsam sind. Es lässt sich in diesem Fall geradezu eine Art von Ansteckungskette nachvollziehen. Andere animieren uns dazu, uns in einer gewissen Weise zu verhalten. Wenn wir uns einer Gruppe anschließen, die es schon gab, lassen wir uns nicht nur auf die Personen ein, die dazugehören, wir müssen uns auch mit ihren Regeln und Gewohnheiten auseinandersetzen. Ich würde davon sprechen, dass sich in jeder dieser Gruppen eine Mikrokultur herausbildet (Fine 1979). Die Art und Weise, wie die Leute dort miteinander umgehen, worüber sie reden, wie sie miteinander kommunizieren, was die Codes und ihre Symbolik betrifft, welche Mannschaften man gut oder schlecht zu finden hat, all das gehört zur Mikrokultur, welche die Gruppe in Auseinandersetzung miteinander entwickelt hat. Hier einzudringen, das ist vielleicht sogar die größere Hürde, abgesehen von dem Trainingsrückstand, den man gegenüber der Gruppe aufweist.

Vielleicht sollte ich an dieser Stelle ein Wort zum hier verwendeten Begriff der „Gruppe" fallen lassen. Gruppen in einem soziologischen Sinn verweisen meist auf Kleingruppen, die typischerweise über eine äußere Grenze und über eine Struktur im Inneren verfügen. So und ähnlich wurde das in der Gruppensoziologie beschrieben, etwa vom soziologischen Klassiker George Caspar Homans (1960). Eine solche Gruppe habe ich beschrieben – die drei, mit denen ich diese Sonntagstouren unternahm. Wir waren also zu viert. Eine interne Struktur war durchaus vorhanden – es war klar, wer der Schwerste war und daher am Berg am meisten zu kämpfen hatte (zum Glück war ich es damals noch nicht). Auch lag die Expertise eindeutig bei dem beteiligten aus Italien stammenden Freund. Er war mit der Schwester eines anderen Mitfahrers verheiratet. Ganz so fix war die Grenze allerdings nicht, denn ich war ja ein Element, welches nur zeitweise Mitglied war. M. a. W. die von mir hier auch benutzte Gruppenmetapher führt etwas in die Irre, weil sie mehr Geschlossenheit vorgaukelt, als eigentlich vorhanden war. Ich ziehe es deswegen eigentlich eher vor, von Vernetzungen zu sprechen. Innerhalb eines Netzwerkes, welches im Grunde grenzenlos ist, kann das, was man früher als Gruppe bezeichnete, ein Teil sein (beschrieben von Kähler 1975). Gruppenbeziehungen oder „kohäsive Subgruppen" betrachte ich dann als ein Element von weitergehenden eingebetteten Netzwerkbeziehungen. An dieser Stelle kann ich auch erklären, warum ich kein „festes" Mitglied der Gruppe geworden bin: Die Ausfahrt mit anschließendem Kneipenbesuch dauerte sonntags vom Vormittag bis weit in den Nachmittag hinein. Das war mir angesichts meiner eigenen Beziehung zu lang. Ich wollte die Sonntage auch mit meiner Freundin und später auch mit meinem kleinen Sohn verbringen. Die unterschiedlichen Ansprüche rissen mich also zwischen Taunushügeln mit anschließendem Apfelweinevent und der Pflege meiner anderen wichtigeren Beziehung zu meiner Familie hin und her.

Die entstehende Mikrokultur ist aber, wenn man so will, nur die eine, niedrigere Ebene. Niedriger ist sie deswegen, weil hier alle an der Entwicklung und Weitergabe von Kultur beteiligt sind. Das Eindringen, wie im vorhergehenden Absatz beschrieben, ist dort nicht etwas Einseitiges, was allein dazu führt, dass sich der Neuling anpassen muss. Er muss sich natürlich in gewisser Weise anpassen, ein Zugang ist aber auch ein Anlass für die anderen Mitglieder, sich zu fragen, ob all ihre in Abfolgen von Situationen eingeübten Rituale noch Bestand haben. Sollte man beispielsweise für eine Weile nicht die 120 km Sonntagsrunde fahren, sondern diese zunächst einmal verkürzen, damit der Neue überhaupt in der Lage ist, einzusteigen?[12] Die Kultur in der Gruppe wird also mit dem Eintreten eines weiteren Teilnehmers verändert; der Hinzugekommene ist in Verbindung mit den anderen daran beteiligt, die Teile der Kultur im Kleinen dann gemeinsam weiterzuentwickeln.[13] Dabei wird aber nicht alles in Frage gestellt. Einiges kann gar nicht in Frage gestellt werden, weil die Besonderheiten des Verhaltens dem Neuen vielleicht auffallen, dieser aber so schnell integriert wird, dass diese unverändert bleiben. Zur äußerlichen Einheitlichkeit der Gruppe (maßgeschneiderte blaue Rahmen und farblich passende blaue Trikots) passte ich äußerlich natürlich gar nicht. Ich besaß zwar eine Radhose mit dem damals üblichen Hirschledereinsatz, anstatt eines Trikots zog ich aber ein Hemd darüber, weil ich damals schon skeptisch gegenüber den angeblichen Notwendigkeiten des Radsports war. Insbesondere die kommerziellen Anforderungen schreckten mich ab.

Bei solchen wie den beschriebenen Verhaltensweisen in der Gruppe handelt es sich beispielsweise um Rituale, die aus einem bestimmten Grund eingeführt wurden. Solche Rituale leben in einer Gruppe wie der unseren nur so lange, wie die Gruppe selbst besteht. Solange eine Gruppe noch nicht aufgelöst ist, werden sie weitergetragen, weil die Kenntnis darüber das cultural toolkit (Swidler 1986) der Mitglieder anreichert. Auf diese Weise vermehren sich die Verhaltensmöglichkeiten in anderen, möglicherweise nachfolgenden Gruppenkonstellationen. Wenn die Gruppe jedoch von einer Organisation, etwa einem Verein, getragen wird, dann ist es möglich, Rituale unabhängig von den einzelnen Mitgliedern zu tradieren. Die Organisation besteht nämlich weiter, auch wenn einige Mitglieder nicht mehr Teil des Vereins sind. Die Rituale lösen sich also von den Einzelnen. Verhaltensweisen bleiben auch unabhängig von denjenigen bestehen, die dabei waren, als das Verhalten eingeführt wurde, dabei waren. Ferner überleben Teile der Kultur auch manchmal mehrere Generationen von Zugehörigen. In solchen sozialen Gebilden können sich dann einige Rituale finden, die schon sehr alt sind. Allerdings wissen wir nur wenig über diejenigen Verhaltensweisen, die über die Zeit vergessen wurden – sie sind ja nicht mehr da. In dem Erleben der Mitglieder steckt also auch so etwas wie ein Überlebensmuster für Kulturen. Diese Überlebensfähigkeit von Kulturelementen ist ebenfalls etwas, was sich dem Erleben entzieht. Allerdings bedeutet das nicht, dass solche Elemente die Aushandlungsfähigkeit völlig verlieren. Zwar mögen einige Elemente zur Selbstverständlichkeit geworden sein und damit ihre Hinterfragbarkeit einbüßen, die meisten dieser kulturell wirksamen Teile des Sozialen bleiben aber aushandlungsfähig und damit veränderbar. Schließlich soll die Stabilität solcher Mikrokulturen an dieser Stelle nicht überzeichnet werden.

„Darüber", über dieser Mikroebene, findet sich noch eine weitere Ebene. Vielleicht ist dieser Ausdruck auch gar nicht der richtige. Was ich meine, ist, dass in die Gruppe von Radlern, der ich auch angehörte, Muster übernommen wurden, die diese paar Leute zu einer übergeordneten Kultur zugehörig erscheinen lassen. Das klingt vielleicht etwas abstrakt, ist es aber gar nicht: So rasieren sich Rennfahrer die Beine. Gründe dafür seien, dass glatte Beine vorteilhaft seien, um den Windwiderstand zu verringern, sich die Beine besser massieren ließen, wenn sie von Haaren befreit seien, und schließlich, damit die Schürfwunden nach Stürzen schneller verheilten,[14] weil verhindert wird, dass Haare einwachsen. Nun machen Freizeitrennfahrer eigentlich keine Zeitfahrwettbewerbe mit, bei denen sich dieser Windwiderstand in Sekunden auf etliche Kilometer am Ende auswirken könnte. Kaum jemand – nun eigentlich gar niemand von uns – besitzt einen Stab von Mitarbeitern, zu dem auch ein Masseur gehört, der die Muskeln nach der großen Anstrengung immer wieder weich macht. Auch sind Stürze viel seltener als bei den Profis, denn man fährt in keinem Hauptfeld, in dem man als Folge der Unaufmerksamkeit eines anderen Sportlers vom Rad geholt wird, und sitzt auch nicht vergleichbar lange im Sattel. Rationale Gründe sind also für das Verhalten im Hobbybereich kaum zu finden und dennoch gehört die Beinrasur zu einem Kulturelement in vielen solcher Gruppen. Es handelt sich um ein Verhalten, welches sich die Amateure bei den Profis abgeschaut haben. Man könnte sagen, dass es sich beim Beinerasieren um eine Verhaltensoption handelt. Wenn es viele andere ebenfalls tun, dann dringt das Verhalten sehr weit in die Community ein und steckt zahlreiche Teilnehmende dort an. Allerdings ist es nicht unbedingt ein Muss.

Ähnliches passiert bei Rennfahrern hinsichtlich der Bekleidung: Es sind nicht nur die Bekleidungsindustrie und die Ausstatter, die dafür sorgen, dass eine Orientierung an der Kultur der Rennradler erfolgt. Zwar spielt im Kapitalismus auch diese Art der Aneignung – von Seiten der Hersteller, die aus einem Trend Profit schlagen wollen – eine Rolle. Es sind auch die Radler, die sich dieser Dinge bedienen, um zu zeigen, dass sie zugehörig sind und sich entsprechend fühlen können. Dieser Drang zur Identifikation und damit zu einer sozialen Integration durch die Übernahme von Symbolen der Kultur lässt sich von der Industrie leidlich ausnutzen. Es ist also ein sozialer Mechanismus, der das Spielfeld für Profite der Textilindustrie eröffnet.

Es lässt sich aber nicht jeder Aspekt der Kultur kaufen. Es gibt auch Rituale, die sich (zumindest ein Stück weit) den kommerziellen Interessen entziehen. Ein Absteigen und Verschnaufen am Denkmal für den am 13. Juli 1967 während der Tour de France am Mont Ventoux verstorbenen Fahrer Tom Simpson gehört für viele Radler zu so einem Ritual, wenn sie sich diese den steilen und im oberen Bereich kahlen Berg in der Provence hochgequält haben. Viele Radler lassen eine Trinkflasche da, einen Aufkleber oder legen einfach nur einen Stein auf den Stufen des Denkmals ab.[15] An dieser Stelle hält das Denkmal zwar den Grund für das Ritual wach, etlichen der stoppenden Radler werden die Einzelheiten des Dramas von 1967 aber nicht vollständig bewusst sein. Das Anhalten und die Anerkennung für den Fahrer bleiben aber präsent, auch wenn bei dessen Tod Alkohol und weitere Dopingdrogen eine Rolle spielten. Hier handelt es sich um ein öffentlich bekanntes Ritual, über das auch in der Presse immer mal wieder berichtet wird: Viele solcher Rituale gehören zu dem Verhalten, was dann auch von kleinen Gruppen von Radlern in ihre eigene Mikrokultur integriert wird. Dies sind einige Beispiele dafür, wie sich die Gruppe durch ihre Beteiligung am Ritual mit den anderen Rennradfahrern verbunden fühlt. Die Gruppe zeigt auch an, dass diejenigen, aus denen sie sich zusammensetzt, ebenfalls zur größeren Community der Rennradler gehören.

8.11 Lastenbikerennen

Der soziale Wettbewerb treibt aber noch weitere in Teilen doch recht eigentümliche Blüten. Wer ist schneller, wer ist besser, wer fährt weiter? Solche Fragen treiben die Menschen immer wieder um. Offenbar ist an dem Gesetz des Pecking Order doch etwas dran. Während einer Radmesse in Frankfurt findet ein organisiertes Radrennen statt.[16] Handelt es sich dabei etwa um Rennradler auf der Straße, Querfeldeinfahrer auf schlammigem Kurs oder akrobatische Mountainbiker? Nein, das Rennen findet zwischen Lenkern von Lastenbikes statt. Es gibt Runden ohne und solche mit Gepäck. An Gepäck ist während des Rennens eine Wasserkiste, ein Campingstuhl und eine Schwimmnudel zu verstauen. Nach zwei Runden muss man sich dieser Last wieder entledigen. Der Ort dafür ist aber nicht etwa der Badesee, wo doch das für die Stadt merkwürdige Gepäck am ehesten benötigt werden könnte, sondern die Wechselzone. So spaßig eine solche Veranstaltung mit entsprechender Ansage auch sein mag, zu hoffen ist, dass es Lastenradler im Alltag nicht dazu verleitet, sich ähnlich denjenigen auf dem Parcours zu verhalten. Wenn es sich um Mütter mit Kindern an Bord handelt, dürfte der Ehrgeiz aus Sicherheitsgründen vielleicht nicht zu sehr ausgeprägt sein. Aber man stelle sich vor, das Rad gerät in die Hände von Jugendlichen, die auf dem Weg zur Party oder, vielleicht noch schlimmer, von der feuchtfröhlichen Party nach Hause von solchem Vergleichsdrang erfasst werden. Der soziale Trieb, sich messen zu müssen, führte dann zu einer Gefährdung anderer Verkehrsteilnehmer, inklusive anderer Radfahrer. Nicht auszudenken, wenn wir später in der Zeitung von illegalen Lastenradrennen erfahren würden. So spaßig das auch klingen mag, die Masse solcher Lastenräder ist aufgrund ihres hohen Gewichts nicht zu unterschätzen. Die letzten Muskelbiker, die nicht mit einer solchen „Panzerung" antreten, würden ohne Zweifel immer den Kürzeren ziehen. Das Verhältnis ist vielleicht am ehesten damit vergleichbar, was mir einmal eine Künstlerin im US-amerikanischen Maine sagte, als wir uns über die unsinnig riesigen Autos in Amerika unterhielten. Sie meinte, die Chancen für die Insassen eines Smarts zu überleben, seien eben nicht so groß, wenn dieses Auto mit einem Hummer (einem riesigen, in den USA ziemlich beliebten Geländefahrzeug) zusammenstoße. Wenn wir das Bild auf die Radszene übertragen, dann entspräche das Lastenrad dem Hummer und das pedalierend angetriebene Biobike dem viel kleineren Smart. Ich will aber hier nicht die Lastenräder verteufeln, sie bringen großen Nutzen im Vergleich zu all den Verbrennern, die vor allem fossile Energien verbrauchen und größere Umweltschäden anrichten. Bei der Konkurrenz mit diesen großen Gefährten müsste man sich aber so einiges überlegen. Dazu gehört es, die Radwege so breit zu gestalten, dass ein Miteinander der verschiedenen Radsysteme nicht problematisch wird. Ein Mittel gegen den Vergleichsdrang und den daraus entstehenden Wettbewerb wird das hingegen nicht sein. Eine offene Frage ist, ob die Idee, geschlossene Parcours für die Austragung solcher Rennen zu nutzen, den Vergleichsdrang reduzieren würde. Die Idee wäre einen Nürburgring für Lastenräder zur Verfügung zu haben, was etwa auch der Rennstrecke auf der Messe entspricht. Ich wäre hinsichtlich dieser Formen der Kanalisierung des Wettbewerbs jedoch skeptisch, weil ich eine Ansteckung des Rennmotivs eher fürchte, als dass eine Einhegung stattfinden würde.

8.12 Das Frisieren von E-Bikes

Das Rennen betrifft aber nicht nur die trägen Lastenbikes. Neuerdings scheint es auch einen Trend zum „Frisieren" von E-Bikes zu geben.[17] Es gibt massenweise Kits zu kaufen, bzw. diese sind über das Internet zu bestellen, mit denen man die vorgeschriebene Geschwindigkeitshöchstgrenze umgehen kann. Bei normalen Pedelecs beschleunigt der Motor nicht schneller als auf die vorgeschriebene Höchstgeschwindigkeit von 25 km/h. Wenn man schneller radelt, schaltet sich die Unterstützung ab. Natürlich sind die Motoren im Prinzip so stark, dass sie auch deutlich schneller könnten. Aber sie schaffen das nicht, weil die Hersteller aufgrund der gesetzlichen Vorgaben einen Riegel vorgeschoben haben. Dieser Riegel lässt sich mit Hilfe der Manipulation der Motorsteuerung beiseiteschieben. Abgesehen davon, dass dies nicht legal ist und auch Konsequenzen für den Versicherungsschutz hat, ist die Beschränkung der Geschwindigkeit etwas, bei dem es sich nicht um Schikanen handelt. Da Fahrräder oft auf engem Raum agieren müssen und auch zahlreiche Strecken zusammen mit Fußgängern geführt werden, ist mit zu großer Geschwindigkeit ein Sicherheitsrisiko verbunden.

Natürlich geht es mir auch hier keineswegs ums Moralisieren, ich glaube, dass das Tuning auch als ein Ausdruck des hier bereits vielfach behandelten Wettbewerbs gelesen werden kann. Wer die Sperre auszuschalten vermag, fährt den anderen davon. Wer das nicht kann, muss sich im alltäglichen Geschwindigkeitswettbewerb geschlagen geben. Dieser findet im Anonymen statt und ist vielleicht noch eher auszuhalten, als wenn ein Freund sein Bike tuned und man selbst hat keine Gelegenheit dazu oder gar Sicherheits- oder Versicherungsbedenken hegt. Es kann schon sein, dass durch die anderen Leute, mit denen man befreundet ist, ein Druck entsteht, auch die entsprechende Tuningmaßnahme durchzuführen. Wenn man sich dann dazu entscheidet, ist das Wissen ja bereits im Freundeskreis vorhanden. Die Freunde erzählen, wo man das Kit herbekommt, welche technischen Schwierigkeiten zu überwinden sind, und vielleicht auch, welche Gefahr besteht, damit erwischt zu werden. Es tut sich also erneut eine Wettbewerbsnische auf. Wir kommen davon nicht los und das Radfahren ist eine wichtige Komponente für dieses gegenseitige Ringen.

Die Radbesitzenden wählen ja nicht nur die Ausstattung und die Farbe ihres Untersatzes, sie schmücken diesen auch mit Aufklebern oder verzieren ihn mit Farbe und Ähnlichem. Meine Freundin fuhr früher auf einem von ihr selbst lila gestrichenen ziemlich alten Schwanenhalsrad. Tatsächlich handelte es sich um einen Oldtimer, der noch mit einer Stempelbremse vorne ausgestattet war. Perfekt war ihr Auftreten dann zusammen mit ihrer damals sprichwörtlichen (und tatsächlich selbst gefärbten) lila Latzhose. An der Uni begegnet man heute auch noch manchmal sehr bunt bemalten Rädern. Nicht selten kommt dabei eine Haltung zum Vorschein, ähnlich wie bei meiner Freundin damals. Mir ist beispielsweise auch schon ein regenbogenfarbenes Rad begegnet. An der Kunsthochschule in Offenbach habe ich auch so ein individuell gestaltetes Rad gesehen. Es hatte ein Gimmick, welches ich mir abgeschaut habe und welches ich immer nachmachen wollte (ist aber bislang noch nicht so weit gekommen). Ein Kunststudent hatte in ein altes Schlampermäppchen, wie wir es zu Schulzeiten benutzt haben, Löcher gedrillt und sich dieses am Oberrohr kurz vor dem Lenker mit Kabelbindern befestigt. Eine sehr schöne Möglichkeit, um den Schlüssel oder andere Kleinigkeiten zu befördern, weil die Radhose lästigerweise über keine Taschen verfügt. Trikots trage ich nicht, obwohl sie an dieser Stelle praktisch wären: Immerhin haben diese meistens Rückentaschen integriert.

Auch andere eher technische Eigenheiten unterscheiden Fahrräder. So musste ich kürzlich ein Rad des holländischen und leider in die Insolvenz gerutschten Herstellers VanMoof zur Seite rücken. Plötzlich fauchte mich eine Katze an. Das Geräusch war so eindringlich, dass ich erschrak und einen halben Meter zurücksprang. Als mir klar wurde, dass das Fahrrad mich anfauchte, habe ich es gleich noch ein paar Mal ausprobiert. Das Fauchen hört sich wirklich unheimlich an. Dabei kommt mir ein Gedanke: Es wird doch nicht der in einem der letzten Sommerlöcher in Berlin vermutete freilaufende Löwe in Wirklichkeit ein solches Fahrrad gewesen sein? Nein – es wurde schließlich verlautbart, dass es sich damals um ein Wildschwein handelte. Aber Scherz beiseite – es klang in meinen Ohren eher wie ein Panther. So eine technische Einrichtung taugt aber für Gesprächsstoff im Freundeskreis. Wenn mir das Rad gehören würde, ich würde es natürlich auch allen vorführen wollen. Auch hierbei handelt es sich wieder um ein Genre, anhand dessen sich soziale Unterschiede konstruieren lassen.

8.13 Ähnlichkeiten treten immer wieder auf

Das mit dem Prestige ist gar nicht so einfach, denn es hängt von der Vergleichsgröße ab, was als gut oder besser angesehen wird. Im Dorf am Rande der Kleinstadt, in dem es keine Radkenner gab, war mein altes Rennrad top. Tatsächlich war es mit sehr günstigen Komponenten zusammengebaut. Bei Hobbyradlern oder solchen, die auch gelegentlich mal Rennen fahren, hingegen, hätte man wahrscheinlich die Nase gerümpft. Das zeigt, dass der Wettbewerb strukturiert ist, und darüber habe ich tatsächlich ja auch schon geschrieben. Was dabei im Hintergrund wirkt, ist ein wahrscheinlich universalistisches Prinzip. Jede Nische entwickelt ihren eigenen Wettbewerb. Das hilft, die Konkurrenz kleinzuhalten. In der Soziologie der Märkte (White und Godard 2007) gilt ein ähnliches Prinzip. Hier suchen Unternehmen nach Nischen, die sie aber möglichst nicht alleine besetzen, sondern mit anderen. Eine solche Nische entsteht dadurch, dass eine Reihe von Herstellern in einem bestimmten Marktsegment miteinander konkurrieren. Da Märkte aber zahlreiche Nischen aufweisen, etwa in der Autoindustrie, wird das Risiko vermindert, weil es sich stärker verteilt. Innerhalb der Nischen findet sich zudem noch ein Qualitätswettbewerb, der ebenfalls strukturierend wirkt.

Da finden sich im Autobereich Premiumhersteller und Massenhersteller, wodurch eine solche Nische nochmals zerteilt wird. Man kann sich das klarmachen, wenn man daran denkt, dass es früher Vans gab, also familientaugliche Fahrzeuge mit relativ viel Platz. Diese bildeten eine solche Nische. Abgelöst wurde diese Nische durch die der SUVs. Nun gibt es Mini-, Midi- und Maxi-SUVs. In jeder dieser Größen kann man von fast allen Herstellern mindestens ein Modell erwerben. Die Größenklassen sind nochmals unterteilt in solche, die sich preislich auf einem normalen Niveau befinden, und jene, die deutlich teurer von einem Produzenten mit höherem Prestige stammen. Vielleicht lässt sich diese Struktur sogar noch weitere Male unterteilen, wenn wir zwischen Antriebstechnologien unterscheiden. So gliedert sich der Markt noch weiter auf, nämlich in Verbrenner und Elektrofahrzeuge plus außerdem solche mit irgendeiner Art von Hybridantrieb. Die Struktur der Märkte zähmt die Konkurrenz für einen einzelnen Hersteller. Selbst wenn einmal die Entwicklung eines neuen Produkts nicht so gut gelingt, dürfte der Hersteller noch in den anderen Nischen bestehen. Durch die in den Nischen sehr gut vergleichbaren Fahrzeuge können sich zudem die Konkurrenten besonders einfach gegenseitig beobachten. Das, was für die Autohersteller gilt, sollte auch die Radhersteller betreffen. Auch dieser Markt ist voller Nischen und Verkäufer versuchen im Verkaufsgespräch zunächst einmal herauszufinden, in welcher der zahlreichen Nischen die Beratung der Kunden eigentlich stattfinden soll.

Ich muss aufpassen, sonst verzettele ich mich mit dieser Diskussion abermals. Mir ging es an dieser Stelle lediglich darum, am Beispiel von Automobilmärkten aufzuzeigen, dass diese so ähnlich wie die der Fahrräder geordnet sind. Auch hier konkurrieren wir mit dem alltagstauglichen Trekkingrad nicht mit denjenigen, die gestylt auf ihren Rennrädern ihre Kilometer und Höhenmeter abspulen. Und hier spielt es nicht nur eine Rolle, dass wir uns das in derselben Weise vielleicht gar nicht zutrauen würden. Wichtiger ist, dass das Rennrad nicht unser Metier ist. Die Rennradler sind eben in einer anderen Nische unterwegs. Hier kommt es mit uns zu keiner Konkurrenz, weil ein Rennen mit so ungleichen Rädern sowieso unfair wäre. Das schützt uns natürlich auch, in einer ähnlichen Weise wie das die Industrie in ihrer Marktecke auch

8 Prestige und Wettbewerb ums beste Bike

tut. In kleinen Nischen haben wir vielleicht sogar auch eine Chance, im Wettbewerb zu bestehen. Eventuell lassen sich die Nischen sogar noch genügsamer definieren, sodass jede und jeder zumindest einen kleinen Sieg erreichen kann. Was man sieht: Der Wettbewerb ist wohl universalistisch und er ist, wie auch schon diskutiert, vor allen Dingen selbstähnlich. Er ist an vielen Stellen so strukturiert, dass die Konkurrenz nicht überhandnimmt.

Jetzt werden einige sagen: „Ich fahre gar nicht Rad, um mit anderen zu konkurrieren." Hier stimmt etwas an deinem Argument nicht (damit bin ich als Autor gemeint). Mir geht es darum, mit dem Rad eine Strecke zu überwinden. Ich möchte gar nicht schnell fahren, sondern nur die Fahrt genießen. Viel wichtiger sind die Sinneseindrücke. Ich nehme sogar Umwege in Kauf, um durch eine schöne Landschaft radeln zu können. Das Argument sitzt! Was antworte ich darauf? Ich entgegne, dass mir auch schon aufgefallen ist, dass ich mich in meiner Diskussion des Radfahrens doch sehr an den Argumenten rund um die Konkurrenz entlanghangele. Das ist mir natürlich auch selbst schon als Autor des Buches aufgefallen.

Eine Antwort auf diesen Einwand würde also etwa folgendermaßen aussehen: Es geht sicherlich nicht immer im Wettbewerb darum, wer am schnellsten vorneweg fährt. Vielleicht ist hier das Genre, in dem die Konkurrenz stattfindet, ja ein gänzlich anderes. Wie mir gesagt wurde, geht es ja gar nicht um die Schnelligkeit, auch interessiert sich die Person nicht für die anderen, die ihre Zeiten stoppen. Es geht in diesem Fall eher darum, den anderen Verkehrsmöglichkeiten ein Schnippchen zu schlagen und den landschaftlichen Genuss zu erfahren. Aber aufgepasst, was die Schilderung meint: Ich bin besser, weil ich weiß, worauf es im Leben ankommt. Den Genuss und sich nicht stressen zu lassen von den vielen anderen, die uns auf die Nerven gehen. Durch den Wechsel des Wettbewerbsgenres stehen auf einmal die Schnellfahrer ziemlich bedröppelt da. Außerdem kann die Genussradlerin einen Punkt gegenüber ihren gestressten Kolleginnen für sich verbuchen, die wegen der Einrichtungen, in die sie ihre Kinder vor Dienstbeginn abgeliefert haben müssen, immer unter Druck stehen. Mit anderen Worten: Es handelt sich um denselben Typ von Diskussion, wie man ihn auch aus dem Geschwindigkeitswettbewerb kennt, auch wenn der Inhalt ein anderer ist, die Struktur bleibt gleich.

Radfahren ist viel besser, als das Auto zu benutzen. Es ist bequemer als der ÖPNV und wir halten uns dabei fit. Wenn Sie so etwas schon einmal einem Autofahrer erzählt haben, dann haben Sie ebenfalls ihr Konkurrenzgenre gefunden. Aber okay, vielleicht hinkt mein Argument an dieser Stelle etwas, hatten wir nicht behauptet, nur Personen, die sich strukturell ähnlich sind, konkurrieren miteinander? Ja, das hatten wir. Wir unterschieden zwischen den Radtypen und den Genres, die dadurch konstruiert werden. Vielleicht sollte man an dieser Stelle aber nicht zu kleinlich sein. Der Vergleich zwischen Auto und Rad könnte ein weiteres Genre darstellen, in dem man eine Konkurrenz definiert und tatsächlich ist es ja das, was in der Politik ständig passiert. Man spielt die unterschiedlichen Verkehrsteilnehmer gegeneinander aus.

Das Beispiel des Vergleichs mit dem Autoverkehr zeigt ein weiteres Mal, dass die Ebenen, auf denen man sein eigenes Verhalten vor anderen rechtfertigt und damit in eine Art von Wettbewerb eintritt, keineswegs vorbestimmt sind. Sie werden gesellschaftlich ausgehandelt. Dieser Punkt erscheint mir sehr, sehr wichtig zu sein, denn die hier erzählte Geschichte des Wettbewerbs hat, außer, dass die Pecking Order ein allgemeines Prinzip darstellt, dennoch einen sehr individualistischen Einschlag. Ich konkurriere mit dir, wenn einige Voraussetzungen gegeben sind. So ist es aber nicht gemeint: Gerade am letzten Beispiel, in dem das Radfahren dem Auto gegenübergestellt wird, sollte das ersichtlich werden. Die Vergleichsargumente hier sind keine individuellen, sondern diese wabern in der Gesellschaft herum und lassen sich je nach Situation in die eine oder andere Richtung wenden. Der Aushandlungsprozess dessen, was erstrebenswert erscheint, ist darüber hinaus in einem Wertediskurs verankert, der vom Einzelnen nur sehr beschränkt beeinflusst werden kann. Der Wertediskurs ist ferner politisch gerahmt und ein Stück weit abhängig von dem Milieu, in dem man sich bewegt und welches die Argumente liefert, die letztendlich auch die Empfindungen der beteiligten Personen mitsteuern.

Wenn etwa die (jetzt wieder etwas despektierlich) Vertreter bestimmter, eher der Autolobby nahestehenden, Parteien Lastenräder als grünes Teufelszeug verdammen, mit denen man niemals den Autoverkehr ersetzen könne, kann man die auf die politische Auseinandersetzung zielende Aussage gut erkennen. Das Argument, es handele sich um grüne Spinnereien, adressiert eben ein bestimmtes politisches Milieu. Ja, bei dieser Argumentation handelt sich um eine politisch-ideologische Positionierung. Vielleicht geht es auch nur darum, einen Unterschied zwischen zwei Richtungen deutlich zu machen. Solche Argumente polarisieren und das sollen sie auch. Damit munitionieren sie aber gleichzeitig die Leute, die auf der anderen Seite stehen und vielleicht für eine abgasreduzierte, lebenswertere städtische Umwelt streiten. Man könnte sagen, dass je nachdem, auf welcher Seite man verwurzelt ist, entweder Argumente der einen oder der anderen Seite in Auseinandersetzungen ins Feld geführt werden. Die Verwurzelung, also die Freunde und Bekannten mit deren Meinung, legt einen darin ziemlich fest, von welcher Seite der Pole man angezogen und von welcher man abgestoßen wird. Diese Zugehörigkeiten mit den zugehörigen Haltungen sind in ihren Argumenten also schon ein gutes Stück weit vorgeformt. Das Ganze ist nicht statisch, es verändert sich, weil die Begründungen auch immer wieder neu ausgehandelt werden müssen. Die bewusste Polarisierung aus der Politik steht jedoch der Variabilität der Aushandlungen entgegen.

Ähnlich dürfte es sich mit den Radgenres verhalten, in Rennmontur und mit Boliden wird man ja nicht nach seiner Person beurteilt, sondern danach, was man in diesem Moment im Straßenverkehr darstellt. Entsprechend dürften sich die anderen Verkehrsteilnehmer solchen Personen gegenüber verhalten. Man wird also einem (hier jetzt nicht politisch gemeinten) Radmilieu zugerechnet. Da die Konstruktion solcher Positionen immer ein gegenseitiger Prozess ist, wirkt die Verkleidung auch auf einen selbst: Man fühlt sich im Trikot und mit dem Rennrad so, wie man glaubt, dass die reziproke Erwartung der anderen einem das nahelegt. Gefühl und Verhalten wird also zu einem großen Teil von diesem Prozess bestimmt. Da das Verhalten aber nicht ganz genau festgelegt ist, wird man dennoch immer eine gewisse Variation finden.

Notes

1. Mit diesem bin ich sehr viele Kilometer gefahren und es brachte mich auch auf langen Reisen bis nach Griechenland, in Spanien machte ich eine vierwöchige Tour und ich bin damit eine große Runde durch Tunesien gefahren, auch durch die Wüste. Es starb durch einen Rahmenbruch in Frankfurt.

2. Unter einer Gruppe versteht man bestimmte definierte Teile, mit der der Rahmen ausgestattet wird. Dazu zählen beispielsweise die Schaltung, der Umwerfer, die Bremsen und die Bremshebel, das Tretlager und die Kurbelgarnitur, der Zahnkranz und auch die Naben.
3. Ich bin mir nicht mehr sicher, ob es tatsächlich das Kettenblatt war, so ganz genau habe ich das damals nicht verstanden. Dennoch habe ich die Worte des Verkäufers immer noch im Ohr.
4. Bei Autos verringert sich das notwendige Kapital momentan auch, da diese nur noch über 200 anstatt 1400 Komponenten verfügen. Das Wissen, welches für den Bau von Verbrennern notwendig war (etwa hinsichtlich des Motorbaus, der Abgas- und der Getriebetechnik), wird nicht mehr benötigt. Die Herstellung von Elektroautos ist also viel einfacher geworden. Der Schwerpunkt der Konstruktion liegt heute auf der Software und nicht mehr auf den Einzelteilen, aus denen die Karossen hergestellt werden. Dies dürfte mit ein Grund dafür sein, dass die Zahl der Elektroautoanbieter ebenfalls in die Höhe geschossen ist.
5. Eine kurze Internetrecherche hierzu ergibt, dass ein Titanrahmen alleine schon mit deutlich über 2000 € zu Buche schlägt.
6. Etwas Ähnliches finden wir auch bei Wikipedia und dem Rätsel der Beteiligung der freiwilligen Mitarbeiter dort. Nach Maßstäben von außen kann man keinen Grund finden, wieso jemand mitarbeitet: Die Autoren schreiben sehr oft unter Pseudonymen, wodurch sich keine Aufmerksamkeit erzielen lässt. Auch gibt es kein Geld für das Schreiben und die Recherche. Allenfalls wird von den anderen noch am Ergebnis etwas kritisiert. Das Geheimnis dafür liegt in der Anerkennung durch die Community, durch die anderen Wikipedianer (Stegbauer 2008, 2009).
7. Benedict Andersons (1983) Buch beschäftigt sich zwar mit Nationalstaaten, aber es geht auch hier um eine der vielfältigen sozial konstruierten Grenzen, die zwischen „wir" und den „anderen" unterscheidet.
8. Ein Beispiel für solche Ausschlussmechanismen findet man in der klassischen Studie von Elias und Scotson (1990). Es handelt sich um eine Untersuchung in einer Stadt in England. Es wurde herausgefunden, dass nur der spätere Zuzug von Menschen zu einer Ausgrenzung führte, die sich kaum mehr überwinden ließ.
9. Abgesehen davon, dass ich das so ähnlich auch schon einmal in der eigenen Gruppe erlebt habe, fällt mir hier als Analogie die in der Soziologie klassische Street-Corner Society ein. Die Rangordnung wurde unter anderem beim Kegeln ausgemacht. Der Bandenchef musste gewinnen. Wenn einmal ein anderer aus der Gang vorne lag, wurde dieser so weit

verunsichert, dass er im weiteren Verlauf schlechter spielte (Whyte 1996, zuerst 1943 und Homans 1960).
10. Friedkin (1983) kann nachweisen, dass wir höchstens Wissen über maximal drei Stufen in einer Kette von Bekannten verfügen. Selbst das ist schon selten. Wir wissen also etwas über die Beziehungen unserer Freunde (Relation zu Freunden: erste Stufe; Freunde der Freunde: zweite Stufe). Manchmal berichten diese aber auch etwas über die Beziehungen ihrer Freunde (dritte Stufe). Wenn das der Fall ist, handelt es sich oft um besonders Prominente oder öffentlich bekannte Menschen.
11. Das führt uns zu Milgrams (1967) Experiment, nach dem jeder mit jedem in der Welt über Six Degrees, also sechs Kettenglieder, miteinander verbunden sei. Hierüber wurde viel nachgedacht (Kleinfeld 2002) und manches ist auch immer noch nicht ganz geklärt. Ich denke aber auch, dass diese Metapher die Sache nicht ganz trifft, da sich die von mir beobachtete Kette in meinem eigenen sozialen Umfeld abspielte und eben keinen weiten Weg zu nehmen hatte. Gleichwohl diffundierte der Radkauf durch mindestens drei soziale Kreise. Zwar verbindet mein Kollege seinen Fußballkreis mit dem Wissenschaftskreis und ich verbinde den Wissenschaftskreis mit meiner Familie. Mein Sohn verbindet den Familienkreis mit seinem Freundeskreis. Es gibt aber keinen der Beteiligten, der Mitglied in allen Kreisen wäre.
12. In Experimenten, die ganz anders gelagert waren, in denen es aber um die Aushandlung von Regeln (Doppelkopfturnier) ging, konnten wir zeigen, dass sich auch sehr geübte Spieler der Fairness halber auf die Anforderungen durch weniger routinierte Teilnehmer einlassen (Stegbauer 2016). Ähnliches ist hier auch zu vermuten, weil, neben dem Sport, die gemeinsame Ausfahrt auch ein soziales Event darstellt.
13. Besonders eindrucksvoll fanden wir dies bei unserer Untersuchung zu Weihnachten heraus. Die Rituale in Familien glichen sich von Jahr zu Jahr. In dem Moment, wo eine Person ausschied oder eine neue hinzukam, wurden die Rituale neu verhandelt (Lehrforschungsgruppe Stegbauer 2014).
14. https://www.radsport-rennrad.de/service/beine-rasieren/ (25.06.2023). Während meines Aufrufs der Seite wurde dort intensiv für Rasierschaum geworben.
15. Süddeutsche Zeitung: Sonnabend, Lisa, 18.07.2017, Tod am Mont Ventoux: Er kollabierte, stieg wieder auf – und starb. https://www.sueddeutsche.de/sport/tod-am-mont-ventoux-er-kollabierte-stieg-wieder-auf-und-starb-1.3572973 (25.10.2022).

16. Frankfurter Allgemeine Zeitung: Jannik Müller, 27.06.2023, Das Lastenrad wird zum Boliden. Autos abhängen: Ein Gang über die größte deutsche Fahrradmesse.
17. Cevatli, Andreas, 2023, Zur Rennmaschine frisiert. Die Zahl der E-Bikes in Deutschland steigt rasant. Hunderttausende sind allerdings illegal umgebaut. Die Täter kommen aus der bürgerlichen Mitte. Frankfurter Allgemeine Zeitung, 09.07.2023, R1.

Literatur

Anderson, Benedict. 1983. *Imagined communities. Reflections on the origin and spread of nationalism*. London: Verso.

Elias, Norbert, und John L. Scotson. 1990. *Etablierte und Außenseiter*. Frankfurt a. M.: Suhrkamp.

Fine, Gary Alan. 1979. Small groups and culture creation: The idioculture of little league baseball teams. *American Sociological Review* 44(5): 733–745. https://doi.org/10.2307/2094525.

Friedkin, Noah E. 1983. Horizons of Observability and Limits of Informal Control in Organizations. *Social Forces* 62(1): 54–77. https://doi.org/10.2307/2578347.

Homans, George Caspar. 1960. *Theorie der sozialen Gruppe*. Köln: Westdeutscher Verl.

Imbusch, Peter. 2009. Unglaubliche Vermögen – Elitärer Reichtum. In *Reichtum und Vermögen: Zur gesellschaftlichen Bedeutung der Reichtums- und Vermögensforschung*, Hrsg. Thomas Druyen, Wolfgang Lauterbach, und Matthias Grundmann, 212–230. Wiesbaden: VS Verlag für Sozialwissenschaften.

Kähler, Harro Dietrich. 1975. Das Konzept des sozialen Netzwerks: eine Einführung in die Literatur. *Zeitschrift für Soziologie* 4(3): 283–290.

Kleinfeld, Judith S. 2002. The small world problem. *Society* (January/February), S. 61–66.

Lehrforschungsgruppe Prof. Stegbauer. 2014. Klischees unterm Weihnachtsbaum. Wellness für die Mutter – Alkohol für den Vater. In *Unireport der Goethe-Universität*, 05.12.2014 (6), S. 3.

Milgram, Stanley. 1967. The small-world problem. *Psychology Today* 2:60–67.

Stegbauer, Christian. 2008. Wikipedia und die Bedeutung der sozialen Netzwerke: Netzwerkanalyse liefert Einblicke, wie soziale Prozesse das Handeln Einzelner bestimmen. *0175-0992* 26(2): 12–18. http://publikationen.ub.uni-frankfurt.de/frontdoor/index/index/docId/5924. (20.06.2025)

Stegbauer, Christian. 2009. *Wikipedia. Das Rätsel der Kooperation.* Wiesbaden: VS Verlag für Sozialwissenschaften.
Stegbauer, Christian. 2010. Weak und Strong Ties: Freundschaft aus netzwerktheoretischer Perspektive. In *Netzwerkanalyse und Netzwerktheorie. Ein neues Paradigma in den Sozialwissenschaften*, Hrsg. Christian Stegbauer, 2. Aufl., 105–119. Wiesbaden: VS Verlag für Sozialwissenschaften.
Stegbauer, Christian. 2016. *Grundlagen der Netzwerkforschung: Situation, Mikronetzwerke und Kultur.* Wiesbaden: Springer-VS.
Swidler, Ann. 1986. Culture in action: Symbols and strategies. *American Sociological Review* 51:273–286.
White, Harrison C., und Frédéric C. Godart. 2007. Märkte als soziale Formationen. In *Märkte als soziale Strukturen*, Hrsg. Jens Beckert, Rainer Diaz-Bone, Heiner Ganssmann, und Richard Swedberg, 217–233. Frankfurt a. M.: Campus.
White, Harrison, Scott Boorman, und Ronald Breiger. 1976. Social structure from multiple networks. I.: Blockmodels of roles and positions. *American Journal of Sociology* 81:730–750.
Whyte, William Foote. 1996, zuerst 1943. *Die Street corner society. Die Sozialstruktur eines Italienerviertels.* Berlin: De Gruyter. (Materiale Soziologie: TB, 6).

9

Räder kaufen und reparieren

Ich selbst fahre momentan zwischen 2500 und 3500 km im Jahr. Das war früher schon einmal mehr. Wenn ich von diesen Zeiten erzähle, wirft mir meine Frau immer vor, schon in der Vergangenheit zu leben. Wenn man älter wird, besitzt man einfach einen reicheren Schatz an Erfahrungen, will ich dem aber entgegnen. Ein ehemaliger Kollege fährt, seitdem er in Rente ist, weit mehr als je zuvor. Wenn ich ein paar Tage nicht auf dem Drahtesel gehockt habe, verspüre ich das Bedürfnis, mich baldmöglichst wieder in den Sattel setzen zu können. Wenn ich beginne zu treten, entfaltet sich recht bald ein kleines Glücksgefühl. Die Kehrseite ist aber auch, dass viele Teile am Rad ziemlich schnell verschleißen. Eigentlich muss man immer etwas einstellen oder reparieren.

Wenn man sich für das Rad interessiert, überlegt man auch immer wieder, ob sich nicht noch etwas verbessern lässt. M. a. W. als Enthusiast benötige ich Teile. Viele der Schraubarbeiten und der Reparaturen übernehme ich selbst. Mittlerweile wissen wir, dass selbstaufgebaute Regale von IKEA dazu führen, dass man diese Möbel mag. Das gilt noch mehr für Fahrräder, mit denen man täglich interagiert, von denen man auf langen Touren abhängt und deren Reaktion und Probleme man sofort fühlt. Wenn man ein Rad selbst repariert hat, wenn man es vielleicht sogar selbst zusammengebaut hat, mag man es umso mehr (Franke et al. 2010). Man spricht gar vom IKEA-Effekt (Norten et al. 2012). Über die Jahre haben sich zahlreiche Werkzeuge zum Schrauben am Rad bei mir angesammelt. Im Arsenal befinden sich auch spezielle Zangen und Schlüssel, die man nur am Rad brauchen kann. Nachdem ich mehrmals mit meinem Alutrekkingrad gestürzt war, beschloss ich, den Rahmen zu tauschen. Ich wollte ein Fahrrad, welches auch ganz sicher in der Lage ist, mein Gewicht und noch das Gepäck auf Radreisen zu tragen. Früher hatte ich Räder mit Stahlrahmen. Dieser Werkstoff gilt heute leider oft als Vintage. Tatsächlich sind Rahmen aus Stahl etwas schwerer als die aus Aluminium und sie wiegen deutlich mehr als jene aus Carbon. Rennräder aus Carbon trägt man locker auf der Schulter Treppen hoch, falls nötig. Bei Rädern mit einem Stahlrahmen, mit Ständer, Schutzblechen, Beleuchtung und Gepäckträger benötigt man schon etwas Kraft, wenn man beispielsweise das Ding in die Wohnung über das Treppenhaus zwei Stockwerke in die Wohnung wuchten will. Dafür aber hält Stahl mehr aus. Zudem ist das Fahren auf einem Stahlrahmen deutlich bequemer als auf einem Alugestell. Der Grund dafür ist, dass das Material in sich elastisch ist. Er dämpft Unebenheiten auf dem Weg deutlich mehr ab als die Alurahmen. Bei Alurädern werden daher häufig Federgabeln eingebaut, was durch ihr zusätzliches Gewicht den Vorteil des leichteren Materials wieder in Frage stellt.

An den wenigen Ausführungen an dieser Stelle lässt sich schon erahnen, dass der Kauf eines Fahrrades gar nicht so einfach ist. In den bereits erwähnten Interviews in Radläden in Frankfurt haben wir auch das Thema Radkauf angesprochen. Die erste Frage, die einem beim Händler gestellt wird, wenn ein Kauf ansteht, ist immer, wofür das Fahrrad genutzt werden soll. „Zum Radfahren" wäre eine zu einfache Antwort, die den Verkäufer sofort ratlos zurücklassen würde. Die Frage jedoch ist für viele Kunden gar nicht so leicht zu beantworten. „Ich will eigentlich nur in der Stadt fahren", lautet eine weitere mögliche Antwort von Leuten, die nicht oft ihren Drahtesel beanspruchen. Allerdings kommt der Geschmack häufig erst beim Essen. Ein billiges Rad macht vielleicht auch weniger Spaß, weil es mehr Kraft benötigt und anfälliger ist als ein besseres. Das Problem ist, dass eine Zubereitung eines solchen Essens auf die falsche Art einem dann womöglich nicht bekommt. Es wurde das falsche

Rezept verwendet bzw. wurden Fehler bei der Zubereitung gemacht. Ich werde polemisch, argumentiere mit zweifelhaften Metaphern und schweife wieder einmal ab, auch wenn es noch viel dazu zu sagen gäbe.

9.1 Dorfschmiedtaugliche Räder

Warum ich mich an dieser Stelle argumentativ verstiegen habe und auch dazu noch normativ argumentierte? Nicht nur, weil es sich für mich um ein emotionales Thema handelt, sondern auch um zu zeigen, wie komplex die Technik und die verschiedenen Arten des Radfahrens eigentlich sind. Letzteres ist dabei noch gar nicht behandelt worden, weil es ja bislang in diesem Kapitel nur um die verschiedenen Formen des Trekkingbikes ging. So nennt sich heute ein normales Fahrrad, welches für einen vielfältigen Einsatz gebaut wurde. Man kann damit in der Stadt herumfahren; es ist auch für Touren geeignet, mit Gepäck etwa. Eine etwas anspruchsvollere Variante des Trekkingrades ist das Reiserad. Auch hierfür gibt es einige Hersteller, die sich darauf spezialisiert haben. Es findet sich oft die Ansicht, dass diese Räder besonders robust und reparaturfreundlich sein sollen. Diese müssten so gebaut sein, dass auch ein Dorfschmied in Afghanistan oder Kenia, der nicht mit Spezialwerkzeug ausgestattet ist, den Rahmen reparieren kann. So lautet ein Argument, welches immer wieder in Reiseradforen genannt wird. Tatsächlich haben Leute, die auf Welttour gehen, manchmal Schwierigkeiten, bestimmte Teile vor Ort zu bekommen. Da kann man etwas vorbauen, wenn man berücksichtigt, welche Art von Rädern in anderen Weltgebieten verkauft werden. Allerdings fahren gar nicht alle in so ferne Regionen. Es gibt deutlich mehr Reiseräder als weltreisende Radler! Dennoch sind die Reiseradler gar nicht so selten und Europa hat auch viele interessante Ecken zu bieten.

Als ich in Kopenhagen war, wunderte ich mich über die Menge an Fahrradläden in der Stadt. Im Ausgehviertel Vesterbro beispielsweise fanden sich manchmal in einem Block zwei oder sogar drei unterschiedliche kleine Fahrradgeschäfte. Kaum eine Stadt in Deutschland hat so eine entwickelte Fahrradinfrastruktur wie diese skandinavische Stadt. Insofern kann man die Situation dort als eine Art Zukunftslabor für fahrradfreundliche Städte ansehen. In die Kneipe oder zu Freunden geht es dort häufig mit dem Lastenrad. Dann sitzen nicht etwa Kinder, sondern ein Erwachsener im Gepäckabteil des Drahtesels. So etwas sehen wir in den Städten in Deutschland selten.[1]

9.2 Die Unterschiedlichkeit der Radgeschäfte

Aber auch in Deutschland finden sich große Differenzen zwischen den Radgeschäften. In Frankfurt etwa beobachtete das ein Journalist aus Australien, der einen Fachinformationsdienst für die Fahrradbranche betreibt. Anlässlich der Eurobikemesse 2022 besuchte er eine Reihe von Geschäften in der Stadt am Main. Er sah sich die Lokalität an und wunderte sich über die unterschiedlichen Konzepte, die doch alle aufzugehen schienen und die Inhaber und die Mitarbeitenden ernähren.[2] Da findet sich ein niederländischer E-Bike-Laden, der nur eine Handvoll eigener Modelle vertreibt, ein riesiger Radsupermarkt der auf einer sehr großen Fläche Räder und Zubehör verkauft und der alteingesessene schon seit 100 Jahren bestehende Traditionsbetrieb, der in der Familie von Generation zu Generation weitergegeben wurde. Neben diesen Läden sind in Frankfurt auch zahlreiche Neugründungen vorhanden, die sich ebenfalls vorwiegend um Spezialitäten des Marktes kümmern. So etwa ein Fachgeschäft, welches nur mit Rennrädern und ihren Abkömmlingen handelt, eines, welches aus den speziellen Bedürfnissen von Fahrradkurieren hervorgegangen ist. In Frankfurt ist ferner ein Spezialist für Liegeräder beheimatet. Verschiedene Geschäfte haben ihren Schwerpunkt auf Cargobikes gelegt. Manches, was ein Laden anbietet, gibt es nicht im anderen, weshalb auch einige Läden nebeneinander existieren können, ohne allzu viel miteinander zu konkurrieren. Im Gegenteil, fragt ein Kunde nach etwas, was man selbst nicht hat, schickt man ihn zum Nachbarladen. Neben der bikespezifischen Aufgliederung des Marktes findet sich auch eine Differenzierung hinsichtlich der Inhaber und ihrer Herkünfte. So ist es ein Feld, in dem migrantische Unternehmer sich tummeln oder eine Einrichtung zur Rehabilitation psychisch Kranker einen Bikeshop mit Werkstatt unterhält. Auch das, was die Besitzer zuvor gearbeitet haben, unterscheidet sich. Etliche kommen ursprünglich aus anderen Branchen. Was die meisten vereint, ist eine Leidenschaft für das Radfahren.

Ein solcher Markt für Fahrräder in einer Großstadt wie Frankfurt ist also auf mehrfache Weise gegliedert (differenziert). Bei der ersten Differenzierung handelt es sich um eine segmentäre (Hahn 1998). Das bedeutet, dass es praktisch in jedem Stadtviertel mindestens einen Radladen gibt, so wie sich viele Dienstleistungen in den jeweiligen Gebieten wiederholen. Jeder Stadtbezirk hat Einkaufsläden für Lebensmittel, Frisöre, Bäcker (Backfilialen), Kneipen, etc., also alles, was für den täglichen Bedarf notwendig ist. Die Stadt achtet darauf, dass es in jedem Viertel auch Schulen, Kindereinrichtungen und Gemeindehäuser gibt. Meist findet man auch eine religiöse Infrastruktur. Diese Art der Grundausstattung eines Stadtviertels umschließt, so meine Beobachtung, häufig auch ein Fahrradgeschäft. Diese Geschäfte in den Stadtvierteln sollten alle typischen Reparaturen ausführen können. Das Besondere ist nun, dass sich dieses Muster ein ums andere Mal wiederholt. In praktisch jedem Viertel von einer bestimmten Größe finden sich die genannten Einrichtungen und noch einige mehr. Das Muster, welches dem zugrunde liegt, ist eines, welches wir schon an anderer Stelle bemüht haben: Es handelt sich um die Selbstähnlichkeit (Simmel 2021, zuerst 1890).[3] Die Marktökologie bildet also geografische Nischen. Allerdings sind solche Läden, die aufgrund der segmentären Differenzierung ihre Nische finden, meist eher Generalisten. Sie können sich kaum auf besondere Weise spezialisieren, denn sie müssen von ihrem Daseinszweck her am besten alle in einem bestimmten Gebiet mit ihren Ansprüchen bedienen können.

Ein anderes Differenzierungsmuster ist das der funktionalen Differenzierung. Das besagt, dass sich Spezialisten ausbilden, die dann aber nicht mehr überall in gleicher Zahl zu finden sein werden. Ein Geschäft, welches sich auf Rennräder konzentriert, kann in einem peripheren Stadtteil nur dann überleben, wenn es groß genug ist und speziell genug, dass es über eine überregionale Anziehungskraft verfügt. Ähnlich wird es um das Liegeradgeschäft bestellt sein – hier kommt vielleicht eine periphere Lage zupass, weil man die Kunden nur durch ausgiebiges Testen von der Technik überzeugen kann. Ein Geschäft, welches sich auf die Gefährte der Kuriere spezialisiert, muss im Zentrum angesiedelt sein, weil die Radkuriere in der Peripherie nur selten zuwege sind. Sie kreuzen aber ständig das Zentrum. Ihre Ersatzteile, das Fachsimpeln, das geht nur dort, wo sie auf verständige andere treffen. Je spezieller das Gebiet wird, umso weniger Geschäfte sind für Spezialitäten auf dem Radmarkt vorhanden. Dieses Muster wiederholt sich allerdings ebenfalls immer wieder, aber großflächiger als die allgemeinen Radgeschäfte. So finden sich in weiterem Abstand voneinander auf Rennräder spezialisierte Geschäfte. Bei Liegerädern ist der Bedarf so gering, dass die Abstände noch größer werden. Vielleicht gibt es Spezialitäten, die es nur ein einziges Mal in einem Land oder einer Region gibt? Besondere Speed-E-Bikes etwa, ich wüsste nicht, wo man so etwas in der Nähe kaufen könnte. Eine bestimmte Kultmarke für Reiseräder, auch hier müsste ich recherchieren, ob es die in der Region überhaupt gibt. Von einem Rahmenbauer in der Nähe von Frankfurt weiß ich, allerdings sind solche wirklich individuell zugeschnittenen Räder, wie sie dort gebaut werden, ziemlich teuer und werden von daher auch nur von wenigen besonders engagierten Radlern nachgefragt.

9.3 Neue Arten des Radfahrens

Die funktionale Differenzierung ist zwar, so wie ich es am Markt für Fahrräder erkläre, der segmentären ganz ähnlich. Sie greift nur in einem weiteren Feld, sie liegt so gesehen nicht wirklich quer zur segmentären Differenzierung. Allerdings ist mit ihr noch ein weiteres Prinzip verbunden, welches Märkte expansiv macht und mit dem Vertrieb zunächst gar nichts zu tun hat. Gemeint ist, dass es Räder zu immer mehr und neuen Anwendungen gibt. Eine solche Innovation war das Mountainbike in den 1970ern, das den Erfinder Gary Fisher zur Legende machte. Er war von Beginn an, so die Erzählung, einer der wesentlichen Treiber. Joe Breeze und Charles Kelly waren ebenfalls an der Entwicklung beteiligt.[4] Er experimentierte damit, Räder umzubauen. Es ging darum, ihnen mehr Geländegängigkeit zu verschaffen. Irgendwann bauten sie ihre eigenen Räder. Das Ganze entwickelte sich zum Trend. Die Nachfrage begann zu steigen. Mountainbikes standen für Modernität im Radbusiness. Es dauerte schließlich nicht lange, bis auch diese als Sport- und Wettbewerbsgeräte genutzt wurden.

Die Einführung dieser Gattung und deren Verbreitung führte zu einer neuen Konkurrenz zwischen Spaziergängern und Wanderern und Bikern. Teilweise folgten Verbote, teilweise folgte das Anlegen spezieller Wege für die Mountainbiker. Einige Geschäfte spezialisierten sich auch hierauf. Ein neuer Outdoorsport entstand. Es gab die Btx-Räder, mit denen man die Körperbeherrschung trainieren konnte. Damit werden akrobatische Kunststücke aufgeführt.

Danach kamen die Fixies und ihre Nische bei den Kurieren. Diese leichte und robuste Radvariante wurde den Bahnrennrädern abgeschaut. Dazu, dass diese Gattung populär wurde, haben Berichte über die Radkuriere in New York beigetragen. Diese begründeten damit eine Art Lifestyle, der allerdings sehr gefährlich ist und Jahr für Jahr seine Opfer fordert. Weil dieser Style so cool war, wurde er auch von Kurieren an anderen Orten adaptiert. Nicht nur das, alte Rennradrahmen, die für dieses Genre nicht mehr konkurrenzfähig waren, wurden plötzlich wieder etwas wert und wurden erneut zur Handelsware. Sie wurden auf einmal vielfach auf Kleinanzeigen und bei Ebay angeboten. Diese konnte man zu sehr leichten und schnellen Fixies umbauen. Fixies haben keinen Freilauf. Sie verzichten damit auf eine der größten Erfindungen der Radwelt. Der Freilauf wurde 1889 patentiert und gilt seither als Meilenstein bei der Entwicklung von Fahrrädern.[5] Seit seiner Erfindung wurden nach und nach alle Räder damit ausgestattet. Alle Räder? Nein, Fahrräder, die beim Bahnsport Verwendung fanden, hatten diese Einrichtung nicht, die es ermöglicht, mit dem Rad zu rollen, ohne dass sich die Pedale mitbewegen. Man kann das Pedalieren also unterlassen, wenn man sich auf eine rote Ampel zubewegt, wenn es bergab geht oder man sich zwischendurch einmal etwas ausruhen muss. Fixies besitzen diese Einrichtung aber nicht. Solche Fahrräder sind also minimalst ausgestattet. Man muss beständig mittreten, was insbesondere beim schnellen Kurvenfahren gefährlich werden kann, weil es dann vorkommt, dass die Pedale auf dem Asphalt entlangschrammen. Solche Fixies verfügen oft nur über eine Bremse und man benötigt zusätzlich die Pedale zum Stoppen. Man muss sich dann mit Kraft gegen deren Bewegung stemmen.

Zwar gab es schon einmal Fahrräder mit Hilfsmotor, sogenannte Mofas. Diese waren aber nur noch pro Forma mit den Beinen zu pedalieren. Irgendwann entwickelte man E-Bikes, die für einen neuen Boom in der Radwelt sorgten. Jetzt sind Räder doppelt bis dreimal so teuer und Radgeschäfte können ordentlich Umsatz machen. Von Vorteil für die Geschäfte ist sicherlich auch, dass solche Räder schneller technisch veralten.

Irgendwann gibt es keine Akkus mehr oder es mangelt an Ersatzteilen für die Motoren. Dann liegt bald schon eine Neuanschaffung nahe. Mit solchen Produkten lässt sich auf Dauer mehr Umsatz machen als mit den langlebigen Bikes für zahlreiche Einsatzzwecke, die zuvor verkauft wurden.

9.4 Lastenbikes für die Reichen?

Lastenbikes gab es zwar früher auch schon. Damals wurden sie von Läden oder kleinen Gewerbetreibenden benutzt, um Güter zu besorgen oder zuzustellen. Heute werden diese eher für den Kindertransport in der Stadt benötigt. Ein Fortbewegungsmittel, welches zunächst eher einem alternativen Lebensstil entsprach. So werden solche Bikes immer noch in Christiania, dem alternativen (freien) Stadtviertel in Kopenhagen, entwickelt und gebaut. Solche Räder wurden in diesem Zusammenhang auch von Leuten benutzt, die sich kein eigenes Auto leisten konnten und vielleicht auch gar keines benötigten. Der alternative Stil sah und sieht eigentlich vor, dass diese Räder vor allem Transportdienste leisten würden. Sie hatten zunächst auch keinen eigenen Antrieb. Im Gegensatz dazu handelt es sich mittlerweile um ein Produkt, welches vor allem einer sehr wohlhabenden Schicht zur Verfügung steht. Die Käufer sind häufig Leute, die nicht nur das Bike besitzen, sondern auch noch ein Auto oder zwei sogar. Das hört sich jetzt etwas polemisch an. Ich stütze mich hier aber auf ein Interview, welches wir mit einem Mitarbeiter in einem Bikegeschäft geführt haben. Das Geschäft hat einen gewissen Schwerpunkt auf Lastenräder. Der interviewte Mitarbeiter findet die Leute, die sich solche Räder kaufen, dekadent. Warum? Weil es sich um Personen handelt, die das Rad nicht bräuchten und die trotzdem sehr viel Geld dafür ausgeben. Es gehe gar nicht so sehr um den ökologischen Transport der Kinder als darum, dass es sich bei den Rädern um ein Lifestyle-Accessoire handelt. So gesehen mag die Aussage mit der Dekadenz sogar etwas Wahres in sich tragen. Die Preise für diese Räder beginnen bei über 4000 € und schrauben sich hoch auf 7000 € oder sogar noch mehr, wenn die Käufer ein qualitativ hochwertiges Rad besitzen möchten.

9 Räder kaufen und reparieren 185

Abb. 8.1 Lastenbikeparade vor einer Kita. (Foto: Christian Stegbauer)

Wir haben darüber nachgedacht, welcher Schicht die zeitweise von Städten ausgelobten Subventionen für den Kauf eines solchen Bikes zugutekommen. Es handelt sich dabei um ein Projekt, die Zahl der Autos auf den Straßen der Städte zu verringern. Selbst wenn diese Käuferschicht noch zwei Autos in der Garage zur Verfügung hätte, würden zumindest die Abholfahrten aus der Kita eben nicht mit diesen Pkws durchgeführt (vor einer Kita auf Abb. 8.1 sind vier Lastenbikes zu sehen; das waren aber bei weitem noch nicht alle, die ihre Kinder zu einem Faschingsfest per Rad gebracht haben). Das Projekt der Förderung von Lasträdern, so drängt sich der Eindruck auf, geschieht nicht unbedingt in einer sozial ausgewogenen Weise. Nichtsdestotrotz hat sich durch die Elektrifizierung der Fahrräder und der Möglichkeit des Transports eine neue Nische aufgetan, die es bis dahin noch nicht gab. Eine Nische, welche große Wachstumsraten aufweist und die es nun auch ermöglicht, ohne allzu große Anstrengungen auch in hügeligem Gebiet mit dem Fahrrad unterwegs zu sein.

Der Markt ist aber nicht nur hinsichtlich der Genres von Fahrrädern differenziert. Ähnlich wie bei Autos gibt es auch hier eine vertikale Segmentierung. Hierüber lassen sich die Käuferschichten aufgrund des Preises einsortieren. Unten angesiedelt sind Billigräder, die von Discountern und anderen Handelsorganisationen angeboten werden. Dann gibt es

Brot- und Buttermarken, die sich im Preissegment darüber angesiedelt haben. Häufig wird deren Produktion von der Großhandelsgesellschaft der Radläden selbst produziert bzw. deren Produktion in Auftrag gegeben. Darüber liegen besondere Marken, die qualitativ hochwertiger sind und auch entsprechende Preise verlangen. Bei einigen Marken kann man die Ausstattung für einen Rahmen selbst wählen. Solche Fahrräder zu verkaufen, ist sehr beratungsintensiv. Bei den Radläden ist für solche Marken eine besondere Expertise notwendig. Aber selbst mit der Expertise weiß doch in Wirklichkeit keiner so genau, inwiefern eine LX (SLX) – oder GLX-Schaltgruppe wirklich nicht genauso gut ist wie eine teurere XT-Gruppe von Shimano. Wenn ein Kunde nach dem Unterschied fragt, wird gesagt, dass die teurere noch ein wenig besser sei. Hinsichtlich der Beratung noch komplexer sind die sogenannten Custombikes. Räder, die erst auf Wunsch von Kunden aufgebaut werden. In den meisten Fällen sind hier die Kunden aber bereits zuvor schon ganz gut informiert, sodass Verkaufsgespräche hier eher noch etwas mit Fachsimpeleien zu tun haben. Die interviewten Verkäufer fanden es z. T. ganz interessant, wenn Kunden kommen, die sich gut auskennen. Dann könnten die Shopmitarbeiter sogar von den Kunden etwas lernen. Diese Variante der speziell für die Kunden aufgebauten Bikes hat für den Marktbereich, der sich auf so etwas spezialisiert, zudem den Vorteil, dass man sich dort nicht viele Fahrräder hinstellen und vorfinanzieren muss. Der Händler kauft die Ausstattung erst dann, wenn ein neues Rad bei ihm in Auftrag gegeben wird.

9.5 Die Erklärung von Unterschieden

Eigentlich handelt es sich bei den verkauften Rädern um ein Produkt, welches typisch für die Soziologie der Märkte ist. Das Beispiel der Custombikes zeigt, dass es gar nicht so schwierig ist, Fahrradhersteller zu werden. Der Laden kauft die Teile zu. Für wesentliche Komponenten ist der Markt sehr stark oligopolisiert. Für die wichtigsten Anbauteile wie etwa die Schaltung am Rad gibt es außer Shimano nur noch zwei weitere bekannte Hersteller. Bei anderen Komponenten sind es ein paar mehr Produzenten. Für E-Bikes mit Mittelmotor seien es fünf große Hersteller, die sich den Großteil des Marktes aufteilten.[6] Auf diese bekannten Zulieferer greifen alle Hersteller von Fahrrädern zurück. Rahmen werden bis auf die wenigen von Rahmenbauern hierzulande gefertigten fast alle in Asien hergestellt. Auch die großen Hersteller lassen ihre Rahmen dort schweißen (Alu) oder backen (Carbon). Die entsprechenden chinesischen Händlerseiten listen eine Vielzahl an Herstellern alleine in China auf. Diese freuen sich auf Bestellungen aus Europa. Sicherlich ist es möglich, dort auch Rahmen gebaut zu bekommen, die eigenen Spezifikationen entsprechen. Der Zusammenbau von Rädern aus dem Herzstück, dem Rahmen, und den Komponenten, die man zukauft, ist kein Hexenwerk. Ich selbst habe das schon ein paar Mal gemacht. Es gibt wenige Arbeiten, die von Fachleuten mit Spezialwerkzeug durchgeführt werden müssen. Dazu zählt das Einpressen des Steuersatzes und sicherlich auch das Einspeichen von Laufrädern. Letzteres habe ich zwar auch schon einmal selbst gemacht, nein, es war sogar zweimal. Das zweite Mal allerdings unter Aufsicht und Anleitung eines guten Fahrradmechanikers. Was ich damit sagen will: Das Gründen einer Radmarke ist eigentlich gar nicht so schwer. Man braucht nicht riesiges Kapital, so wie das der Fall ist, wenn man Autos bauen wollen würde. Das ist die Ursache dafür, dass es sehr viele kleine Hersteller am Markt gibt. Der Zusammenbau ist allerdings ziemlich personalintensiv. Hieraus ergeben sich sicherlich Wettbewerbsunterschiede. Gerade neuere Entwicklungen – wie der Boom bei E-Bikes oder die Etablierung der Nische der Liegeräder – lassen für Neulinge auf dem Markt Chancen entstehen.

Allerdings ist nach dem Boom während der Pandemie eine Ernüchterung eingekehrt. Einige Radhersteller hatten sich verkalkuliert, weil sie geglaubt hatten, dass die Fahrradgesellschaft sich nun endgültig etabliere. Die Verkaufszahlen brachen aber ein und viele Hersteller saßen auf großen Mengen Materials, ohne dieses absetzen zu können. Das führte zu etlichen Insolvenzen und Verkäufen von Marken. Diesen Prozess nennt man Konsolidierung. Aus einer anderen Perspektive sprechen wir davon, dass eine Konzentration auf dem Markt stattgefunden hat. Die riesigen Hersteller sind dann in der Lage, die notwendigen Komponenten billiger einzukaufen und in Ländern fertigen zu lassen, in denen die Lohnkosten sehr niedrig sind. Die kleinen Radmarken müssen in dieser Situation etwas Besonderes bieten, wenn sie sich unter diesen Bedingungen am Markt etablieren und behaupten möchten.

Notes

1. Das ist sogar in Deutschland erlaubt. Aber erst seit 2020. Jens Kockerbeck: Erwachsene auf dem Lastenrad mitnehmen? So geht's! Radfahren.de vom 04.10.2024. https://www.radfahren.de/service/erwachsene-lastenrad-mitnehmen-personentransport/ (13.12.2024).
2. Phil Latz, 2022, Look Inside Seven Radically Different Bike Shops, https://thelatzreport.com.au/uncategorised/look-inside-seven-radically-different-bike-shops/ (28.07.2022).
3. Es findet sich eine „häufig beobachtete Eigentümlichkeit komplizierter Gebilde; dass das Verhältnis eines Ganzen zu einem anderen sich innerhalb der Teile eines dieser Ganzen wiederholt" (Simmel 2021, zuerst 1890, S. 1).
4. https://www.spiegel.de/geschichte/erfindung-des-mountainbikes-a-948309.html (22.12.2022).
5. https://www.pd-f.de/2017/06/09/meilensteine-der-fahrraderfindungen_11511 (19.02.2023).
6. https://ebikeplus.de/kaufberatung/motorenhersteller-die-big-five/ (23.12.2022).

Literatur

Franke, Nikolaus, Martin Schreier, und Ulrike Kaiser. 2010. The "I Designed It Myself" Effect in Mass Customization. *Management Science* 56(1): 125–140. https://doi.org/10.1287/mnsc.1090.1077.

Hahn, Alois. 1998. ‚Partizipative' Identitäten – Ausgrenzung aus systemtheoretischer Sicht. In *Wiederkehr des „Volksgeistes"?* Hrsg. Roland Eckert, 143–181. Wiesbaden: VS Verlag für Sozialwissenschaften.

Norton, Michael I., Daniel Mochon, und Dan Ariely. 2012. The IKEA effect: When labor leads to love. *Journal of Consumer Psychology* 22(3): 453–460. https://doi.org/10.1016/j.jcps.2011.08.002.

Simmel, Georg. 2021, zuerst 1890. *Über sociale Differenzierung. Sociologische und psychologische Untersuchungen. (Staats- und socialwissenschaftliche Forschungen X.1)*. Berlin: Duncker & Humblot.

10

Radler unter sich: Warum manche Radfahrer die anderen nicht leiden können

Radler grüßen einander, wenn sie sich auf einer Tour begegnen. Allerdings nicht immer! Dieselben Leute, die das normalerweise tun würden, grüßen sich dann aber nicht mehr, wenn sie auf unterschiedlichen Rädern unterwegs sind. Ob man sich zu einer Grußgeste hinreißen lässt, ist von verschiedenen Umständen abhängig. Einer davon ist, ob man sich in einer Gegend befindet, die dünner besiedelt ist, oder in einer größeren Stadt. Ein anderer ist das Genre des Rades. Man grüßt sich normalerweise eher innerhalb derselben Art des Radfahrens. Zwischen den Genres ist das etwas seltener der Fall. Aber schauen wir uns im Folgenden mal etwas genauer an, woran das liegt und wie die Zusammenhänge genau sind.

Im Sommer unternehmen wir öfters Touren über mehrere Tage oder manchmal auch ein paar Wochen. Wir radeln dann mit dem Gepäck und übernachten in verschiedenen Orten. Die Etappen befinden sich dann zwischen den im Vorhinein gebuchten Hotels. Auf solchen Fahrten nickt man den anderen Backpackern zu, die einem begegnen. Manchmal winkt man auch den entgegenkommenden oder man sagt etwas. Was ich schreibe, gilt für die meisten Situationen. Es hängt aber auch etwas von den jeweiligen Konstellationen ab. So ist das Verhalten etwas ähnlich wie der Unterschied beim Grüßen zwischen Stadt und Land: Wenn die Begegnungen selten sind, auf einer Bergwanderung in einer nicht zu stark frequentierten Gegend oder in der Nebensaison, tut man das immer. An manchen Hotspots der Radreise jedoch wird es komisch, wenn man in Frankreich beispielsweise jede Minute oder öfters „Bonjour" zurufen muss. Tatsächlich habe ich einmal versucht mitzuzählen. Bei so etwa sechzig Guten-Tag-Wünschen hörte ich auf. Es wurde stellenweise so häufig, dass ich das Nicken oder Zuwinken dann manchmal ausgelassen habe. Die andere Frage ist, ob man als Reiseradler auch diejenigen mit den Rennrädern grüßt bzw. von diesen gegrüßt wird. Öfters ja, manchmal na ja, hmm, ich würde sagen, in der Mehrheit nein – also findet kein generelles Grüßen zwischen diesen beiden Genres des Radfahrens statt. So würde die Antwort korrekt heißen müssen.

Als Tourenfahrer steht man zumindest in Frankreich unterhalb der Renner in einer gedachten und vielleicht auch nicht ganz korrekt imaginierten Hierarchie. Grüßt man denn auch die E-Biker? Eher nicht, denn als Muskelbiker fühlt man sich den gedacht eher faulen Radlern überlegen. Faule Radler grüßt man nicht, allerdings ist das Rad nicht immer so schnell zu erkennen, dass klar wird, ob dieses einen Hilfsmotor besitzt. So streng sehe ich das persönlich nicht, aber es gibt Leute, die E-Biker nicht grüßen würden. Sie halten diese Art des Radfahrens für problematisch. Der Grund dafür ist, dass dann nicht mehr das Training, sondern der Akkuladestand und das Portemonnaie darüber entscheiden, wie weit man es mit dem Bike schafft. Gefühlsmäßig teile ich trotzdem diese Grenze – zumindest ein wenig –, verstandesmäßig allerdings nicht.

10.1 Muskelbike versus E-Bike

Was spricht dagegen, sich das Erreichen von ansonsten kaum zugänglichen Örtlichkeiten einfacher zu machen oder überhaupt erst zu ermöglichen? Einmal, es war während einer Tour entlang der Mosel, saßen wir zum Mittagessen im Garten einer Weinkneipe. Es kamen Leute vorbei, die fragten, ob man eine bestimmte Kapelle oberhalb des Ortes mit dem Fahrrad erreichen könne. Die Antwort war: „Wenn Sie ein E-Bike haben, dann ja, ansonsten nein." Auf einer Radreisemesse habe ich mal einen Prospekt mitgenommen, welcher einen Titel in der Art trug: „E-Bike-

Paradies Rhön". Es gab zwar Zeiten, zu denen ich lieber bergauf als bergab gefahren bin, aber heute würde eine Motorisierung für mich und meine Frau ganz andere Orte erreichbar machen. Warum also nicht? Dagegen spricht, dass es Trotz hervorruft, wenn man von einem viel älteren Herren auf höchster Unterstützungsstufe an einem Anstieg mit einem süffisanten Lächeln überholt wird, während man selbst unter der notwendigen Anstrengung leidet. Was noch dagegen spricht, ist, dass der Trainingseffekt eingeschränkt ist, und das ist schließlich ein gewünschtes Nebenresultat des Radfahrens. Natürlich ist der hohe Preis eines solchen Bikes auch abschreckend. Ich habe schon Leute gesehen, die ihr E-Bike in der Bahn mitnehmen und es dann nicht die Treppe am Bahnhof hochtragen können, weil es zu schwer dafür ist. Ansonsten möchten die Leute auf den E-Bikes im Prinzip dasselbe genießen, nur eben mit weniger Anstrengung. Nicht jeder ist noch in einer körperlichen Verfassung, die es zulässt, sich so wie die jungen Leute zu verausgaben. Insofern sollten die Biobiker die Grenze zwischen den beiden Genres nicht zu hoch hängen, zumal sie im fortgeschrittenen Alter vielleicht auch selbst noch zu „Überläufern" werden. Auf der Seite des Politischen, also der Forderungen, die Bedingungen für die Radler zu verbessern, zählt sowieso jede Stimme.

10.2 Mountainbiker und diejenigen, die sich die Beine rasieren

Ein von Studierenden in unserem Seminar interviewter Mechaniker erzählte, dass Mountainbiker Rennfahrer nicht mögen würden. Sie „rasieren sich die Beine", so eine der Begründungen dafür, dass man sich nicht leiden könne. Über das Rasieren habe ich ja bereits geschrieben. Auch hätten sich hinsichtlich des Grüßens unterschiedliche Rituale herausgebildet. Leute auf Mountainbikes grüßen sich nur im Gelände und nicht in der Stadt. Hingegen winken sich Rennradler auch in der Stadt zu, so die Auskunft des Experten.

Für den normalen Radler sind die urbanen Pfeile, wie eine Marke für Lastenräder in der deutschen Übersetzung heißt, nicht ganz ungefährlich. Darüber bin ich mir mit einer Freundin einig. Diese elektrisch unterstützten Räder werden in der Stadt vor allem für den Transport von

Kindern eingesetzt. Sie sind aber ziemlich schwer. Wenn dieser Typ von Rad schnell gefahren wird, mag man sich die Folgen eines Unfalls mit einem dieser Gefährte gar nicht vorstellen. Ungeschützt, wie man auf dem „normalen" Fahrrad ist, könnte ein Zusammenstoß verheerende Folgen haben. Lastenradfahrende werden von anderen manchmal als Snobs angesehen. Ein von uns Interviewter ist stolz auf sein Lastenfahrrad. Es ist nicht mit den weit verbreiteten anderen gleichzusetzen. Allerdings meint er, auch mit diesem Rad nicht einer insgeheimen Häme von anderen entkommen zu können. Er sieht selbst auch, dass diese schweren großen Dinger in manchen Fällen eine Belastung für andere Verkehrsteilnehmer sein können. Ein weiteres Problem sei der enorme Platzbedarf, der sich nicht in entsprechenden Abstellmöglichkeiten widerspiegele. Normale Radständer reichen nicht aus und das teure und witterungsanfällige Rad draußen stehen zu lassen, entwerte es schnell. Eigentlich benötige man dafür eine Garage. Wenn das so stimmt, dann sind Lastenradsubventionen tatsächlich nur etwas für Gutverdiener, denn Abstellflächen, die mit dem Auto konkurrieren, wie Garagen, sind in der Stadt extrem teuer. Die Miete für Garagen in der Frankfurter Innenstadt übersteigt hinsichtlich des Quadratmeterpreises fast die von Wohnungen. In dem Maße, in dem in Städten die Autos zurückgedrängt werden – eine Reduktion von Parkmöglichkeiten ist eine der Maßnahmen, um dies zu tun –, werden Unterstellmöglichkeiten sogar noch weiter an Wert gewinnen. Das Fahrrad im Lastenradbereich kann man dann nicht mehr für ein Mittel zur Herstellung von sozialer Gleichheit betrachten.

Kuriere fahren häufig Fixies. Über diese Art der Räder habe ich ja bereits berichtet. Häufig, so wurde uns in einem Interview mit einem Mechaniker gesagt, machten sich die Kuriere über Rennradfahrer lustig. Dabei fahren viele von ihnen selbst alte Rennrahmen, bei denen nur einige Teile weggenommen wurden. Der Minimalismus kann sogar auf eine rationale Begründung zurückgreifen; wenn man eine Bremse einspart, verschleißen sich nicht die Bremsgummis. Wenn man keine Gangschaltung hat, geht diese auch nicht kaputt und muss auch nicht von Zeit zu Zeit neu eingestellt werden. Dazu kommen widerstandsfähigere Ketten und andere Ritzel, die mehr vertragen können als ihr normales urbanes und schmaleres Pendant. Diese Vernunft kann allerdings auch umschlagen. Mit diesem Umschlagen fängt Kultur und Wettbewerb untereinander an: Ich hatte bereits vom Titanrahmen und dem Luxusritzel berichtet. Das Muster ist das gleiche wie bei der Teilekonkurrenz zwischen Rennradfahrern. In dieser Hinsicht bestehen also nur geringe Unterschiede und dennoch ist es der Teilefetisch, der zusammen mit bestimmten Verhaltensweisen (z. B. „Beine rasieren") Begründungen für Kritik ergibt. Weil es sich aber um unterschiedliche Genres handelt, tratscht man zwar übereinander, aber eine direkte Konkurrenz besteht nicht. Abgesehen von den Momenten, in denen man sich in der Stadt direkt begegnet. Dabei kann es sich beispielsweise um die bereits beschriebenen Ampelmomente handeln.

10.3 Radler mit Tattoos

Der Unterschied reicht aber aus, um an der Differenz eine Grenze von beiden Seiten aus zu konstruieren. Differenzen finden sich natürlich auch in der Anwendung und der zugehörigen Kultur. Kurierfahrer verfügen über Attribute, die diese erkennbar machen – sogar jenseits der Räder, die sie fahren. Es sind kleine Gadgets, auch Tattoos, die sie als eine eigene Kultur, ja, man kann vielleicht sogar sagen, als eine Subkultur erkennbar machen.

Was ich aufzeigen will, ist, dass kleine Unterschiede ausreichen, um daran Demarkationen zu konstruieren. Die gegenüber uns. Wir sind die Besseren und die anderen verhalten sich komisch und wir sind nicht kompatibel mit denen. Vielleicht nur, weil sie irgendwann im Laden eine andere, in diesem Moment gar nicht so gut durchdachte Entscheidung getroffen haben. Wahrscheinlicher, weil sie Bekannte haben, die ihr Rad genauso einsetzen. Ihr eigenes Verhalten wird dann von den anderen abgeschaut. Gemeinsam mit weiteren Attributen entwickelt sich dann eine leicht differierende Kultur. Diese kleinen Differenzen reichen aber schon aus, um sich selbst den anderen überlegen zu fühlen. Man erkennt dann die Unterschiede und deren Art und Weise mit dem Zweiradproblem, mit dem Verkehr und mit den Anforderungen, die damit verbunden sind, auf eine andere Weise umzugehen. Eigentlich ist die Konstruktion von solchen Unterschieden sehr schade, denn die Radler verbinden gemeinsame Interessen, etwa die nach einer besseren, vor allem sichereren Infrastruktur. Mehr Radler entlasten schließlich die Umwelt und machen Städte lebenswerter.

Sicherlich gibt es auch zwischen den Interessen der Radlergruppen Unterschiede. So mögen Rennradler am liebsten den Straßenasphalt, wobei auch diesen zu viel Verkehr zuwider sein dürfte. Um auch einigermaßen bequem nichtasphaltierte Strecken bewältigen zu können, wurde als eine neue Kategorie das Gravelbike entwickelt. Dieses wurde vom Rennrad abgeleitet. Dadurch kommen sich eigentlich Mountainbikes und Rennradler wieder etwas näher. Personen, die ihre täglichen Wege mit dem Fahrrad zurücklegen möchten, sind vor allem an sicheren Wegen interessiert. Das gilt insbesondere für diejenigen, die auch ihre Kinder zu transportieren haben. Mountainbiker wünschen sich eigene Strecken im Gelände, auf denen sie nicht so häufig mit Wanderern in Konflikt geraten. Dieser kleine Ausschnitt zeigt bereits, dass viele, aber bei weitem nicht alle Interessen deckungsgleich sind.

10.4 Radler aller Arten vereinigt euch!

Was aber die Radler aller Genres vereint, ist der Wunsch, dass die Zweiräder mehr Bedeutung erlangen und ihnen von Seiten der Politik mehr Aufmerksamkeit entgegengebracht wird. So sind Investitionssummen zur Förderung des Radverkehrs im Vergleich zu anderen Ländern und vor allem im Verhältnis zu den Beträgen, mit denen der Autoverkehr gefördert wird, immer noch lächerlich klein. Und das, obwohl sich zeigt, dass Investitionen für den Radverkehr sich tatsächlich auszahlen. Ein Teil des Autoverkehrs verdampft (wie tatsächlich der Spezialausdruck lautet) und die Radlerzahlen erhöhen sich.[1] Die Unfallgefahr nimmt insgesamt dadurch ab. Die Menge der klimafeindlichen Abgase wird reduziert und die Radfahrenden begünstigen darüber hinaus noch ihre eigene Gesundheit. Schade nur, dass sich immer eine Menge uneinsichtiger Leute gegen den Umbau stemmen. Hervorheben muss man hier besonders die Leute, die Geschäfte in den Städten betreiben. Diese setzen häufig solchen Umgestaltungsmaßnahmen ihren Widerstand entgegen.

Vielleicht sind aber auch die unterschiedlichen Interessen der verschiedenen Radgenres dafür mitverantwortlich, dass zu wenig Druck auf die

Verantwortlichen aus dem politischen Bereich gemacht wird, damit sich die Investitionen in die Förderung des Radverkehrs erhöhen. Man muss sich gar nicht an den anderen Radlern abarbeiten, auch wenn diese andere Klamotten auf einem anderen Typ von Velo tragen. Ohne die Sondersituation während der Coronapandemie, als sich viele Leute nicht mehr in den öffentlichen Nahverkehr trauten, wäre es wohl nicht einmal zu den Pop-up-Radwegen gekommen, die in vielen Städten eingerichtet wurden. Es kam schlagartig zu einem so großen Anteil an Radlern im Verkehr, dass man sich gezwungen sah, einen Teil der Kfz-Fahrbahnen mit roter Farbe anzumalen und diese den Radlern anzuvertrauen.

Leider wurde nach der Pandemie vieles wieder zurückgefahren. Man hat ja auch den Eindruck, als würden Radler die Leute regelrecht bedrohen. Es ist eine Art Kulturkampf, bei dem sehr oft von Geschäftsleuten behauptet wird, ihnen würde Potenzial weggenommen, wenn die Zahl der Parkplätze reduziert wird. Es stimmt, gerade die kleinen inhabergeführten Geschäfte sind wichtig für das Urbanitätsgefühl in den Städten. Ich bezweifle aber, dass der Grund für die Klage etwas damit zu tun hat, dass das Radfahren gefördert wird. Besser man fragt, was eindeutig dadurch für andere zu gewinnen ist. Eine Entschleunigung, zusätzlicher öffentlicher Raum für alle, geringere Umweltschäden durch Abgase und Feinstaub und eine weniger gefährliche Lebensweise stehen auf der Habenseite.

10.5 Eine unbefahrbare Fahrradautobahn

Eigentlich wollte ich aber an dieser Stelle über etwas anderes schreiben, auch wenn es mit den zuletzt diskutierten Problemen etwas zu tun hat. Letztens hatte ich an einem Wochenende mal wieder vor, nach dem Ausbaustand des Radschnellweges von Frankfurt nach Darmstadt zu schauen. Der Baubeginn war bereits 2018. Das Ergebnis ist bis heute kurzgefasst: „übersichtlich".[2] Aber man sollte sich selbst ein Bild davon machen. Ich radelte also mal wieder den Schildern mit dem Autobahnsymbol hinterher. Es ist schon erstaunlich, welche Radwege dort denjenigen angeboten werden, die schnell zu einer der beiden ca. 30 km voneinander entfernten Städte gelangen möchten. So finden sich immer noch schmale, holprige

Radwege, die links an den Autotüren vorbeiführen, innerhalb der beiden Städte. Lässt man die Stadtgrenze jedoch hinter sich, gerät man auf normale Forstwege. Es handelt sich öfters um solche, bei denen man sich in einer Spur der Forstfahrzeuge bewegt. In der Mitte solcher Wege befindet sich eine Art Grünstreifen. Die Waldwege sind jedenfalls so holprig, dass sie sich keinesfalls zum Schnellfahren eignen. Noch krasser wurde es an einem Abschnitt, als plötzlich ganz feiner lockerer Kies auf der Fahrbahn verteilt war. An den Furchen sah man, dass einige Radler wie auch ich Schwierigkeiten hatten, überhaupt auf dem Belag voranzukommen. Es waren tiefe Furchen zu sehen. An diesen ließ sich erkennen, dass die Radfahrer weggerutscht sind. Während das mehrere hundert Meter lange Teilstück mit einem Mountainbike mit Mühe vielleicht noch einigermaßen befahrbar ist, gilt das auf keinen Fall für Radler mit schmaleren Reifen. Diese bleiben stecken oder müssen gar schieben. Es fühlt sich an, als würde man auf einem kiesigen Strand radeln wollen. Man sieht die Furchen auf Abb. 10.1. Gegen diesen Straßenbelag ist der eben noch kritisierte normale Wirtschaftsweg mit seinem Gefälle und den nicht ausbleibenden Schlaglöchern regelrecht Gold. Natürlich fragt man sich, wie es möglich ist, dass eine solche Beschaffenheit an dieser Stelle im Wald anzutreffen ist. Vorstellbar ist das nur, wenn solche Entscheidungen von Leuten getroffen werden, die nicht regelmäßig auf einem Rad sitzen. Auch ist bestimmt noch niemand von denen dort schon einmal entlanggeradelt. Es handelt sich um Ignoranz oder Dummheit gegenüber uns Rad fahrenden Zeitgenossen.

Nicht nur der Belag ist ein Ärgernis. Kurz darauf habe ich mich mehrmals verfahren, weil die Beschilderung einen nicht eindeutig in die richtige Richtung weist.

Leider sind nach vielen Jahren erst ein paar Kilometer der Schnellstrecke fertiggestellt. Diese Ministrecke wird schon seit vielen Jahren mit Transparenten gefeiert. Die Transparente haben das Selbstlob der zuständigen hessischen Landesregierung zum Inhalt. Solchem Selbstlob haftet bekanntlich ein Hautgout an. Dieser Geruch ist hier deutlich vernehmbar. Und tatsächlich hätte die Strecke jede Anerkennung verdient, wäre ihre Erstellung nicht nach einer sehr geringen Zahl fertiggestellter Kilometer steckengeblieben. Der Ausbau stockt mehr, als er vorankommt. Ein Hohn sind die Radautobahnwegweiser mitten im Wald

10 Radler unter sich: Warum manche Radfahrer die anderen …

Abb. 10.1 So sieht die Radautobahn aus. Der Straßenbelag besteht aus tiefem lockerem Kies ist leider (fast) nicht befahrbar. (Foto: Christian Stegbauer)

(Abb. 10.2). Außer der durch die Schilder ausgedrückten Planungsidee, ist dort weit und breit nichts von einer Schnellstrecke zu bemerken. Ist man endlich auf den paar Kilometern Schnellweg gelandet, fährt es sich allerdings wirklich easy. Einen Eindruck von der ausgebauten Strecke vermittelt die Abb. 10.3. Sehr gut kann ich mir vorstellen, dass zahlreiche Pendler zumindest gerne eine Teilstrecke auf so einer Straße zurücklegen würden. Vielleicht sind es wenige, die den tollen Weg täglich für die ganze Entfernung von Frankfurt nach Darmstadt nutzen würden. Aber für ein Stück davon würde sich eine solche Strecke sehr gut eignen. Die Straße ist richtig glatt, es rollt dort vorzüglich. Eine Pendlerstrecke von 15 km morgens und abends kommt mir durchaus realistisch vor. So etwas habe ich während meines Studiums auch schon regelmäßig selbst gemacht. Wenn man einigermaßen in Übung ist, sollte es möglich sein,

Abb. 10.2 Das Autobahnsymbol als Hohn für die Radfahrer. Hier leitet die Radautobahnbeschilderung über die unbefahrbare Strecke Richtung Frankfurt und Waldstadion. (Foto: Christian Stegbauer)

den Weg mit einer durchschnittlichen Geschwindigkeit von etwa 20 km/h zu beradeln. Bei 15 km Pendelstrecke wäre man dann in 45 min an seinem Arbeitsplatz. Eine Geschwindigkeit, die in den meisten Fällen mit dem öffentlichen Verkehr kaum zu erreichen ist. Ferner bewegt man sich radelnd dabei direkt von Haustür zu Haustür. Mit einem E-Bike wäre die Stecke auch für weniger Geübte machbar.

Die Vorzüge einer solchen Strecke sind immens. Zunächst einmal handelt es sich um den ökologischen Vorteil, weil kaum CO_2 freigesetzt wird. Der zweite Nutzen ergibt sich für die Gesundheit der radelnden Bevölkerung. Das Strampeln hält fit und beugt Herz-Kreislauf-Erkrankungen vor, entlastet damit die Krankenkassen und bewirkt individuelles Wohlbefinden. Ein dritter Vorteil hängt auch mit der dadurch gewonnenen zusätzlichen körperlichen Gesundheit zusammen: Radfahren macht schlau![3] Die besten Ideen kommen einem auf dem Fahrrad. Das kann für den

Abb. 10.3 Das kleine Stückchen Radautobahn, welches fertig ist, kann sich sehen lassen. Der Weg lässt sich sehr gut befahren. (Bild: Christian Stegbauer)

Einzelnen von Gewinn sein; es hilft aber auch der gesamten Volkswirtschaft, wenn man radelnd über seine Arbeit nachdenkt und so auf neue Einfälle kommt. Weiters und das wurde schon genannt dürfte es zu einer Zeitersparnis führen, zumindest gegenüber dem ÖPNV. Für das Rad fallen außerdem keine Parkgebühren und geringere Unterhaltskosten an.

Zwar sind manche für Autos bestimmte Straßen auch nicht in bestem Zustand, aber die Mehrzahl der Bundesstraßen hat doch einen ziemlich guten Ausbau erreicht. Man fragt sich, warum das für Radler nicht auch der Fall ist. Natürlich weiß man das: Es wird zu wenig in die Radinfrastruktur investiert. Beschämend wenig ist das im Vergleich zu anderen Ländern, solchen, die als Radländer bekannt sind. Dort sind die Investitionen auf die Einwohner bezogen öfters jährlich zehn Mal so hoch wie bei uns. Dieser Unterschied besteht nun schon seit einigen Jahrzehnten. Er ist also kaum aufzuholen, sollte man in der Lage sein, kurzfristig höhere Mittel für den Radverkehr zu mobilisieren. Durch die Investition in eine Radinfrastruktur sinken die Unfallrisiken für Radler um weit mehr als das Zehnfache, wenn man die deutschen Großstädte mit Amsterdam oder gar mit Kopenhagen vergleicht. Und das gilt sogar insofern, als der Anteil des Radverkehrs in diesen Städten drei Mal so hoch ist.[4] Eine umsichtige Radverkehrspolitik könnte also sogar Menschenleben retten.

Die hier geführte Klage ist natürlich zunächst einmal eine, die sich an die Politik richtet. Sie ist aber nicht nur politisch zu deuten, sie besitzt auch eine soziologische Komponente. Wir können nämlich fragen, wie es dazu kommt, dass andere Länder weit toleranter sind gegenüber ihren radelnden Bürgern.

Warum also? Zum einen sind es dort wesentlich mehr Leute, die sich auf das Zweirad schwingen, aus diesem Grund müssen die Parteien deren Interessen auch mehr berücksichtigen. Aber an der Stelle beißt sich leider die Katze in den Schwanz, wie man so schön sagt. Wenn es keine ausreichende Infrastruktur für das Radfahren gibt, dann ändert sich das Verhalten der Leute auch nicht. Wie also bekommt man die Sache ins Rollen? Hilfreich ist der Lobbyismus – der ADFC ist so ein Verband, der Druck aufbauen kann. In den Ländern, an die ich gerade denke, die Niederlande und Dänemark, spielt die Autoindustrie keine so große Rolle wie in Deutschland. Dabei geht es gar nicht mal so sehr darum, beide Mobilitätsformen ausschließlich gegeneinanderzustellen. Man kann immer noch Autofahren, auch dann, wenn viele Strecken mit dem Rad bewältigt werden.

10.6 Die Autoindustrie als unser Schicksal

Ach ja, die Autoindustrie! Sie ist so etwas wie das Schicksal von uns Deutschen. Wenn man sich eine Liste mit den Unternehmen anschaut, welche die höchste Wertschöpfung im Lande erreichen, so stehen die Autobauer ganz weit vorne. Auf dem ersten Platz befindet sich Volkswagen, auf Platz zwei folgt dann Daimler und der dritte Platz wird von BMW eingenommen.[5] Platz sechs kommt dem Zulieferer Bosch zu und auf Nummer zwölf finden wir die Schäffler-Gruppe. Letztere liegt aber immer noch deutlich vor der SAP, dem Unternehmen mit dem höchsten Börsenwert in Deutschland. Man kann es auch mit der rhetorischen Frage ausdrücken: Was wäre das Industrieland Deutschland ohne die Autoindustrie? Aufgrund dieser Stellung hängt an der mächtigsten Industrie das Wohl und Wehe der Arbeitsplätze und des Wohlstandes in unserer Republik. Wenn man sich fragt, warum es wider alle Vernunft nur bei uns kein Tempolimit auf den Autobahnen gibt, dann liegt die Antwort nahe: Genau das ist der Grund. Man kann sich Deutschland nicht ohne diese Industrie vorstellen. Das ist wohl auch die Ursache dafür, dass unsinnige Überlegungen angestellt werden, wie Verbrennermotoren auch längerfristig noch mit ziemlich unwirtschaftlichen Treibstoffen in Betrieb gehalten werden können. Wesentliche Innovationen kommen allerdings von den Industriekolossen nicht. Sie mussten schon seit langem zum Jagen getragen werden. So wurden Abgaskatalysatoren erst ziemlich spät in Deutschland eingeführt (Neumaier 2012) und die Geschichte des Dieselabgasbetrugs ist uns allen noch gut in Erinnerung. Man gewinnt den Eindruck, dass das Land so abhängig von dieser Industrie ist, dass jeder politischen Farbe nichts als nur die blinde Unterstützung übrigbleibt.

Aus der Perspektive eines Radlers und Stadtbewohners ist diese blinde Unterstützung ziemlich fatal. Radler würden sagen, es sollten weniger Autos in den Städten sein, das Radfahren solle gefördert werden, womit ein großer Sicherheitsgewinn einhergehen würde. Der Kolumnist des

Spiegels Christian Stöcker stellt fest,[6] dass die Zahl der wegen überhöhter Geschwindigkeit getöteten Menschen diejenige der Ermordeten, auch durch Terroranschläge, um etwa das Tausendfache übersteigt. Der Artikel zählt etwa zwei Dutzend Todesopfer seit der Jahrtausendwende von islamistischen Anschlägen auf und stellt diese den knapp 2400 Opfern im Verkehr für 2023 gegenüber. Dabei sind alleine 665 auf überhöhte Geschwindigkeit zurückzuführen. Nehmen wir die 665 als jährlich konstant seit der Jahrtausendwende an, kommen wir bei 25 Jahren sogar auf 16.625 Opfer zu schnellen Fahrens im Vergleich zu 24 Opfern von islamterroristischen Anschlägen. Hier ganz kurz nur: Diese Anschläge sind unerträglich! Das hilft aber den Verkehrsopfern und deren Angehörigen allerdings auch nichts. Wo bleiben, so fragt nicht nur der Kolumnist, die sofortigen Maßnahmen? Solche Maßnahmen nehmen im Falle von terroristischen Morden aber ganze Herkunftsgruppen in Mithaftung und treiben zahlreiche Wähler rechtsradikalen Parteien in die Arme.

Neben den konkreten Toten würde die Maßnahme eine größere Wirkung auch auf die Einsparung von CO_2-Emissionen entfalten. Eine Tatsache, die von den zuständigen Politikern immer zugunsten der Autoindustrie kleingeredet wird. Ich finde das vollkommen falsch, habe aber dennoch ein gewisses Verständnis dafür, wenn ich mir die Wertschöpfungstabelle anschaue. Leider schwindet an dieser Realitätsmarke schließlich auch der Optimismus dafür, andere Verkehrskonzepte zu entwickeln, die nicht zuerst auf individuelle Mobilität setzen.

Notes

1. So berichtet Bernhard Biener am 26.04.2024 in der FAZ über die Untersuchung, welche von der University of Applied Sciences zur Umgestaltung des Oederwegs in Frankfurt vorgelegt wurde: https://www.faz.net/aktuell/rhein-main/frankfurt/frankfurter-verkehrspolitik-mehr-fahrraeder-auf-oeder-weg-nach-umgestaltung-19679030.html (15.05.2024).
2. Wolfgang Hettfleisch, Der Bau des ersten hessischen Radschnellwegs lahmt 23.03.2023, https://www.hessenschau.de/wirtschaft/radschnellweg-frankfurt%2D%2D-darmstadt-bau-des-super-radwegs-in-hessen-lahmt-v1, radschnellweg-frankfurt-darmstadt-102.html (13.12.2024).

3. https://www.radfahren.de/gesundheit/radfahren-bewegung-gehirn-lernen-fitness/ (09.06.2024).
4. So die Expertise von Greenpeace aus dem Jahr 2018, die auf die offiziellen Statistiken der verglichenen Städte zurückgreift. https://www.greenpeace.de/sites/default/files/publications/mobilitaet-expertise-verkehrssicherheit.pdf (21.12.2024).
5. Wettbewerb 2024. Hauptgutachten der Monopolkommission XXV: https://www.monopolkommission.de/images/HG25/HG25-Gesamt.pdf, S. 13 (10.10.2024).
6. https://www.spiegel.de/wissenschaft/mensch/solingen-der-terror-und-die-reaktionen-gefuehlte-bedrohungen-und-reale-risiken-a-5ba05260-f37a-4b93-910d-c556a30ab33c (10.10.2024).

Literatur

Neumaier, Christopher. 2012. Die Einführung des „umweltfreundlichen Autos" in den 1980er-Jahren im Spannungsverhältnis von Wirtschaft, Politik und Konsum. In *Themenportal Europäische Geschichte*. https://www.europa.clio-online.de/essay/id/fdae-1576. Zugegriffen am 10.10.2024.

11

Radler und Autos – der ewige Kampf der Radler mit dem heiligen Blechle

Radler und Autos, Radler und Lastwagen, beide Arten von Beziehungen sind von Konflikten geprägt. Dies deshalb, weil es immer wieder zu schlimmen Unfällen kommt, bei denen die Radfahrer den Kürzeren ziehen. Ein Teil der politischen Sphäre ist dabei, hat aber noch nicht abschließend die Voraussetzungen dafür geschaffen, dass die schwächeren Verkehrsteilnehmer geschützt sind. Hiermit sind technische Voraussetzungen gemeint, die zuverlässig vor Radfahrern warnen, die vom Fahrer übersehen werden könnten. Das gilt insbesondere für die abbiegenden Laster. Aber nicht nur die Abbiegenden, auch diejenigen, die einem in einer Einbahnstraße entgegenkommen, sind nicht immer dem Radler gegenüber konziliant. Manchmal rasen sie auf einen zu, ohne den Eindruck zu vermitteln, die Geschwindigkeit zu reduzieren oder anzuhalten, damit man ohne Probleme aneinander vorbeikommt. Wenn ein SUV einem direkt entgegenkommt, fühlen sich auch 30 Stundenkilometer wie Rasen an. Aber technische Einbauten und Verhalten im Straßenverkehr sind ja nur ein Teil des Problems, ein anderer hängt mit der Verkehrsführung zusammen. Hier wäre mehr drin, wenn man den Autoverkehr und den Radverkehr öfters voneinander trennen würde. Allerdings ohne bei diesen Maßnahmen die Radler auszubremsen, indem man sie mit den Fußgängern zusammensteckt oder ihnen untaugliche Wege anbietet.

Manchmal denke ich zurück, wie das in den 1980er-Jahren war. Da gab es fast keine Radwege und man schlängelte sich vor den roten Ampeln rechts des stehenden Verkehrs Auto für Auto vorwärts. Es war auch damals schon stressig und sehr gefährlich. Gefährlicher als heute, aber man nahm es hin bzw. die wenigen wackeren Radler nahmen es damals hin, schließlich kannte man keine andere Alternative.

Sind die Konflikte mit den Lastwagen und ihren Fahrern aufgrund der besonderen Beschaffenheit der Brummis und der Enge der Straßen eine Sache für sich, gilt das auch – wenn auch etwas anders – für die Beziehung zwischen Pkws und Radlern. Ich habe beschrieben, dass Radler untereinander bestimmte Vorbehalte haben und sich da gar nicht alle so ganz grün sind; bezogen auf die Autos sind sich wahrscheinlich die meisten Radler sicher, dass es nicht einfach ist, mit diesen umzugehen. Zu sehr lauern Gefahren auf uns radelnde Zeitgenossen. Wenn sich etwa unvermittelt vor einem eine Wagentür öffnet, dann ist es naheliegend, dass es zu einem sog. Dooring-Unfall kommt. Den notwendigen Sicherheitsabstand zu den auf der Seite stehenden oder parkenden Wagen einzuhalten, ist nicht einfach. Wenn man es tut, zieht man sich oft den Zorn der fahrenden Autofahrer auf sich. Eigentlich dürfen die Autos dann in den meisten Straßen in der Stadt nämlich nicht mehr überholen. Im dichten Stadtverkehr gilt das auch für breitere Straßen mit Gegenverkehr. Das Rad vermindert also das Tempo des fließenden Verkehrs deutlich. Das ist etwas, was vielen Kraftwagenfahrern ein Dorn im Auge ist. So ähnlich äußerte sich auch mal ein Taxifahrer, den ich nach seinem Verhältnis zu den Radlern befragte. Interessanter- und glücklicherweise bedeutet die Verlangsamung aber auch, dass die Unfallzahlen zurückgehen. M. a. W. weder Autofahrer noch Radler mögen es, wenn sie zusammen in den begrenzten Verkehrsraum gepfercht werden. Für beide „Gruppen" ist das nicht gut, wobei für die Radfahrenden das Risiko immer das größere ist.

Soweit ich weiß, gibt es bei den Autos mittlerweile auch eine technische Entwicklung, die Karosserien so zu entwickeln, dass diese den Fußgängern bei einem Zusammenstoß mehr Schutz bieten. Auch Notbremsassistenten sind in neueren Kraftfahrzeugen an Bord. Allerdings besteht im Verhältnis die Knautschzone von uns Radlern aus unserem Leib. Der Körper haucht meist sein Leben aus, wenn er bei einem Zusammenprall zusammengefaltet wird. Aus solchen Unfällen kommen Radler fast immer mit schweren bzw. schwersten Verletzungen heraus. In zu häufigen Fällen zahlen sie sogar mit ihrem Leben.

11.1 Die Straße neu verteilen

Das sind keine guten Perspektiven, wenn man mehr Leute dazu bewegen möchte, sich aufs Fahrrad zu setzen und damit die Zahl der Autos in der Stadt zu reduzieren. Die Gefahren aus Sicht der Radler sind nur ein Teil: Radinitiativen sammeln Unterschriften, damit politischer Druck erzeugt wird, der wachsenden Gemeinde der Pedalisten mehr und vor allem sichereren Raum zuzugestehen. Das bedeutet, dass weniger Platz für die Motorwagen zur Verfügung steht. Wenn beispielsweise rote Streifen auf den Straßen markiert werden, dann bedeutet das, dass dieser Raum den Autos weggenommen wird. Oftmals handelt es sich sogar um eine ganze Spur. Der rote Streifen macht also das Radeln sicherer, insbesondere dann, wenn die Fahrspur eindeutig getrennt ist. Die Sicherheit wird aber dadurch erkauft, dass die Autofahrenden etwas abgeben müssen. Für diese wird nicht nur Platz abgezwackt; diese Politik hat direkte Folgen: Weniger Platz bedeutet eine geringere Kapazität, was sich durch Wartezeiten in Staus äußert. Das Kalkül der Stadtplanung ist, dass die Autofahrer ihr eigenes Verhalten überdenken, wenn sie viel Zeit im Stau verbringen. Vielleicht, so die Rechnung, bringt die Autolenker die Beobachtung der vorbeiradelnden anderen dazu, sich ein Beispiel an den Velofahrern zu nehmen. Schließlich könnte man selbst umsteigen und demnächst den Drahtesel nutzen.

Eine weitere Maßnahme, die zum Umdenken anregen kann, ist die Reduzierung von Parkraum. Wenn man lange nach einem Parkplatz suchen muss, dann eine hohe Gebühr dafür zahlt und zusätzlich noch einen längeren Fußweg vom schließlich gefundenen Parkplatz in Kauf nehmen muss, um zum Ziel zu gelangen, nimmt man vielleicht gleich das Fahrrad.[1]

Ich selbst finde diese Ideen sympathisch, das muss ich zugeben. Gleichzeitig hoffe ich, dass diese Maßnahmen nicht zu viele Motorisierte verärgern. Denn das Gegen-sich-Aufbringen ist kein guter Ansatz, wenn man für das Radfahren werben möchte. Einige sind und werden auch noch in Zukunft auf ihr Auto angewiesen sein, wenn aber diejenigen, die das nicht sind, eher zum Rad greifen, dürfte der Platz für die Autos ausreichen.

Das Problem ist aber, dass diese Art des Versuchs der Verhaltensbeeinflussung bei vielen Autofahrenden wohl nicht so gut ankommt. Die eingefleischten Autofahrer sind ja nicht nur für sich, sie unterhalten sich über die neuen Gegebenheiten. Das macht das Unglück untereinander nur noch größer. Es ist teilweise so groß, dass sich Wahlen damit beeinflussen lassen.[2] Natürlich sind Radler in Deutschland noch in der Minderheit, abgesehen von wenigen Städten, die schon länger eine besonders radlerfreundliche Politik betreiben. Wenn die Zahl der Autos und damit der Autofahrenden immer weiter ansteigt, wie will man da (selbst bei ebenfalls steigenden Radlerzahlen) in einer Bürgerbefragung gewinnen? Man sollte sich vielleicht einmal fragen, wie in Städten wie Kopenhagen oder Utrecht bei solchen Befragungen Mehrheiten für den Radverkehr zustande kamen. Städte, die durch ihren hohen Anteil an Radelnden geprägt sind, sind viel lebenswerter als die autogerecht gestalteten urbanen Zentren Deutschlands. Ich habe die beiden genannten Städte mit dem Rad bereist und war von beiden sehr beeindruckt. In beiden Städten werden viel mehr Wege mit dem Rad zurückgelegt. Bei uns behaupten immer noch Politiker, die Menschen würden, sobald es kalt oder regnerisch sei, ihr Gefährt stehen lassen und dann doch ins Auto steigen. Das mag auf einige zutreffen, aber die Tatsache, dass dies nicht so sein muss, beweisen die genannten Großstädte. Dort sind die Radler in der Zwischenzeit nicht nur in Befragungen in der Mehrheit. Das bedeutet, dass es kaum politische Entscheidungen gibt, die sich gegen diese durchsetzen lassen. Gegen die Pedaleure ist die Politik machtlos bzw. man ist dort in der Lage, die Radler in die Politik einzubeziehen. In Deutschland ist das ganz anders. Hier bei uns wurden aktuell für 2024 die Gelder für neue Radwege vom Verkehrsminister sogar gekürzt.[3]

11.2 Minderheiten und Mehrheiten

Soziologisch betrachtet handelt es sich also um eine Auseinandersetzung um unterschiedliche Mehrheiten auf der einen und auf der anderen Seite. In den Innenstädten finden sich manchmal schon solche Mehrheiten auf der Seite der Radler. Zumindest dort, wo das Gelände halbwegs flach ist, sind schon sehr viele Leute mit dem Rad unterwegs. Die Anzahl an Autos, die durchfahren und der Flächenverbrauch für die Stellplätze sind in den Zentren extrem. Hier leiden auch die Menschen am meisten unter dem Autoverkehr. Das hat mit der Organisation von Beziehungsstruktur und deren Gerinnung in „harte" Strukturen zu tun. In den großen Städten kreuzen sich im Inneren die Verkehrsströme. Häufig zählen die Umfahrungen deutlich mehr an Kilometern als der direkte Weg durch die Innenstadt. Aber auch die öffentlichen Verkehre treffen sich in den Innenstädten. Hier finden sich Knotenpunkte.

Bei Flughäfen und auch bei Bahnhöfen spricht man im Slang der Netzwerkforschung über sogenannte „Hubs". Der Begriff meint die Verteilfunktion dieser Einrichtungen. Regionalflughäfen weisen nur wenige Verbindungen auf, die meist an einem Knotenpunkt enden. Vom zentralen Hub hingegen gehen die Flüge nicht nur in andere Zentren ab, sondern auch zu anderen Regionalflughäfen. Dort wird der Verkehr gesammelt und neu verteilt. Die Regionen außerhalb der Sammelstellen stehen nicht direkt miteinander in Kontakt. Das geschieht nur über die Zentren. In der Netzwerkforschung spricht man an dieser Stelle von Zentrum-Peripherie-Strukturen. Das, was für Flughäfen gerade gesagt wurde, gilt natürlich auch für die Bahn, die ebenfalls über solche Knotenpunkte, die Umsteigebahnhöfe, verfügt. Dort kann man noch mehr als im Flugverkehr solche Hubs finden. Hierzu gehören große Städte, die häufig durch Endbahnhöfe ins Schienennetz eingebunden sind. Diese Sackbahnhöfe möchte man heute in der beschleunigten Zeit möglichst loswerden und diese Städte lieber mittels Durchgangsbahnhöfen anbinden. Weil diese den potenziellen Durchfluss erhöhen und für einen schnelleren Verkehr sorgen können. Was für die beiden genannten Verkehrsträger gilt, trifft aber auch auf die Städte zu. In den Innenstädten trifft sich der Verkehr aus allen Richtungen. Häufig enden die Einfallstraßen in Städten auf Ringstraßen, auf denen der Verkehr aus der Peripherie gesammelt wird.

Von diesen Ringstraßen wiederum zweigen sich die Straßen in die verschiedenen Innenstadtbereiche ab. Der Verkehr aus vielen Regionen sammelt sich also in der erweiterten Innenstadt.

Das erklärt, warum die Einwohner gerade in solchen Bereichen so stark unter dem Verkehr leiden, und auch, warum es dort Initiativen gibt, diesen Verkehr einzuschränken. Radinitiativen sammeln Unterschriften, um den Autoverkehr auf bestimmten Strecken so zu regulieren, dass es sicherer und bequemer wird, mit dem Rad unterwegs zu sein. Wenn solche Vorschläge umgesetzt werden, dann wird dem Autoverkehr etwas weggenommen. Abb. 11.1 zeigt ein Bild von einer Straße, auf der eine ganze Fahrspur für den Radverkehr umgewidmet wurde. Das Gros des Autoverkehrs stammt aber nicht aus den Innenstädten selbst – dort besitzen viele Leute gar keine Autos. Man hat ein Kfz dort nicht unbedingt

Abb. 11.1 Eine Fahrspur exklusiv für Radler. In zahlreichen Städten wurden die Räume zwischen den Verkehrsteilnehmern während der Pandemie neu aufgeteilt. Was für das Radeln ziemlich gut ist, zieht den Zorn der Autofahrer auf sich, wenn ganze Spuren umgewidmet werden und sich der Kfz-Verkehr dadurch verlangsamt. (Foto: Christian Stegbauer)

nötig. Viele der Bewohner an den zentralen Orten sind mit dem Rad oder den Öffis unterwegs. Aus den Vorstädten etwa reisen zahlreiche Personen mit ihrem Auto in ihr jeweiliges Zentrum. In Städten, die über eine große Innenstadt und wenig Peripherie verfügen, also eine geringere Flächenausdehnung besitzen, kann man sich vorstellen, dass sich die Bedürfnisse der innerstädtischen Bewohner eher durchsetzen als in großen Flächenstädten. Das gilt, sofern die kommunale Politik über die Verkehrsvorhaben entscheidet. Wegen der beschriebenen Zentrum-Peripherie-Struktur entsteht ein Interessensgegensatz zwischen Zentrum und Peripherie. Es könnte sich also politisch in manchen Fällen lohnen, die Peripherie gegen das Zentrum auszuspielen (oder umgekehrt). Tatsächlich fand auf diese Weise ein Wahlkampf in Berlin 2023 statt.[4] Dort wurde gegen die Politik zur Förderung des Radfahrens und der Zurückdrängung des Autoverkehrs in der Stadt Wahlkampf gemacht.[5]

Es stimmt zwar, dass in den Vorstädten eher die Besitzenden von Einfamilien- oder Reihenhäusern wohnen, die traditionell eher konservativ abstimmen (Häußermann und Küchler 1993), aber es findet sich darüber hinaus auch der beschriebene strukturelle Konflikt. Neben den geringeren Möglichkeiten, sich mit öffentlichen Verkehrsmitteln in die Innenstadt oder in einen anderen Teil der Peripherie zu bewegen, sind auch die Wege länger, die mit dem Rad zurückgelegt werden müssten. Dort, in der Peripherie, ist der Raum auch keineswegs so knapp wie im Zentrum. Man findet dort Parkplätze auf der Straße, wenn man nicht sogar über eine Parkmöglichkeit auf dem eigenen Grundstück verfügt. Mit einer verkehrssoziologischen Brille betrachtet, sind die Lagen der Bewohner der verschiedenen Viertel einer Stadt also durchaus unterschiedlich zu betrachten. Sie befinden sich in unterschiedlichen Positionen. Positionen und Rollen sind viel wichtiger für die Frage, wie man sich verhält und was man denkt, als alles, was vom Individuum selbst kommt.[6]

11.3 Radler kaufen nichts? Die Haltung des Einzelhandels

Je nachdem, zu welcher Gruppe von Akteuren man in der Stadt gehört, ordnen sich die Konflikte: Diese sind also abhängig von der jeweiligen Position und den damit zusammenhängenden Sichtweisen. Was ich damit meine? Radfahrer sehen Entscheidungen anders als Gewerbetreibende; Autofahrer anders als Anwohner. Das trifft auch auf die Zentren der Städte zu. So protestieren regelmäßig Geschäftsleute, wenn Autostraßen in sog. Fahrradstraßen umgewandelt werden sollen. Dabei werden diese Straßen transformiert, von einer Vorfahrt für Autos hin zu einer Verkehrsfläche, wo von nun an Autos ein klein wenig zurückstecken müssen. Ich spreche von Radstraßen. Damit einher geht auch die Umgestaltung des Raumes: Ein Teil der Parkplätze fällt weg und die hinzugewonnenen Flächen werden den „Menschen zurückgegeben". Damit ist gemeint, dass in einem Frankfurter Beispiel eine öffentliche Möblierung aufgestellt wird, vor allem aber, dass Gastrounternehmen mehr Raum im für alle zugänglichen Bereich unter freiem Himmel bekommen.

Über diese Entwicklung äußern sich vor allem Ladenbesitzer enttäuscht. Sie behaupten, ihre Kunden aus dem Umland könnten diese nun nicht mehr erreichen oder orientierten sich mit ihrem Kaufverhalten woanders hin. Für die Käufer seien Parkplätze essenziell und sie würden dann dort einkaufen, wo sie schöne große Parkplätze vorfinden würden. Ich schreibe das mit einer etwas ironischen Absicht, weil es bisher auch schon schwer war, dort einen Parkplatz zu finden. Aber auch die Zunahme von Radlern in solchen Gegenden sorgt für zusätzliche potenzielle Kunden. Dies scheint irgendwie in der Debatte unterzugehen. Ein Teil einer relativ neu eingerichteten Fahrradstraße ist auf Abb. 11.2 zu sehen. Es sind auch nicht nur Arme, die mit dem Rad unterwegs sind. Im Gegenteil: In London ist es eher die privilegierte Schicht, die das Fahrrad benutzt.[7] Wenn wir davon ausgehen, dass sich diesbezüglich Frankfurt gar nicht so stark von London unterscheidet, müsste man doch diese Schicht mit dem Einzelhandel ansprechen. Außerdem haben wir ja bereits festgestellt, dass die Mehrheit der Lastenbiker zu den besonders Wohlhabenden gehören.

Manchmal klingen die Argumente der Gewerbetreibenden aber auch regelrecht etwas verrückt. Dann etwa, wenn beispielsweise die Inhaberin eines Hutgeschäfts sich in der Zeitung über Umsatzrückgänge wegen des schlechten Autozugangs beklagt, sich aber um die Ecke ein großes öffentliches Parkhaus befindet. Angeblich schlössen zahlreiche Läden, so auch ein Schreibwarengeschäft, weil die Leute ja aus der Vorstadt genau dorthin mit ihrem Auto führen, um einen Satz frischer Hefte für das nächste

Abb. 11.2 Fahrradstraße. Eine der umstrittenen Fahrradstraßen, die an diesem Sonntagmorgen noch nicht besonders frequentiert ist. An Wochentagen sieht das ganz anders aus. (Foto: Christian Stegbauer)

Schuljahr für ihren Buben einzukaufen. In einer anderen umgewandelten Straße beschwerte sich ein Weinhändler laut Zeitung über den Wegfall von Parkplätzen. Er bietet manchmal auch Weinproben, bei denen der Winzer anwesend ist, an. Einmal haben wir an einer solchen Verkostung teilgenommen. Es war ein schöner Abend, der zeigte, wie enthusiastisch der Weinmacher ist, ein wahrer Aficionado für sein Produkt. Natürlich haben wir anschließend einen Karton Wein bestellt. Dieser wurde nach wenigen Wochen im Laden zur Abholung bereitgestellt. Als ich den Wein mit meinem Rad abholen wollte, wurde ich direkt vom Händler angeschnauzt, als ich mein Rad in der Nähe des Ladens kurz abstellen wollte. Offenbar sind radelnde Weinkunden noch selten und mit seinem Benehmen und seiner öffentlichen Haltung hat er mich nun auch noch verloren. Es ist schon komisch, wenn das Abstellen von Fahrrädern eher ein Problem darstellt als das von Autos, die doch viel mehr Fläche benötigen. Da die Autoparkplätze direkt vorm Laden alle belegt waren, lehnte ich mein Rad kurz an einem Parkautomaten an. Das passte dem Weinhändler aber gar nicht, weil er in der Nähe seine Außengastrostühle aufstellen wollte. Nachdem ich mich als Kunde zu erkennen gab, beruhigte er sich etwas.

Ich merke, dass ich polemisch werde, aber ich frage mich wirklich, was hinter der Ablehnung so vieler Leute gegenüber nahezu jeder Radstraße steht. In der Frankfurter Allgemeinen wurde im Bürgermeisterwahlkampf in Frankfurt 2023 praktisch jeden Tag über die Probleme, welche die Einrichtung der Radstraße bereiten würde, berichtet. Nur sehr selten fanden sich Stellungnahmen, eher von Außengastrotreibenden, dass die Umwandlung sogar einen positiven Effekt auf diese haben könne und für mehr Kunden sorge. Dann wird aber nicht argumentiert, dass dies die Straße auch am Abend belebe und somit für die Bewohner für ein verbessertes Sicherheitsgefühl sorge. Vielmehr geht es dann um die Lärmbelästigung durch die Gäste. Es werden also fast nur negative Argumente angeführt. Falls das Buch dort wahrgenommen werden sollte, hier ist ein nicht gerade subtiler Hinweis von mir an die Herausgeber der FAZ: Es gibt auch Radler unter euren (noch) Lesern!

Was also steht hinter den Klagen des Einzelhandels? Stimmen die behaupteten Umsatzrückgänge wirklich und, wenn ja, ist der vermutete Zusammenhang mit dem Radkonzept der Stadt überhaupt korrekt? Möglich wäre ja auch, dass sich die Umsätze wegen des veränderten Verhaltens der Konsumenten nach der Pandemie reduzierten. Auch ein Wandel der Konsumgewohnheiten nach der Pandemie käme als Ursache in Frage. Wenn der Weinhändler wirklich so viele Kunden aus dem weiteren Umland hat, könnte er darauf nicht mit einem leicht veränderten Geschäftskonzept reagieren? Schließlich sollten Unternehmer flexibel sein. Das ist nachgerade eine Voraussetzung dafür, sich aufgrund stetig ändernder Umweltbedingungen am Markt zu behaupten. So könnte ein Lieferdienst organisiert werden. Zumindest bis in die äußeren Stadtteile könnte das sogar mit einem Lastenrad sehr gut und auch für den Händler günstig funktionieren. Noch einfacher wäre es, auf der Webseite oder im Laden an Kunden Handzettel zu verteilen und damit aufzeigen, über welche Wege der Laden dennoch mit dem Wagen zu erreichen ist. Der Transport zum Auto könnte dann mit verliehenen Handkarren erfolgen etc. Es drängt sich aber der Verdacht auf, dass hier Stimmung gegen Radfahrer und deren politische Vertretung gemacht wird. Eine Haltung, die bei mir aber nur auf wenig Verständnis stößt. Die Mehrzahl der weintrinkenden Kunden im und vor dem Laden am Abend wird doch nicht mit dem eigenen Auto anreisen? Das wäre nicht nur für die Kunden selbst eine Gefahr im Straßenverkehr, nein – auch für die Radler und Fußgänger. In der Stadt dürften die meisten Kunden eher auf andere Weise unterwegs sein, die sich von der Güte der angebotenen Tropfen in einer geselligen Runde überzeugen lassen möchten.

Vermutlich steht ein anderer Konflikt dahinter, einer, der sicher nicht nur bezogen auf den einen Ladenbesitzer vorhanden ist. Geschäftsinhaber sind oft sehr kleinräumig organisiert oder zumindest reden sie mit ihren Nachbarn. Sie sehen auch die Meinung der anderen, die sich den Raum teilen, in der Zeitung reflektiert. Soziologisch würde man den Begriff der Position genau für diese Gruppe der Inhaber von den Geschäften verwenden. Es handelt sich um solche Personen, die untereinander in Kontakt stehen und einen ähnlichen Kontakt zu ähnlichen anderen unterhalten. Die anderen, das sind hier die potenziellen Kunden, die den Bereich der Geschäfte frequentieren. Im soziologischen Slang spricht man von struktureller Äquivalenz, zumindest aber von struktureller Ähnlichkeit. Im Kontakt mit den anderen, die sich in derselben Lage befinden, entwickelt sich eine Haltung, eine Meinung zum Geschehen, die man als Kultur im ganz Kleinen (Mikrokultur) beschreiben könnte.

Geschäfte und ihre Inhaber prägen natürlich zu einem hohen Grad das Urbane an einer Stadt. Bummeln und Schaufensterschauen kann man nur dort, wo sich auch Läden befinden. Städte (und ihre Einwohner) haben also ein großes Interesse daran, dass es dem Einzelhandel gut geht. Diese Läden, besonders wenn sie nicht zu großen Ketten gehören, leisten einen wichtigen Beitrag zum Funktionieren der Städte. In vielen Städten ist der Einzelhandel allerdings in Teilen bereits zusammengebrochen. Das gilt eher für die kleineren Städte. Daran ist sicherlich nicht die Einrichtung von Radstraßen schuld.

Wenn ich mal in Frankreich bin, sehe ich das sehr häufig. Dort sind die Innenstädte als Geschäftszentren oder zumindest die erweiterten Bereiche davon kaum noch existent. Die Ursache dafür dürfte aber vor allem in den Einkaufszentren auf der grünen Wiese liegen und nicht an den fehlenden Zufahrtsmöglichkeiten für Autos. Nach der grünen Wiese kamen die Internetkonzerne. Auch diese haben vielen Läden den Garaus gemacht. Beides bringt sogar die Zentren größerer Städte in Schwierigkeiten. Insofern wird den Geschäftsleuten zu Recht viel Gehör geschenkt, wenn diese Beschwerde führen. In meinen Ausführungen, Sie merken es vielleicht, steckt an dieser Stelle eine Ambivalenz. Dies deswegen, weil die Zentrumsposition der Innenstädte eben den Verkehr anzieht. Gleichzeitig sorgt genau das aber auch für die Überlastungsprobleme dieses Bereichs und insbesondere der Anwohner. Man kann solche Zentren nicht veröden lassen. Ihre Funktion als urbane Mittelpunkte ist zu wichtig. In den Dörfern ringsum finden sich keine Boutiquen und auch keine Hutgeschäfte, die mit ausgefallenen Kreationen Kunden anlocken.

Die Zentrumsposition wird aber nicht allein durch den Autoverkehr aufrechterhalten. Die Zugänglichkeit für Radler ist ebenso ein Pfund, mit dem man wuchern könnte, wenn man sich für etwas mehr Konsequenz entscheiden würde. Städte wie Kopenhagen oder Amsterdam sind sogar reich an Einzelhandel. Radlerfreundliche Städte in anderen Ländern machen das vor.

Notes

1. Matthias Breitinger, die Zeit, vom 16.02.2012, Mach's wie Kopenhagen. Kaum eine Stadt fördert den Fahrradverkehr so vorbildlich wie die dänische Hauptstadt. Was können deutsche Städte davon lernen? https://www.zeit.de/auto/2012-02/kopenhagen-fahrrad/komplettansicht (21.12.2024).
2. So Thomas Holl in der FAZ vom 29.09.2023, S. 1 im Leitartikel „Mehr Schutz für Radfahrer", in dem das für die Senatswahl 2023 in Berlin behauptet wird. Eine der ersten Amtshandlungen der neuen Berliner Verkehrssenatorin war es denn auch, die Radwegeplanung des rot-grün-roten Vorgängersenats in Frage zu stellen und bereits markierte Radwege wieder dem Autoverkehr zugänglich zu machen.
3. Die Mittel halbierten sich sogar von 2022 auf 2024. Sie weisen ein starkes Missverhältnis gegenüber den für den Autoverkehr geplanten Geldern auf, denn für die Autostraßen wird sogar etwas draufgelegt: https://nrw.adfc.de/artikel/budgetkuerzung-bundeshaushalt-1 (24.11.2024).

4. Paul, Oskar, 2023, Nach den Wahlen in Berlin: Schwarzer Rand um die Stadt. Tageszeitung vom 27.02.2023. https://taz.de/Nach-den-Wahlen-in-Berlin/!5915679/ (04.10.2023).
5. Bei der Verkehrsmittelwahl wolle sich die CDU nicht einmischen, so die Aussage der Verkehrssenatorin Schreiner in einem Interview: „Auf die Frage schließlich, ob sie denn wolle, dass mehr Menschen Fahrrad führen, antwortete die Senatorin nicht mit ‚Ja', sondern bezeichnete Mobilität als „etwas sehr Individuelles". Ihr stehe es nicht zu, die Entscheidungen Einzelner zu beurteilen, der Gesetzgeber habe nur „die Aufgabe der Bereitstellung der verkehrssicheren Infrastruktur, auch für die Radfahrer." Das berichtet die Tageszeitung aus einem Interview der Verkehrssenatorin Berlins mit dem RBB. Verkehrspolitik in Berlin: Die Senatorin tritt auf die Bremse. Die CDU-Frau Manja Schreiner will Änderungen in den letzten Kapiteln des Mobilitätsgesetzes – und mag auch das Radfahren nicht mehr zu sehr anpreisen. TAZ vom 10.05.2023, https://taz.de/Verkehrspolitik-in-Berlin/!5930448/ (abgerufen am 04.10.2023).
6. So besagt es die Rollentheorie. Auf diesem Gebiet besonders erfolgreich war das Buch von Dahrendorf (2010, zuerst 1959). Etwas weiter in Richtung Relationalität ging das Buch von Nadel (1957), welches später für die Netzwerkforschung (insbesondere bei der Entwicklung der Blockmodellanalyse) zu einer wichtigen Inspirationsquelle wurde.
7. Frankfurter Allgemeine Zeitung: Eva Lapido, 05.08.2022, London und das Boris-Bike. Bürgerkrieg ums Fahrrad https://www.faz.net/aktuell/feuilleton/debatten/london-und-das-boris-bike-buergerkrieg-ums-fahrrad-18218613.html (21.12.2024).

Literatur

Dahrendorf, Ralf. 2010, zuerst 1959. *Homo Sociologicus. Ein Versuch zur Geschichte, Bedeutung und Kritik der Kategorie der sozialen Rolle*, 17. Aufl. Wiesbaden: Springer VS. (Neue Bibliothek der Sozialwissenschaften).

Häußermann, Hartmut, und Manfred Küchler. 1993. Wohnen und Wählen. Zum Einfluß von Hauseigentum auf die Wahlentscheidung. *Zeitschrift für Soziologie* 22(1): 33–48.

Nadel, Siegfried F. 1957. *Theory of social structure*. London: Routledge.

12

Radler und Fußgänger – Das ist mein Platz!

Auch Konflikte zwischen uns Radfahrern und uns Fußgängern lassen sich nicht verleugnen. Anders als bei den Auseinandersetzungen zwischen Radlern und Autofahrern – da kommt das auch vor, ist aber nicht zwangsläufig –, denn wir sind ja immer beides, wenn auch meist zu verschiedenen Zeiten. Der meist schmale Raum, den man den fußläufig unterwegs Seienden zugesteht, ist für diese oft schon sehr knapp. Insbesondere dort, wo – wie inzwischen gerade in den Städten häufig – die Gastronomie auch noch einen Teil des Platzes für ihre Tische und Stühle abknapst. Daneben wird der Bürgersteig ja auch noch gar nicht selten von halben Pkw, weniger häufig auch von ganzen belegt. Für Laufende ist das okay, solange man alleine unterwegs ist. Der Raum wird schon eng, wenn man sich zu zweit nebeneinander bewegt und sich miteinander unterhalten möchte. Sehr problematisch ist es, wenn man einen Kinderwagen oder gar einen Zwillingswagen oder einen Rollstuhl zu schieben hat. Wenn nun noch Radler hinzukommen, kann es schon zu ärgerlichen oder gar brenzligen Situationen kommen. Ein Teil der radelnden Bevölkerung muss ja den Fußweg zum Radfahren nutzen – die jüngeren Kinder. Das ist gar nicht so einfach, die Kinder auf dem Bürgersteig und der Vater oder die Mutter auf der Straße, ein Auge auf den Nachwuchs gerichtet. Dieser muss an jeder Kreuzung beobachtet werden, damit eine gefahrlose Überquerung möglich wird. Aus Sicht der Fußgänger mag das mal eine Belastung sein, aber wer freut sich nicht über die kleinen quirligen Kinder, die schon so jung auf dem Zweirad sitzen? Anders ist es, wenn man als erwachsener Radler den Bürgersteig benutzt.

Zwar sind die meisten Mitbürger auch langmütig oder lassen sich ihren Ärger nicht so anmerken, aber es gibt auch welche, die sich nur allzu gerne beschweren. In manchen Fällen mag das durchaus zu Recht geschehen. In anderen finde ich, lässt sich das nicht so eindeutig entscheiden. So etwa, wenn es sich um eine breite, vielbefahrene Straße handelt, die nur sehr umständlich überquert werden kann. Wenn der Fußgängerweg breit ist und die Radler vorsichtig unterwegs sind, halten sich meiner Meinung nach die Klagegründe in Grenzen, obwohl die Rechtslage eindeutig ist: Wenn nicht speziell ausgeschildert, ist es nicht erlaubt, den Bürgersteig zum Radeln zu benutzen. Allerdings zwingen einen die Verhältnisse als Radler manchmal geradezu auf den Gehweg. Aus der Perspektive des zu Fuß gehenden Radlers kann ich das Problem der Gehenden sogar teilweise verstehen, andererseits habe ich aber auch meist Verständnis für die Radler.

Aus der Perspektive des Radlers sind ziemlich viele Regelverletzungen das Resultat schlechter Verkehrsplanung. Nämlich dann, wenn man sich bei der Einrichtung der Straßen keine Gedanken darüber gemacht hat, wie Radler mit der Situation umgehen sollten. Vielleicht hat man sogar an Räder gedacht, ihnen aber nicht die notwendige Priorität zum Zeitpunkt der Planung eingeräumt. Vielleicht hat sich das Aufkommen an Radlern auch erhöht und nun wäre eine andere Planung notwendig, aber der Raum ist bereits aufgeteilt, sodass nicht genug Platz für alle bleibt.

Tatsächlich ist das Gehwegradeln durchaus nicht ganz ungefährlich. Mir ist es schon passiert, dass jemand aus einem Hauseingang heraustrat und ich gestürzt wäre, hätte ich mich nicht an der Person festgehalten. Uff, dieses Mal ist es noch einmal gut gegangen, aber ein Verletzungsrisiko besteht auf beiden Seiten. Einer meiner Söhne hatte im Alter, als er noch auf dem Trottoir radeln musste, einen Zusammenstoß mit einer älteren Frau. Bei ihr klappte der Unterkiefer dabei so stark auf den Oberkiefer, dass etwas an ihrer Zahnprothetik entzweibrach. Letzten Endes musste sogar unsere Haftpflichtversicherung eintreten und den Schaden regulieren.

12 Radler und Fußgänger – Das ist mein Platz!

12.1 Mal geboten, mal verboten

Als Radler kann man sich aber auch bei den Planern beschweren, denn diese bleiben oft unentschieden, vielleicht lassen es die Vorgaben ja auch nicht anders zu: Gehören die Radfahrer nun auf die Straße oder zu den Fußgängern? Zahlreiche Fußwege muss man sich schließlich teilen. Immer dann, wenn das Schild Radler und Fußgänger gemeinsam abbildet, wird man auf dem Velo ausgebremst und mit den Zu-Fuß-Gehenden zusammengeworfen. Dann ist der Straßenbelag meist einer, der schnelleres Fahren nicht erlaubt, und die Rücksichtnahme tut ihr Übriges, um die Konkurrenzfähigkeit des muskelkraftgetriebenen Gefährts weiter zu reduzieren.

In manchen Fällen wird auf dem Bürgersteig ein Streifen abgetrennt und den Radfahrern zugebilligt. Dann ist der Konflikt aber auch schon vorgezeichnet, weil ein Teil der Fußgänger den Streifen missachtet. Wenn die Fußgänger in Gruppen unterwegs sind, kann man diesen aber gar nicht die Schuld für das Streifenübertreten geben, denn ihr Bereich ist häufig genauso zu schmal wie der der Radler. Auch führt ein Ausweichen vor Hindernissen meist in das Territorium der anderen Verkehrsgattung. Aus der Radperspektive sind solche Lösungen also bestenfalls suboptimal. Insbesondere wegen der dort notwendigen Einschränkungen der Nutzbarkeit des Rades. Wenn ich das so behaupte, höre ich schon wieder die anderen sagen: „Na ja, die Autofahrer sind ja auch solchen Beschränkungen unterworfen. Sie müssen Umwege in Kauf nehmen, weil Einbahnstraßen den geraden Weg blockieren. Die Stadt ist voller Höchstgeschwindigkeitsregeln und wir müssen schließlich auch noch auf die Radler achten." Die Klage ist ja nicht von der Hand zu weisen. Allerdings benötigen Autos viel mehr Platz und sie stellen eine Gefahr für die anderen, geringer geschützten Verkehrsarten dar.

Die Notlösung, den Radverkehr mit den Fußgängern zusammenzulegen, mag in einigen Fällen sogar eine gute Lösung sein, und zwar dann, wenn der Autoverkehr so dicht ist, dass es kaum möglich wäre, dort mit dem Rad mitzuschwimmen. Auch wenn es erlaubt ist, schnell zu fahren, kann es sein, dass es keine gute Idee für Radler ist, sich auf die Fahrbahn der Kraftfahrzeuge zu begeben. Nichtsdestotrotz bleibt die Verdrängung der Radler auf den Fußgängerweg meist eine Krücke, die beiderlei Verkehrsteilnehmer mehr behindert als befähigt. Den Radverkehr fördert man auf diese Weise eher nicht.

12.2 Fußgängerzonen auch für Radler?

Eine ganz andere Sache sind Fußgängerzonen. In diesen fühlt man sich auf dem Fahrrad meist nicht so wohl, besonders wenn diese stark frequentiert sind. Aber das Radeln dort in Schrittgeschwindigkeit ist immer noch besser, als zu schieben. Das empfinde ich jedenfalls so. In manchen Städten dürfen die Fußgängerzonen mit dem Rad (meist aber geschwindigkeitsbegrenzt) befahren werden, in anderen nicht. Ehrlich gesagt würde mich normalerweise ein solches Verbot keineswegs davon abbringen, auf dem Rad zu bleiben. In manchen Städten bekommt man es jedoch mit der Polizei zu tun. Diese verdeutlicht einem dann, dass der Bereich nur schiebend durchquert werden dürfe. Wenn die Frequenz der Fußgänger nicht zu hoch ist, halte ich solche Regelungen für ziemlich absurd. Allerdings würde ich an die anderen Mitradler appellieren, sich sehr defensiv zu verhalten. Eher selten melden sich andere Personen und beschweren sich.

12.3 Scherben auf dem Radweg

Mir ist aber noch etwas anderes aufgefallen, insbesondere wenn ich samstag- oder sonntagmorgens losfahre und die Reste der Ausgehwütigen noch nicht beseitigt sind. Sehr häufig liegen Glasscherben auf den Radwegen.

Ich frage mich dann immer, ob das aus Unachtsamkeit geschieht, dass den nächtlichen Stadtwandlern zufällig die Flasche auf den Radweg fällt, oder ob irgendeine Art von Absicht dahintersteckt. Ich bin kein Freund von Verschwörungstheorien dieser Art, aber ein gewisses Muster meine ich erkennen zu können. Ein Beispiel hierfür ist in Abb. 12.1 zu sehen. Sind es Radhasser, dies sich dort durch die Nacht bewegen? Es muss sich ja gar nicht um viele handeln, es reicht, wenn nur einige ihre Flaschen

12 Radler und Fußgänger – Das ist mein Platz!

Abb. 12.1 Scherben auf dem Radweg. (Foto: Christian Stegbauer)

genau dort fallen lassen, wo sich morgens die sprichwörtlichen „frühen Vögel" auf ihren Rädern versuchen „den Wurm" zu fangen. Auf Gehwegen finde ich nur selten Scherben. Allerdings schaue ich dort auch nicht so genau hin. Vorstellen kann ich mir auch, dass Leute ihr Leergut einfach dort abstellen und der Nächste stolpert darüber, sodass es zerbricht, oder man lässt die Flaschen einfach neben sich fallen – und dort befindet sich zum Unglück der Radler der für sie gedachte Weg.

13

Das Ende der Tour

Wir sind nun am Ende der soziologischen Betrachtungen aus meinem ziemlich bequemen, obgleich nichtgefederten vollledernen Sattel angekommen. Es war zwar kein Marathon, aber eine schöne Strecke haben wir, liebe Lesende, Sie und ich, nun doch zusammen zurückgelegt. Ich freue mich, dass Sie so lange durchgehalten haben. Aber vielleicht lesen Sie ja auch gar nicht linear, sondern schlagen das Buch vom Ende her auf oder blättern einfach ein wenig in dem Band. Ganz gleich, danke für die Zeit, die Sie den Zeilen des Textes gewidmet haben!

Ich habe mich naturgemäß mit dem Text länger befasst und so einen Eindruck davon bekommen, was ich alles zu Papier gebracht habe, was der Gegenstand von Forschungen war und zu welchen Assoziationen dies führte. Natürlich bin ich als Soziologe an dem orientiert, was ich auch sonst so in diesem Feld tue. Ich beschäftige mich mit sozialwissenschaftlicher Netzwerkforschung, mit der Entstehung und der Weitergabe von Kultur und Ähnlichem. Das findet sich nun auch in diesem Buch wieder. Einige Erklärungen für soziale Zusammenhänge habe ich auch schon auf andere Themenfelder angewendet.

Aufgefallen ist mir, wie sehr das Thema der Konkurrenz, der Distinktion, immer wieder auftaucht. Es handelt sich um eines, welches tatsächlich viele Sachverhalte rund um das Radfahren zu erklären vermag. Allerdings erklärt es nicht alles. Man findet ja immer wieder Radler, für die das schnelle Fahren, um nur ein Beispiel zu nennen, keinen Wert darstellt. Mit diesen konkurriert man dann auch nicht. Konkurrenz findet sich nur zwischen solchen Radlern, die sich in einer Weise verhalten, die diese ermöglicht bzw. herausfordert. Theoretisch würden wir von strukturell Äquivalenten sprechen (das hatten wir zwar schon bei den Ladenbesitzern). Sagen wir es mal so etwas verständlicher: Damit das mit dem Wettbewerb funktioniert, muss es sich um Ähnliche in mindestens einer bestimmten Hinsicht handeln.

Normalerweise bin ich mit meinem schweren, aus Stahl gebauten Long Haul Trucker (meinem Tourenrad mit Reiseraddimensionen) natürlich nicht konkurrenzfähig mit einer Person auf einem superleichten Rennrad, bei dem zuvor jedes Gramm gewogen wurde. Wir reden hier von unterschiedlichen Kategorien von Radlern, die nicht so viel miteinander zu tun haben. Die geschilderte Situation ist aber nicht nur eine der Ausrüstung – diese lässt nur bei Fremden um uns herum eine Einschätzung (oder ein Vorurteil) zu –, es sind auch innere Haltungen, die dabei zum Vorschein kommen. Das ist mir zumindest beim Schreiben klar geworden.

Wahrscheinlich – und darum schreibe ich auch erst am Ende des Buches darüber – bin ich im Alltag kompetitiver, als ich es mir immer zugestehen wollte. Eine Selbsterkenntnis, die ich dem Buch verdanke. Eigentlich sehe ich mich als jemanden mit einem ziemlich langmütigen Gemüt. Ja, ich bilde mir regelrecht etwas darauf ein, mich nicht so leicht aus der Ruhe bringen zu lassen. Das ist aber nicht immer der Fall und hier stimmt es offenbar auch nicht durchgängig.

Ich will aber gar nicht zu viel von mir schreiben, auch wenn das Stilmittel des Sachbuchs dies erlaubt. Auch deswegen beruht das Buch in weiten Strecken auf eigenen Erfahrungen. Allerdings kommt eine gewisse soziologische Expertise hinzu, die Deutungen von Verhaltensweisen ermöglicht. Natürlich habe ich nicht – und das kann ich auch gar nicht – alle Aspekte abgedeckt. Aber ich habe aus meiner Perspektive das Wichtigste aus den täglichen Beobachtungen aufgeschrieben und interpretiert.

13 Das Ende der Tour

Bei den Interpretationen stütze ich mich, neben dem, was eben schon gesagt wurde, auch auf zwei kleine Untersuchungen, die ich mit Studierenden durchgeführt habe. Danke an dieser Stelle auch an alle, die dabei waren, diejenigen, die mitdiskutierten, und die, die Interviews geführt und diese auch interpretiert haben. Dank auch an diejenigen, die sich haben interviewen lassen. Anerkennung möchte ich auch den Studierenden zollen, die an Ampeln Videoaufnahmen gemacht haben und ganz genau das Verhalten der Radler im Stadtverkehr analysiert haben. Die Studierenden taten das zu verschiedenen Zeiten und an zuvor vereinbarten Orten in Frankfurt. Tatsächlich bin ich auf einer Aufnahme selbst auch zu sehen gewesen. Ich habe es gar nicht bemerkt, von den Studierenden gefilmt zu werden. Die Rufe der Studierenden, die mich auf meinem Rad erkannt hatten, überhörte ich mit den Verkehrsgeräuschen im Hintergrund unabsichtlich.

Die ausgewählten Aspekte sind natürlich daran angelehnt, wie sich die Welt aus einer soziologischen Perspektive anschauen lässt. Dabei spielen Beziehungen, auch zwischen einander Fremden, beispielsweise eine gar nicht so geringe Rolle. Durch die eingenommene Perspektive werden natürlich nur einige Sichtweisen aus der großen weiten Welt der Möglichkeiten ausgewählt. So schaue ich beispielsweise darauf, wie verschiedene Verkehrsteilnehmer oder Typen von Radlern miteinander umgehen.

Mit den Ausführungen verbinde ich mehrere Hoffnungen: zum einen eine Möglichkeit der soziologischen Interpretation von etwas, was als unmögliche soziologische Angelegenheit betrachtet werden könnte. Na ja, so ganz unmöglich ist es nun doch nicht – sonst wäre das Buch ja nicht entstanden. Dennoch handelt es sich um ein sperriges Thema für die Soziologie. Warum? Nun – das wird vorne ja zur Genüge behandelt. Die nächste Hoffnung ist, dass es Radlern und Nichtradlern ein paar Überlegungen an die Hand gibt, wie man mit den Dingen, die einem in der Öffentlichkeit begegnen, umgehen kann. Mit Umgehen ist gemeint, dass die Möglichkeit für ein Verständnis der jeweils anderen eröffnet wird.

Das gilt auch für die verschiedenen Radcommunitys intern und zwischen einander. Eigentlich spielt sich, soziologisch gesehen, zwischen all den Gruppen etwas Ähnliches ab. Die sozialen Mechanismen sind dieselben, egal welches Genre von Radfahren oder Verkehr man betrachtet. Aber ich hoffe natürlich auch, dass das Buch gelegentlich auch jemandem in die Hände fällt, der mit Verkehrsplanung oder der Konstruktion von Straßen beschäftigt ist und vielleicht die eine oder andere Idee mitnimmt, um zu Verbesserungen zu kommen. Dabei kann ich mir schon vorstellen, dass auch dort eine Expertise heutzutage vorhanden ist. Sie wird dann aber öfters in Aushandlungen mit vielen anderen Interessensgruppen wie Parmesan zerrieben. In den letzten Jahrzehnten besserte sich aber auch schon einiges. Leider geht es nicht schnell genug. Die Fortschritte sind sogar so langsam, dass ich glaube, wichtige Änderungen möglicherweise nicht mehr erleben zu können.

Mein letzter Wunsch ist, dass auch politisch Verantwortliche einen Blick in den Text werfen und einsehen, dass Radfahren die beste Fortbewegungsmöglichkeit überhaupt ist und daher mehr Förderung bedarf. Hier könnte man sich an den Summen orientieren, die in Ländern mit Radfahrtraditionen seit Generationen in die Güte des Radverkehrs investiert werden. Das dafür aufgewendete Steuergeld ist gut investiert. Dabei ist mir schon klar, dass die Zwänge (aber auch die Argumente von der Lobbyseite) in Deutschland vielleicht andere sind als beispielsweise in Dänemark oder in den Niederlanden, die über keine nennenswerte Autoindustrie verfügen. In Deutschland hängt das Wohl und Wehe des Landes wie in keinem zweiten auf der Welt an der Autoindustrie. Ohne die Wertschöpfung aus diesem Bereich geht es uns allen zunächst einmal schlechter. Allerdings müsste man auch einräumen, dass es sich bei der Autoindustrie um ein aus wirtschaftlicher Sicht sehr großes Klumpenrisiko handelt. Das wird uns schon seit einigen Jahren gewahr, zumal die Industrie nur schwer im internationalen Wettbewerb bestehen kann. Nicht nur im Verhältnis zu China wäre ein De-risking angebracht. Politisch könnte man versuchen, andere Sektoren zu fördern, die uns längerfristig aus diesem Autodilemma befreien. Der Gewinn an Sicherheit, Lebensqualität, das Klima auf der Erde und unsere Zufriedenheit mit der Welt würden es uns mit der Zeit sicherlich danken.

Ich wünsche allen Radlern und allen Noch-nicht-Radlern (in Bälde) fröhliche Zeiten im Sattel und die Entwicklung schöner strammer Wadenmuskeln. Falls Sie die Anstrengung scheuen, mildert eine elektrische Unterstützung die Mühe etwas ab und macht zusätzliche Regionen auch den weniger Fitten zugänglich. Das gilt auch dort, wo die Topografie dies uns (Noch-)Muskelradlern etwas schwerer macht.

Denken Sie neben den soziologischen Aspekten ruhig auch an das eigene Erleben, an die schönen Landschaften. Überlegen Sie ruhig auch, um wieviel frischer die Luft im Freien ist als im Gedränge öffentlicher Verkehrsmittel. Den wegfallenden Stress beim Entfall der Parkplatzsuche und die Schonung des Geldbeutels wegen des nichtzahlenmüssens der Gebühren habe ich noch gar nicht erwähnt. Zudem dient das Radeln der Herzgesundheit, die sich mit der Zeit durch die Belastung beim Radeln einstellt. Vielleicht spart es sogar das Fitnessstudio und dazu noch das Ticket für den Nahverkehr. Wen es packt, der wird begeisterter Radfahrer, so wie ich auch. Es macht großen Spaß (meistens, wenn es nicht zu kalt und nicht zu heiß ist und weder schneit noch in Strömen regnet). Die gerade genannten Argumente sind eigentlich nur Hilfsüberlegungen, diese werden durch die Freude, im Sattel zu sitzen und mit eigener Kraft voranzukommen, deutlich überstrahlt. Und so stellt sich zum Ende des Buches doch noch einmal der Enthusiasmus ein, der an manchen Stellen sicherlich schon durchschien. Ich wünsche diese Begeisterung auch Ihnen, liebe Leserinnen und Leser! Also schwingen auch Sie sich doch in den Sattel und erleben die Welt mit Freude auf zwei Rädern. Lassen Sie sich nicht ärgern und lassen Sie Milde walten auch dann, wenn Sie dabei schrägen Zeitgenossen und unmöglichen Zuständen begegnen. Vieles, was Ihnen dabei über den Weg läuft, entspringt sozialen Mechanismen, welche die Leute selbst nicht wahrnehmen und daher auch nicht beeinflussen können.

Allezeit eine gute, sicherere und freudvolle Fahrt!

Nachwort

Im kurzen Nachwort möchte ich noch einmal all jenen danken, die sich immer wieder bereitfanden, mit mir über dieses Buch zu reden. Namentlich nennen möchte ich Jutta Wörsdörfer, mit der ich schon viele Radtouren geplant und auch mehrere Wochen zusammen geradelt bin. Mit meinen beiden Söhnen Moritz und Till habe ich immer wieder über die Gegenstände des Buches geredet und mir bei ihnen einige Anregungen geholt. Ein paar Sachen habe ich mir auch von diesen abgeschaut. Manchmal ergeben sich aus solchen Gesprächen Ideenhäppchen, die sich im Buch verwerten lassen. Auch danke ich jenen, die sich das Manuskript schon einmal angesehen haben und mir wertvolle Tipps mit auf den Weg gaben, so Gerd Paul, Ji Hyun Yi, Kay Wiese und in einer besonderen Weise auch Nina Rodmann (u. a. auch für Korrekturen am Manuskript).

Ich habe bereits einige Jahre an dem Buch überlegt und es ist immer zu viel dazwischengekommen, damit ich mich durchgängig mit dem Manuskript hätte beschäftigen können. Neben Beruflichem war es auch die Materie selbst: Rad fahren macht so viel Spaß, dass dieses insbesondere in den wärmeren Monaten eine ernsthafte Konkurrenz zum Schreiben darstellte. Gleichwohl bedingt sich ja beides, auch durch das Radeln lernt man etwas über das Soziale. Die Erlebnisse ergeben einiges an Anschauungsmaterial und manchmal kommen einem im Sattel dadurch noch zusätzliche Einfälle. Schreiben und Radeln bedingen sich bei diesem Thema gegenseitig, das eine ist nicht ohne das andere denkbar.

Noch ein Wort am Schluss zur Form des Buches: Es sind sehr persönliche Erlebnisse, die ich hier verarbeite und nach meinen Ansichten auf eine Weise deute, wie mir das aufgrund meiner Tätigkeit als Soziologe naheliegt. Es geht mir keinesfalls darum, ein Werk vorzulegen, welches alle Theorien berücksichtigt, welches alle Literatur verarbeitet. Nein, im Mittelpunkt stehen Betrachtungen zu etwas, was mich seit der Kindheit im wirklichen Wortsinn bewegt. Also nicht nur räumlich, sondern mir immer wieder Anlass zum Nachdenken gab. Schön, die Gelegenheit ergreifen zu können und die Sachen einmal aufzuschreiben. Außerdem bitte ich Sie, mir mancherlei Redundanzen nachzusehen. Sie sind in vielen Fällen gerechtfertigt, weil dieselben Interpretationen im Bereich der Phänomene immer wieder hilfreich sind. Außerdem breite ich den Abriss des längeren Einführungskapitels späterhin noch einmal genauer aus, sodass hier eine gewisse Wiederholung auch am Aufbau des Buches liegt.

Jetzt habe ich es endlich geschafft und kann das von mir geliebte Radfahren fast am Ende meiner Erwerbslaufbahn als eine berufliche Tätigkeit deklarieren. Wer kann das schon von sich sagen? Vielleicht sollte ich mal mit meinem Steuerberater darüber reden, inwiefern die Radteile jetzt absetzbar sind. Das zugehörige Zwinkeremoji schreibe ich jetzt einfach mal als Text hier auf. Oft habe ich beides miteinander verbunden: Die Wochenendvormittage, an denen ich normalerweise am Manuskript gesessen hätte, wurden nur bei Regen oder Kälte dem Schreiben gewidmet. Ansonsten rollte ich lieber durch die Landschaft. Einige Abende hingegen arbeitete ich am Text. Beides, so kann ich versichern, kann glücklich machen. Ich kann Ihnen, liebe Lesende versichern, es ist nicht nur beim Konjunktiv geblieben!

GPSR Compliance

The European Union's (EU) General Product Safety Regulation (GPSR) is a set of rules that requires consumer products to be safe and our obligations to ensure this.

If you have any concerns about our products, you can contact us on

ProductSafety@springernature.com

In case Publisher is established outside the EU, the EU authorized representative is:

Springer Nature Customer Service Center GmbH
Europaplatz 3
69115 Heidelberg, Germany

www.ingramcontent.com/pod-product-compliance
Lightning Source LLC
LaVergne TN
LVHW011005250326
834688LV00004B/82